21世纪应用型本科财税系列规划教材

国家税收

（第九版）

安仲文　李静敏　主编

东北财经大学出版社
Dongbei University of Finance & Economics Press
大　连

图书在版编目（CIP）数据

国家税收 / 安仲文，李静敏主编 . —9 版 . —大连 ：东北财经大学出版社，2023.2（2023.10 重印）

（21 世纪应用型本科财税系列规划教材）

ISBN 978-7-5654-4774-7

Ⅰ. 国…　Ⅱ. ①安… ②李…　Ⅲ. 国家税收-中国-高等学校-教材　Ⅳ. F812.42

中国国家版本馆 CIP 数据核字（2023）第 021108 号

东北财经大学出版社出版

（大连市黑石礁尖山街 217 号　邮政编码　116025）

网　址：http：//www.dufep.cn

读者信箱：dufep@dufe.edu.cn

大连图腾彩色印刷有限公司印刷　东北财经大学出版社发行

幅面尺寸：185mm×260mm　字数：385 千字　印张：16.25

2023 年 2 月第 9 版　2023 年 10 月第 2 次印刷

责任编辑：孙晓梅　责任校对：吴　焕

封面设计：原　皓　版式设计：原　皓

定价：48.00 元

教学支持　售后服务　联系电话：（0411）84710309

如有印装质量问题，请联系营销部：（0411）84710711

第九版前言

税收是一个古老的经济范畴，是国家财政收入的主要来源，是国之血脉，关系着一个国家的民生和发展，是国家调控经济的重要手段，关乎国家发展总体目标的实现。正如马克思所说，税收是国家存在的经济体现。

从人类发展的历史看，税收是与国家有本质联系的一个分配范畴，随着国家的形成而产生。税收制度是国家以法律或法令形式确定的各种课税办法的总和，反映了国家与纳税人之间的经济关系，是国家财政制度的主要内容，深刻影响经济运行、治理和发展，是现代国家发挥职能作用的经济支柱。

党的税收史是百年党史的重要组成部分。中国共产党领导下的具有鲜明战时特征的根据地税收工作，为革命战争的最终胜利提供了强有力的经济保障。中华人民共和国成立以来，税收始终围绕着服务党的中心任务发挥作用。特别是党的十八大以来，税收在国家治理中发挥着基础性、支柱性、保障性作用，为实现中国式现代化进一步发挥积极作用。党的二十大报告明确提出，健全现代预算制度，优化税制结构，完善财政转移支付体系；加大税收、社会保障、转移支付等的调节力度；完善个人所得税制度，规范收入分配秩序，规范财富积累机制，保护合法收入，调节过高收入，取缔非法收入；增进民生福祉，提高人民生活品质。

“十四五”时期是我国全面建成小康社会、实现第一个百年奋斗目标之后，开启全面建设社会主义现代化国家新征程、向第二个百年奋斗目标进军的第一个五年。我国的税制改革仍将继续与国家治理体系和治理能力现代化深度融合，不断健全地方税、直接税体系，优化税制结构，促进直接税和间接税之间的平衡，深入推进税收征管制度改革，促进我国现代财税金融体制不断完善。

为了贯彻党的二十大和二十届一中全会精神，推进二十大精神进教材、进课堂、进头脑，落实立德树人教育宗旨，紧密结合我国改革开放的实际，本次修订以精练理论、突出实务为原则，整合了税收制度改革的最新内容，结构上突破了传统教材重理论、轻实践的局限，强化了应用性、实践性和可操作性，并配以最新的实例和经典习题，旨在帮助读者更好地理解和掌握税收政策，提高分析问题的能力和应用技能。本次再版涉及的法律、法规截至2023年10月底。

作为以税收理论、政策、实务为主要内容的税收类教材，本书既可作为高等院校财政、税收、会计等财经类专业学生学习“国家税收”课程的教材使用，又可供财税、会计、审计、金融等经济管理部门干部培训与自学之用。与之配套的电子课件和习题参考答案也同时推出，详情请登录东北财经大学出版社网站（www.dufep.cn）下载。

本书由广西工商职业技术学院安仲文教授、广西财经学院李静敏教授担任主编，并由安仲文负责全书的总纂和审定。其中第二、三、四、六、七、八、九、十二、十四章由安仲文教授编写；第一、五、十、十一、十三章由李静敏教授编写。

由于作者水平有限，书中难免存在错误和不足，恳请读者批评指正。

编　者

2022年12月

（2023年10月修改）

目录

第一章

税收基础理论

【学习目标】

一、知识体系

1. 税收的概念、产生与特征。
2. 税收的职能与作用。
3. 税收原则与治税思想。
4. 税制要素与税收分类。
5. 税收制度与现行税制体系。

二、价值塑造

1. 以马克思主义哲学为指导，理论与实践相结合，提高税收理论素养。
2. 以习近平新时代中国特色社会主义思想为指导，培养正确的税收理念。

三、能力培养

1. 了解税收的概念、特点，以及税收产生和存在的前提条件。
2. 熟悉税收的职能和作用。
3. 了解西方税收基本原则，掌握新时代中国治税思想。
4. 掌握税制要素，理解税收分类，熟悉税收制度与税制结构。
5. 了解税制沿革，掌握现行税制体系。

第一节　税收概述

税收在历史上被称为赋税、租税和捐税，是国家的产物。我国最早出现“税”字并有历史典籍可查的是《春秋》所记鲁宣公十五年（公元前594年）的“初税亩”。20世纪40年代末，“税收”一词成为中国经济生活的普遍用语，并专指对各种税的总称。马克思认为：“赋税是政府机器的经济基础，而不是其他任何东西。”“国家存在的经济体现就是捐税。”列宁也说过：“所谓赋税，就是国家不付任何报酬而向居民取得东西。”

根据马克思主义学说，可以对税收概念作如下界定：第一，税收与国家的存在有直接关系，它是政府机器赖以存在并实现其职能的物质基础，也就是政府保证社会公共需要的物质基础；第二，税收是一个分配范畴，是国家参与并调节国民收入分配的一种手段，是国家财政收入的主要形式；第三，国家在征税过程中形成一种特殊的分配关系，即以国家为主体的分配关系，因而税收的性质取决于社会经济制度的性质和国家的性质。

税收是指国家为满足社会公共需要，凭借公共权力，按照法律所规定的标准和程序，参与国民收入分配，强制地、无偿地取得财政收入的一种方式。我们可以从以下四个方面来理解税收的内涵：第一，国家征税的目的是满足社会成员获得公共产品的需要。第二，国家征税凭借的是政治权力。税收征收的主体只能是代表社会全体成员行使公共权力的政府，其他任何组织和个人是无权征税的。与公共权力相对应的必然是政府管理社会和为民众提供公共产品的义务。第三，税收是国家筹集财政收入的主要方式。第四，税收必须借助法律形式进行。

税收是国家与纳税人之间以国家为主体的分配关系，依法纳税是每一个纳税人的神圣义务。如果把税收作为以国家为主体的分配关系来考查，那么，税收是一种经济活动，是一个经济过程。在这一经济活动或经济过程中，作为课征者的国家与作为缴纳者的企业、个人之间形成了一种特殊的经济关系。这种经济关系包括两个层次的内容：一是征纳关系，其形式表现为一定的税法，其运动轨迹是国家依法征税、企业和个人依法纳税；二是分配关系，即国家凭借其政治权力，强制地、无偿地占有企业和个人创造的一部分社会产品价值，并按国家所代表的阶级或集团的利益进行全社会意义上的分配。

一、税收的本质和特征

税收的本质体现作为权力主体的国家，在取得财政收入的分配活动中，同社会集团、社会成员之间所形成的一种特定分配关系，它是社会整个产品分配关系的有机组成部分，也是社会整个生产关系的有机组成部分。税收由国家征收，行使征税权的主体是国家，税收是政府取得财政收入最佳、最有效的形式。

目前我国的税收收入已占财政收入的85%左右，是财政收入最主要的来源。财政部公布的数据显示，2022年全国一般公共预算收入为203 703亿元，比上年增长0.6%，扣除留抵退税因素后增长9.1%。其中：中央一般公共预算收入为94 885亿元，比上年增长3.8%，扣除留抵退税因素后增长13.1%；地方一般公共预算本级收入为108 818亿元，比上年下降2.1%，扣除留抵退税因素后增长5.9%；全国税收收入为166 614亿元，比上年下降3.5%，扣除留抵退税因素后增长6.6%；非税收入为37 089亿元，比上年增长24.4%。

2022年国家实施的系列税费支持政策，直接为广大市场主体“输血”“活血”，在支持企业纾难解困、保市场主体保就业、助力稳住宏观经济大盘、促进高质量发展等方面发挥了关键性作用。国家统计局2022年对工业企业进行三次留抵退税政策成效调查，结果显示，已享受大规模增值税留抵退税政策红利的企业普遍反映减负效果十分明显。

国家运用税收筹集财政收入，通过预算安排，支持农村发展，用于环境保护和生态建设，促进教育、科学、文化、卫生等社会事业的发展；用于社会保障和社会福利，进行交通、水利等基础设施和城市公共建设以及国防建设，维护社会治安；用于政府的行政管理，开展外交活动，保障国家安全，满足人民群众日益增长的物质文化需要。2022年全国一般公共预算支出为260 609亿元，比上年增长6.1%。其中：中央一般公共预算本级支出为35 570亿元，比上年增长3.9%；地方一般公共预算支出为225 039亿元，比上年增长6.4%。主要支出科目情况如下：①教育支出39 455亿元，比上年增长5.5%；②科学技术支出10 023亿元，比上年增长3.8%；③文化旅游体育与传媒支出3 905亿元，比上年下降2%；④社会保障和就业支出36 603亿元，比上年增长8.1%；⑤卫生健康支出22 542亿元，比上年增长17.8%；⑥节能环保支出5 396亿元，比上年下降3.2%；⑦城乡社区支出19 415亿元，比上年下降0.2%；⑧农林水支出22 490亿元，比上年增长2.3%；⑨交通运输支出12 025亿元，比上年增长5.3%；⑩债务付息支出11 358亿元，比上年增长8.7%。

税收的特征是指税收自身固有的强制性、无偿性和固定性。它是税收本质的外在表现，是税收本质属性的重要方面。只有同时具备了这“三性”的以国家为主体的分配形式，才能成为税收。这是税收分配形式区别于其他任何分配形式的标志，并不受社会制度的影响。在市场经济条件下，税收的形式特征是由公共需要和公共费用的性质决定的。由于国家税收的经济前提是国家不直接占有生产资料和不直接从事生产活动，因此国家征税只能凭借政治权力而不是财产权利。这就决定了国家只能采取强制的、无偿的和固定的形式征税。税收的形式特征是不同社会制度下税收的共性。

1.强制性

强制性是指税收参与社会物品的分配依据是国家的政治权力，而不是财产权利，即和生产资料的占有没有关系。税收的强制性具体表现在税收是以国家法律的形式规定的，而税收法律作为国家法律的组成部分，对不同的所有者都是普遍适用的，任何单位和个人都必须遵守，不依法纳税者要受到法律的制裁。税收的强制性说明，依法纳税是人们不应回避的法律义务。《中华人民共和国宪法》（以下简称《宪法》）明确规定，我国公民“有依法纳税的义务”。正因为税收具有强制性的特点，所以它是国家取得财政收入最普遍、最可靠的一种形式。

2.无偿性

无偿性是指国家征税后税款即为国家所有，并不存在对纳税人的偿还问题。税收的无偿性是相对的。对具体的纳税人来说，纳税后并未获得任何报酬，从这个意义上说，税收不具有偿还性或返还性，但从财政活动的整体来看，税收是对政府提供公共物品和服务成本的补偿，这又反映出税收有偿性的一面。特别是在社会主义条件下，税收具有马克思所说的“从一个处于私人地位的生产者身上扣除的一切，又会直接或间接地用来为处于私人地位的生产者谋福利”的性质，即“取之于民、用之于民”。税收的无偿性是税收三种形式特征的核心。

3.固定性

固定性是指课税对象及每一单位课税对象的征收比例或征收数额是相对固定的，而且是以法律形式事先规定的，只能按预定标准征收，而不能无限度地征收。纳税人取得了应纳税的收入或发生了应纳税的行为，必须按预定标准如数缴纳，不能改变这个标准。税收的固定性也不是绝对的，不能以为标准确定后永远不能改变。随着社会经济条件的变化，具体的征税标准是可以改变的。比如，国家可以修订税法，调高或调低税率，但这只是变动征收标准，而不是取消征收标准。所以，这与税收的固定性并不矛盾。

税收具有的三个特征是相互联系、相辅相成、密不可分的。其中，无偿性是其核心，强制性是其基本保障。税收的强制性决定税收的无偿性，强制性和无偿性又决定和要求征收的固定性。税收的特征是税收区别于其他财政收入形式，如上缴利润、国债收入、规费收入、罚没收入等的基本标志，集中体现了税收的权威性。维护和强化税收的权威性，是我国当前税收征管中一个极为重要的问题。

二、税收的产生

税收并不是人类社会从一开始就有的，而是人类历史发展到一定阶段的产物。税收产生和存在的前提条件有两个：一是社会剩余产品的出现产生了私有制；二是国家的产生。世界各国的历史条件不同，其税收产生的历史过程也不尽相同。在我国历史上，奴隶制确定后相当长的时期内，国家征集的收入基本上是租、税不分，直至春秋时期，我国税收才逐步跨入成熟阶段。

1.我国税收的雏形阶段

历史学家一般认为，夏朝的“贡”、商朝的“助”和周朝的“彻”是我国税收起源的最早形式，是不成熟的税收，是税收的雏形。“贡”是夏代王室对其所属部落以及本国平民征收的农产品。“助”是商代王室借助农户的力役耕种公田，其收获量全部归王室所有，实际上是一种力役之征。“彻”是周代每户平民耕种的土地，要以产量的一定比例交纳给王室，即“民耕百亩者，彻取十亩以为赋”。彻法按土地数量征收，较贡法、助法有了很大进步。

2.“初税亩”是我国税收成熟的标志

春秋时期，由于铁制农具的广泛使用，在井田以外开垦私田的现象日益增多。私田不属王室所有，不向王室缴纳贡赋，造成了国家财政状况恶化。为了增加财政收入和抑制私田开垦，鲁国于鲁宣公十五年（公元前594年）开始对公田以外的私田征税，宣布不论公田还是私田一律按亩征税，“履亩十取一也”。这种以土地面积为依据定量征税的形式称为“初税亩”。它是我国历史上一项重要的经济改革，标志着我国税收已从雏形转向成熟，税收制度从不规范走向较为规范。

3.工商税收的出现

除农业赋税外，我国早在周代就已经开始征收“关市之赋”“山泽之赋”。对经过关卡或交易的物品，以及伐木、采矿、狩猎、捕鱼、煮盐等，都要征税。这是我国最早的工商税收。

税收产生以后，经历了不同的社会形态。随着社会生产力的发展和社会政治经济的变革，税收也经历了一个从简单到复杂、从原始形式到现代形式的漫长发展过程。

在现代税收的发展中，资本主义税收是一个非常重要的时期。资本主义高度发展的商品经济反映在税收上，除税收形式完全货币化外，更重要的是课税对象的变化。在商品经济条件下，一切商品从生产到消费都要通过流通环节，促进了税收制度的变革。

三、税收的职能

税收的职能是指由税收本质所决定的、内在于税收分配过程的基本功能，即固有的职责和功能。它是税收自身固有的，因此是抽象的、无条件的。任何社会形态下的税收都存在基本职能，这是共同的。它包含税收作为政府提供公共物品的价值补偿所具有的功能和税收作为政府履行职责的政策工具所具有的功能两个方面。税收的职能可以概括为财政职能、经济职能和监督管理职能。

1.财政职能

财政职能是指税收具有从社会成员和经济组织手中强制性地取得一部分收入，用以满足国家提供公共物品或服务需要的职责和功能。税收自产生之日起，就是为国家筹集收入的。如果税收无财政职能，就没必要存在了。税收的财政职能是税收的第一个职能，也是税收最基本的职能。就税收与国家的关系而言，税收分配就是国家集中收入的过程，税收征收的第一个结果就是国家财政收入的形成。税收奠定了国家存在的经济基础，维持了国家的存在。因为税收具有财政职能，所以它在不同的社会形态下都是国家财政收入的重要支柱，在政治、经济生活中具有十分重要的地位。税收的发展主要表现在其为国家筹集财政收入的具体方式上。

2.经济职能

经济职能是指税收分配对生产经营单位和个人的经济行为所产生的影响。税收在执行财政职能的过程中，为国家取得了财政收入，又直接改变了一部分社会产品的所有权和支配权归属，形成了经济单位和个人新的收入格局。这种新的收入格局的形成是不可避免和必然的，也是客观的。它对经济的影响可能是积极的，也可能是消极的；可能促进经济发展，也可能破坏经济发展；可能是有意识的调节，也可能是无意识的调节。国家正是利用税收具有调节经济的职能，通过税种、税目、税率的设计和调整，通过征税对象的选择以及税收优惠措施的运用等，实现国家的经济政策目标，调节不同主体的经济利益，从而协调社会经济的发展。

3.监督管理职能

监督管理职能是指税收在取得收入的过程中，能够借助它与经济的必然联系来反映国民经济运行和企业生产经营中的某些情况，发现存在的问题，并为国家和企业解决这些问题提供线索和依据。列宁说："要使税收实际可靠，不至落空，就必须实行实际的而不是停留在纸上的监督。"在税收的征收过程中，需要对纳税人的经济活动进行税务管理，如税务检查、税源调查与预测等，以正确反映国民经济动态和对经济活动实行有效的监督。

税收的三个职能是辩证统一的关系，其中起支配作用的是税收的财政职能，因为税收分配规律始终是取得收入的规律，是取得收入的具体方式演变的规律，而不是税收调节的规律，也不是税收监督管理的规律，只是在取得收入的同时连带地具有调节经济和监督管理的功能。经济职能和监督管理职能不可能脱离财政职能而独立存在。税收调节经济始终是在以取得收入为目的的具体方式中进行的，只有借助这种方式才称得上是税收调节；否则，税收调节就会失去可以依托的对象。同样道理，只有借助取得收入的具体方式以及在这种方式下存在的税收与经济的具体联系，才能对经济进行监督管理；离开财政职能，税收的监督管理职能就成了一句空话。此外，经济职能和监督管理职能之间没有直接的关系。

四、税收的作用

税收是国家财政收入的主要来源，也是国家实行宏观调控的重要经济杠杆。税收的作用是指税收的职能在一定社会经济条件下具体运用时所带来的效果，是税收内在功能的外在表现，是对象化了的税收职能。它是具体的，并受社会的主客观条件以及税收制度的制约。在不同的社会制度、不同的生产力发展水平和不同的经济运行模式下，由于经济条件不同和主观认识的差别，税收的具体作用必然存在广度和深度的差别。

1.组织财政收入，保证国家实现其职能的资金需要

税收组织财政收入的作用在任何社会形态下、在同一社会形态下不同历史发展时期都是共同的，只是因经济发展水平、经济运行机制、财政收支状况的不同，其作用的程度也

不同而已。所谓税收组织财政收入的作用，是指通过税收收入的筹集，来满足国家执行其职能对资金的需要。它与税收的财政职能是相对应的。在社会主义市场经济条件下，税收将继续发挥为国家财政及时足额取得收入的作用。

2.鼓励市场的公平竞争

市场的公平竞争是优化资源配置的前提。市场竞争的公平环境由多方面因素组成，其中税收是市场公平竞争外在环境的重要组成部分。社会主义市场经济要求公平税负，发挥税收鼓励市场公平竞争的作用。

3.贯彻产业政策，调整和优化经济结构

在市场经济中，经济结构的调整必须以市场为导向。在科技进步、发挥各地优势推动区域经济协调发展、转变经济增长方式的基础上，经济结构的调整主要依靠企业之间的竞争和由竞争引起的资源在各产业部门之间的转移。价格的自由化和由竞争引起的利润平均化，是形成和调整产业结构的基本前提。对商品供不应求的短线部门，供求关系引起价格上涨，利润率上升，吸引资本转入，从而扩大生产规模；反之，亦然。

4.调节个人收入差距，实现社会共同富裕

以按劳分配为主体、多种分配方式并存是我国在社会主义市场经济条件下必须坚持的一条重要原则。这是由公有制经济在国民经济中居于主导地位所决定的。在现阶段，必须立足于多种经济成分共同发展和由此决定的多种分配方式并存的现实，依法保护合法收入，允许和鼓励一部分人通过诚实劳动和合法经营先富起来，允许和鼓励资本、技术等生产要素参与收益分配。但是，这也相应地带来居民收入差距呈不断扩大趋势等问题。税收作为调节个人收入分配的最后手段，其作用越来越重要。利用税收手段建立一个从收入分配到消费再到财产积累和转移的多环节、多层次的调节机制，可以发挥税收调节个人收入差距、实现社会共同富裕的作用。

5.在融入经济全球化的过程中，维护国家权益

加入WTO，对我国税收制度改革和税收作用的发挥无疑产生了深刻影响。对一国政府而言，税收主权是至高无上的。即使在经济全球化的进程中，税收主权也必然是各国经济主权中受波及最小或最迟的部分。我国是发展中国家，国内市场发育不成熟，市场规则不完善，政府运用宏观调控手段显得尤其重要。税收杠杆是国家宏观调控手段中最主要的内容，应当客观地认识我国加入WTO以后现行税制面临的挑战和机遇，进一步优化税制结构；研究WTO的协议规则及其所代表的经济全球化进程对我国税源变化、税种设置和结构带来的影响，并作出相应调整；根据WTO的贸易自由化和透明度原则要求，增强我国税制的透明度，并提高税收征管效率，加快依法治税的步伐。

第二节　税收原则与治税思想

税收原则是一国税收制度建立的指导思想与税收行为准则，是对一定历史时期税收思想的概括和总结，并为当时社会普遍接受。税收行为包括税收立法、执法和守法及征收管理等。治税思想是一个国家或政府治理税收的基本理念。税收原则是治税思想的高度概括，是具体社会经济条件下税收实践经验的总结。在不同的经济社会中，税收原则具有一

定的普遍性和共性，但在不同的社会形态及在不同的历史发展时期，税收原则又具有不同的侧重点与内涵。

一、西方税收基本原则

西方税收基本原则理论发端于17世纪，随着英国资本主义生产方式的出现，中世纪遗留下来的繁重课税和包税制已不能适应资本主义经济发展的需要，一些学者试图按照资本主义生产方式的要求来改造税收。历史上首次提出税收基本原则理论的是英国的威廉·配第。他认为，税收应尽量公平合理，对纳税人要一视同仁；税收负担要相对稳定，不能超过劳动者的承受能力；征税时间要选择适宜。他还提出了赋税的“公平”、“简便”和“节省”三项原则。此后，德国官方学派的代表攸士第发展了威廉·配第的思想，他指出，赋税的根本问题就是在国家征税时要使人民的负担最少，还指出“臣民必须纳税”“税收课征要平等”“税收要无害国家的繁荣与国民的幸福”等六项原则。

在税收基本原则理论的发展史上，贡献最大的应该是亚当·斯密和瓦格纳。18世纪末到19世纪上半叶，资本主义进入迅速成长时期，社会经济稳定而迅速地发展，资产阶级在经济上普遍要求自由竞争，反对国家干预。这一思潮的集中代表人物是亚当·斯密，他在《国富论》中系统地阐明了限制国家职能、政府充当经济生活的“守夜人”、应尽可能削减政府支出和税收收入等观点。他认为，臣民应尽其力资助政府，依其在国家保护下所获收入的比例作出分担，所纳税额必须确定，不得任意改变；赋税完纳的日期和方法等要给予纳税人最大的便利；所征赋税尽量归入国库。这就是他的税收“平等原则”“确定原则”“便利原则”“最少征费原则”。

19世纪后期，资本主义社会各种矛盾日益激化，贫富两极分化严重。一些西方学者试图在资本主义社会经济制度不变的前提下，借助某些所谓的“社会政策”，实现对资本主义社会的改良，提出了税收是实现其“社会政策”，即解决社会问题的最重要的工具。以此为基点，德国的瓦格纳提出了税收四大原则，即“财政政策原则”、“国民经济原则”、“社会正义原则”和“税务行政原则”。他认为，收入要充分，税收要有弹性；选择税源和税种要适当；征税要普遍、平等；征税要确实、便利，征收费最省。他的税收观不仅集前人税收基本原则理论之大成，而且在提出财政政策原则、税种的选择要以保护税本为前提等方面有重大突破。

进入20世纪以后，资本主义经济危机愈益频繁，尤其是1929—1933年震撼整个资本主义世界的“大危机”，使一些西方学者对传统的自由竞争学说和“供给能自动创造需求”的萨伊定律等产生了怀疑，开始寻找新的经济理论来取代。国家应以财政政策和货币政策来干预经济的凯恩斯主义应运而生。其后，与凯恩斯主义对立的货币学派、供给学派亦相继问世，各学派都提出了自己的税收基本原则理论。应当说，当代西方学者虽然从不同的角度阐述了税收的基本原则，但很难提出全面、系统的税收基本原则理论。他们关于税收基本原则的论述均是围绕财政收入、国民经济和社会政策三方面进行的，他们认为当代税收的最高原则就是效率和公平。

二、社会主义市场经济条件下中国的税收原则

1.财政原则

组织财政收入是税收的重要职责，保证国家的财政收入是税务部门义不容辞的责任，也是制定税收政策、设计税收制度的基本出发点。税收的效率原则、公平原则等都只能在

组织财政收入的过程中实现。从这个意义上看，财政原则应是税收的基本原则。

2.效率原则

当代经济学所倡导的税收效率原则，其含义是多方面的。从资源配置的角度看，税收要有利于资源的有效配置，从社会可用资源的利用中获得最大的效益；从经济机制的角度看，税收要有利于经济机制的有效运行，不仅微观经济效益要提高，宏观经济效益也要稳定增长；从税务行政的角度看，税务行政要讲求效率，税收制度必须简便，征纳双方的费用要节省。总的来说，税收效率原则就是要求政府征税要有利于资源的有效配置和经济机制的有效运行，提高税务行政的管理效率。它可以分为税收的经济效率原则和税收本身效率原则两个方面。

3.公平原则

在当代经济学家看来，税收公平原则是设计和实施税收制度的最重要的或首要的原则。按照经济学的解释，税收公平原则是指政府征税要使各个纳税人所承受的负担与其经济状况相适应，并使各个纳税人之间的负担水平保持均衡。这可以从两个方面来把握：一是经济能力或纳税能力相同的人应当缴纳相同的税收，即以同等的方式对待条件相同的纳税人。税收不应是专断的或有差别的，这称作"横向公平"。二是经济能力或纳税能力不同的纳税人应当缴纳数额不同的税收，即以不同的方式对待条件不同的纳税人，这称作"纵向公平"。

4.稳定原则

税收稳定原则是从税收的宏观经济影响来考虑税收政策和制度设计、制定时所必须遵循的指导思想，通过这样的原则指导来促进经济的稳定。税收作为政府干预宏观经济的重要经济杠杆，理所当然成为政府干预经济的手段。这就使得税收必须遵循经济稳定原则。税收稳定经济的作用可以从两个方面来看：一是税收通过自身主动地增加或减少，依照经济周期的波动状态，有意识地对宏观经济不稳定状态进行干预和调节，发挥税收的相机抉择机制的作用；二是税收在既定的制度下能够自动地随着经济周期的变化而发生反向的更大变化，自动地调节宏观经济的运行状态，从而发挥税收的自动稳定器作用。

三、新时代中国治税思想

新时代中国治税思想是以马克思主义理论和中国实践为基础，在习近平新时代中国特色社会主义思想引领下形成的全面系统、科学务实的税收思想体系。新时代中国治税思想可以概括为税收法定、高效公平、科学治理、便利遵从、互利共赢五个方面。

1.税收法定

税收法定是指国家征税活动必须依照法律规定进行，无论是税务机关征税，还是纳税人缴税，都必须以法律为依据。其基本内容包括税种法定、税种要素法定、税收程序法定。《中华人民共和国立法法》明确规定，税种的设立、税率的确定和税收征管等税收基本制度，只能制定法律。落实税收法定思想，要求科学立法、严格执法和公正司法，做到有法可依、执法必严、违法必究。

2.高效公平

高效公平是指积极运用税收手段促进经济高质量发展，逐步实现社会共同富裕。效率是税收治理的基本要求，公平是税收治理的基本原则；效率是公平的基础，公平是效率的重要保障。税收作为国家调节经济的重要手段，一方面要支持经济高质量发展；另一方面要调节收入和财富分配，体现社会公平正义，实现效率与公平的统一。2021年，习近平总书记在主持中央财经委员会第十次会议时强调，坚持以人民为中心的发展思想，在高质量发展中促进共同富裕，正确处理效率与公平的关系。

3.科学治理

科学治理是指站在国家发展新的历史方位和新的发展阶段，不断深化改革，实行“以数治税”，推进协同共治，全面科学推进税收治理现代化。在习近平新时代中国特色社会主义思想引领下，税务部门创新发展理念，积极主动推进各领域各环节改革。2020年，国家税务总局提出建立税收治理现代化的“六大体系”，即“坚强有力的党的领导制度体系、科学完备的税收法治体系、优质便捷的税费服务体系、严密规范的税费征管体系、合作共赢的国际税收体系、高效清廉的队伍组织体系”。

4.便利遵从

便利遵从是指围绕服务纳税人这一中心，通过增强政策确定性、优化办税流程和简化办税手续，以提升纳税服务满意度和纳税人税法遵从度为目标的一种治税理念。确定性是便利遵从的前提，科学简化的办税流程是便利遵从的条件，优化服务是便利遵从的基础。近年来，税务部门深入践行以人民为中心的发展思想，聚焦纳税人缴费人“急难愁盼”问题，开展“便民办税春风行动”，进一步推动税费服务从“线下服务为主”转变为“线上和线下服务并重”、从“共性服务为主”转变为“更加注重个性服务”，税收营商环境持续优化，纳税人缴费人满意度第三方调查得分稳步提高。

5.互利共赢

互利共赢是指构建以“合作共赢”为核心的新型国际税收关系，用更宽阔的国际视野主动服务对外开放战略，深度融入国际税收治理，推动共享发展成果。伴随我国对外开放的持续深化，在不断加强国际税收交流合作、服务高水平对外开放的实践中，税务部门认真贯彻落实习近平总书记关于加强全球税收合作、打击国际逃避税、帮助发展中国家和低收入国家提高税收征管能力等系列重要指示精神，主动发起建立“一带一路”税收征管合作机制，与112个对外投资主要目的地以及来华投资主要国家（地区）签署税收协定，成功推动我国立场诉求在OECD“双支柱”方案和联合国方案中予以充分体现，推动我国在全球税收治理中的话语权和影响力持续提升。

第三节　税制要素与税收分类

一、税制要素

税制要素亦称税收要素或税法要素，是指构成税收法律制度的共同因素。每一种税都有其相应的税收法律制度，尽管各个时期的各个税种有不同的内容和特点，但构成税制的要素是相同的。任何一部税法都要规定对什么征税、向谁征税、征多少税，还要规定征纳的程序和征管的方法。税制要素一般包括纳税人、征税对象、税率、纳税环节、纳税期限、减免税和违章处理等，其中纳税人、征税对象、税率是税法的三个最基本要素。

1.纳税人

纳税人是纳税义务人的简称，亦称纳税主体，是税法规定的直接负有纳税义务的单位和个人，是税款的直接承担者。每一种税都有关于纳税人的规定，即解决向谁征税的问题。如果纳税人不履行纳税义务，就应由该行为的直接责任人承担法律责任。所以，纳税人是税法的一个基本要素。

税法规定，直接负有纳税义务的人可以是自然人，也可以是法人。在法律上，自然人是指基于出生而依法在民事上享有权利、承担义务的人，包括本国公民和居住在所在国的外国公民；法人是指依法成立并能独立行使法定权利和承担法定义务的社会组织，如社团、企业等。

扣缴义务人是税法规定的负有扣缴税款义务的单位和个人。扣缴义务人不一定是纳税义务人，也不一定发生自身的纳税义务，有可能仅是代行税务机关职责向纳税人扣收税款的中介人。税法规定扣缴义务人的目的是实行源泉控制，保证国家财政收入。纳税人作为承担纳税义务的纳税主体，与扣缴义务人是两个不同的概念。扣缴义务人直接负有税款的扣缴义务，应当按照规定代扣税款，并按期、足额缴库。对不履行扣缴义务的，除限令其缴纳所应代扣的税款外，还要加收滞纳金或酌情处以罚金。

2.征税对象

征税对象又称课税对象或征税客体，是指对什么东西征税，即国家征税的标的物。每一种税都有特定的征税对象，征税对象是一种税区别于另一种税的主要标志，每一种税名称的由来以及各种税在性质上的差别也主要取决于不同的征税对象。

征税对象可以从质和量两方面具体化，质的具体化是征税范围和税目，量的具体化是计税依据和计税单位。

征税范围是指税法规定的征税对象的具体内容范围，是国家征税的界限，凡列入征税范围的都要征税。税目是指税法规定的应征税的具体项目，是征税对象的具体化。税目体现了征税的广度，反映了各税种具体的征税范围。计税依据是指计算应纳税额所依据的标准。一般来说，从价计算的税收以计税金额为计税依据。计税金额是指征税对象的数量乘以计税价格的数额。从量计算的税收以征税对象的重量、容积、体积、面积、数量为计税依据。计税单位有两层含义：一是指划分征税对象适用税目、税率所依据的标准；二是与计税依据同义。

3.税率

税率是应征税额占单位课税对象的比例。例如，对某一价值100元的商品课税10元，税率就是10与100的比率10%。税率是税制的基本要素之一，是税收制度的核心内容。它的高低直接关系到国家财政收入的多少和纳税人负担的轻重，关系到国家和各纳税人之间的经济利益。

税率的表示方法有两种：一是用征收多少税额的绝对量表示；二是用征收百分之几的相对量表示。前者适用于从量计征的税种，称为定额税率。定额税率是税率的一种特殊形式，是指按征税对象的一定计量单位规定固定税额，而不是规定征收比例的一种税率。具体运用时，又可分为地区差别定额税率、幅度定额税率和分类分级定额税率等形式。后者适用于从价计征的税种，又分为比例税率和累进税率。比例税率是指对同一征税对象或同一税目，不论数额大小，只规定一个征税百分比的税率。它不因征税对象数额的变化而变化，是一种应用最广泛、最常见的税率，一般适用于对商品流转额的征税。在具体运用时，比例税率可以细分为统一比例税率、行业比例税率、产品比例税率、地方差别比例税率、幅度比例税率等。累进税率是指税率随着征税对象数额的增大而提高的一种税率。将征税对象数额按大小划分成若干等级，由低到高规定相应的税率，征税对象数额越大税率越高，征税对象数额越小税率越低。在我国现行税收制度中，只存在超额累进税率和超率累进税率。超额累进税率是指按征税对象的绝对数额划分征税级距，纳税人的征税对象的全部数额中符合不同级距部分的数额，分别按与之相适应的各级距税率计征的一种累进税率。超率累进税率对每个等级部分分别规定相应的税率，分别计算税额，各级税额之和为应纳税额。一定数量的征税对象可以同时按几个等级的税率计征，当征税对象数额超过某一等级时，仅就超过部分按高一级税率计算税额。

定额税率、比例税率和累进税率是税率的三种基本形式，称为基本税率；这三种基本税率可以派生出其他税率形式，称为派生税率。

税率有名义税率和实际税率之分，由此又引出实际负担率。名义税率是税法规定的税率。由于税率制度、计税依据、减税、免税、加成、加倍征税等原因会造成纳税人的实际税率与税法规定的税率不相等，故将税法规定的税率称为名义税率。实际税率是衡量纳税人实际负担程度的主要标志，也是研究和制定税收政策的重要依据。实际负担率是纳税人实际缴纳的税额同其实际收入的比率。一般来说，由于减税、免税和税法规定的计税依据低于实际计税依据等原因，名义税率都高于实际税率，实际税率又高于实际负担率。在存在加成、加倍征税的情况下，名义税率有可能低于实际税率。当名义税率与实际税率差距较大时，不利于税收征管，因此必须注意名义税率、实际税率和实际负担率的差别，依据实际负担率和实际税率来确定名义税率。国家在制定税法时应尽量使名义税率接近实际税率。

平均税率也是一个重要的税率概念，在确定和衡量企业税收负担时经常用到。平均税率是全部税额占全部课税对象数额的比率。由于选用的指标不同，平均税率也就多种多样，如全国的平均税率、地区的平均税率、产品的平均税率、行业的平均税率、税种的平均税率、年度平均税率、月份平均税率等。平均税率主要有四种用途：第一，衡量纳税人的税收负担情况；第二，衡量和研究产业部门、行业或产品的税收负担情况；第三，衡量或控制某一地区的税收负担；第四，编制税收计划和进行税收统计。

边际税率是课税对象数额的增量中税额所占的比率。累进税率中每一级的税率都是所属级次的边际税率。以我国个人所得税中工资、薪金所得适用的7级超额累进税率为例。第一级，全月应纳税所得额不超过3 000元的部分，税率为3%，即不超过3 000元的这部分所得额的边际税率为3%，本级所得额都适用3%的税率；第二级，全月应纳税所得额超过3 000元至12 000元的部分，税率为10%，即本级的边际税率是10%，本级所得额中超过3 000元至12 000元的增量部分9 000元都适用10%的税率；其余类推。可见，在超额累进税率表中，每一级的税率都同时是本级课税对象增量部分的边际税率。边际税率通常也指累进税率表中的最高一级税率，即最后一级税率。边际税率不能真实反映纳税人的实际负担水平。边际税率过高，会对经济造成不良影响，因此边际税率的高低应适度。

4.纳税环节

纳税环节是指对处于运动之中的征税对象选定的应该缴纳税款的环节，一般是指在商品流转过程中应该缴纳税款的环节。商品从生产到消费，中间往往要经过许多环节，如工业品要经过工厂生产、商业采购、商业批发和商业零售等环节。确定在哪个环节纳税，关系到税制结构和整个税收体系的布局；关系到对商品生产、流通是否有利；关系到物价的变化；关系到税款能否及时足额地入库，国家财政收入能否得到保证；关系到地区间对税款收入的分配；也关系到是否便利纳税人缴纳税款和能否促进企业加强经济核算等诸多方面。因此，正确确定纳税环节是商品流转额征税中一个比较特殊又十分重要的问题。

5.纳税期限

纳税期限是指纳税人发生纳税义务后，向国家缴纳税款的间隔时间。各种税都要明确规定缴纳税款的期限，这是由税收的固定性决定的。纳税期限的确定要注意以下三点：首先，应根据国民经济各部门生产经营的特点和不同的征税对象来确定；其次，应根据纳税人缴纳税款的数额多少来确定；再次，应根据纳税义务发生的特殊性和加强税收征管的要求来确定。我国现行税法规定，纳税期限有按年征收、按季征收、按月征收、按天征收和按次征收等多种形式。

6.减免税

减免税是对某些纳税人或征税对象给予鼓励和照顾的一种特殊规定，减税是指对应纳税额少征一部分税款，免税是指对应纳税额全部免征。减免税能使税收制度按照因地制宜和因事制宜的原则，更好地贯彻国家的税收政策。减免税是一种特殊的调节手段，必须严格按照税法规定的范围和权限办事，任何单位和部门不得任意扩大范围和超越权限擅自减税、免税。

税基式减免税是指通过直接缩小计税依据的方式实现的减税、免税，具体包括起征点、免征额、项目扣除、跨期结转等。起征点是指税法规定的对征税对象开始征税的数额起点，即征税对象数额未达到起征点的不征税，达到或超过起征点的就其全部数额征税。免征额是指税法规定的在征税对象全部数额中免予征税的数额，即不论纳税人收入多少，只对减去一定数额后的余额征税。项目扣除是指征税对象总额先扣除某些项目的金额后，以其余额为计税依据计算应纳税额。跨期结转是指将某些费用及损失向后或向前结转，抵消一部分收益，以缩小税基，实现减免税。

税额式减免税是指通过直接减少应纳税额的方式实现的减税、免税，具体包括全部免征、减半征收、核定减免率以及核定减征税额等。

税率式减免税是指通过直接降低税率的方式来实现的减税、免税，具体包括重新确定税率、选用其他税率和规定零税率。

7.违章处理

违章处理是指税务机关对纳税人违反税法的行为采取的处罚性措施。这种处罚是税制中不可缺少的要素，是税收强制性特征在税收制度上的体现。

二、税收分类

现代税收是一个由多税种组成的复合税制体系，各税种有其各自的特点，在税制结构中的地位和作用是不同的。主体税种的选择是建立合理税制结构的中心环节，辅助税种的搭配、协调也十分重要，各税种之间存在一定的联系和区别。因而，有必要对各税种进行必要的分类，以建立合理的税制结构。税收一般有以下几种分类方法：

1.以征税对象为标准的税收分类

以征税对象为标准，税收可以分为货物和劳务税类、所得税类、资源税类、财产税类和行为税类等。货物和劳务税也称流转税，一般是指对商品的流转额和非商品的营业额征收的那一类税收。我国现行的增值税、消费税、关税属于这一类。它是我国现行最大的税类。所得税一般是指对纳税人的各种所得征收的那一类税收。我国现行的企业所得税、个人所得税属于这一类。资源税一般是指以自然资源及其级差收入为征税对象的那一类税收。我国现行的资源税、耕地占用税、城镇土地使用税、环境保护税属于这一类。财产税一般是指对属于纳税人所有的财产或支配的财产的数量或价值额征收的那一类税收。我国现行的房产税、契税、车船税属于这一类。行为税一般是指以某些特定行为为征税对象征收的那一类税收。我国现行的印花税、城市维护建设税、车辆购置税属于这一类。

2.以计税依据为标准的税收分类

以计税依据为标准，税收可以分为从价税和从量税两大类。从价税一般是指以征税对象及其计税依据的价格或金额为标准，按一定比例税率征收的那一类税收。我国现行的增值税、消费税、关税属于这一类。从量税一般是指以征税对象的重量、容积、面积等为标准，采用固定税额计征的那一类税收。我国现行的船舶吨税、车船税属于这一类。

3.以税收负担是否转嫁为标准的税收分类

以税收负担是否转嫁为标准，税收可以分为直接税和间接税两大类。直接税一般是指税负无法转嫁，而由纳税人直接负担的那一类税收。我国现行的企业所得税、个人所得税、城镇土地使用税、房产税等都属于这一类。间接税一般是指纳税人能够将税负转嫁给他人负担的那一类税收。我国现行的增值税、消费税、关税属于这一类。

4.以管理权限为标准的税收分类

以管理权限为标准，税收可以分为中央税和地方税以及中央地方共享税。中央税一般是指由中央政府管理并支配其收入的那一类税收，如消费税、关税和车辆购置税。地方税一般是指由地方政府管理并支配其收入的那一类税收，如房产税、车船税等。中央地方共享税一般是指由中央政府与地方政府共同管理并按一定比例分别支配其收入的那一类税收，如增值税、企业所得税等。

5.以税收与价格的关系为标准的税收分类

以税收与价格的关系为标准，税收可以分为价内税和价外税。价内税一般是指税金作为商品价格的组成部分的那一类税收，如消费税。价外税一般是指税金作为商品价格之外的附加额的那一类税收，如增值税。

6.其他几种分类标准

以税款缴纳形式为标准，税收可以分为实物税和货币税。实物税一般是指以实物缴纳的那一类税收，货币税是以货币缴纳的那一类税收。以税收用途为标准，税收可以分为一般税（普通税）和目的税（特别税）。一般税是指用于国家一般经费开支，没有专门用途的那一类税收；目的税一般是指具有专门用途的那一类税收，如城市维护建设税。以税款的确定方法为标准，税收可以分为定率税和配赋税。定率税一般是指国家事先在税法中按照征税对象规定税率计征的那一类税收，配赋税一般是指国家采取分摊税款办法征收的那一类税收。

第四节　税收制度与现行税制体系

一、税收制度

税收制度是一个国家根据其税收政策、税收原则，结合本国的国情和财政政策需要所制定的各项税收法律、法规及征收管理办法的总称。税收制度就是税收的法律形式，是国家通过立法程序规定的各种税收基本法规和征收制度，属于上层建筑的范畴。广义的税收制度包括税收基本法规、税收管理体制、税收征收管理制度，以及税收计划、会计、统计工作制度等。狭义的税收制度仅指各种税的基本法律制度。税收制度是国家经济制度的重要组成部分，反映社会经济基础的要求。它体现着统治阶级的意志，也必然受社会经济基础的决定和制约。我国现行税收制度形成于1994年的税制改革。2003年10月，从出口退税改革开始，中国新一轮税制改革拉开了序幕。按照党的十六届三中全会的决定，分步实施税收制度改革，遵循“简税制、宽税基、低税率、严征管”的基本原则。2006年全面取消了农业税，2008年实行内外统一的企业所得税，2009年增值税转型改革全面推行，2016年全面实施“营改增”和全面推进资源税改革，2018年开征环境保护税以及修订个人所得税法等。我国的税收制度虽然进行了一些改革，税收制度的内容发生了一些变化，但是作为税制结构的主体并没有改变。我国现行税收制度归属为五大税类，即货物和劳务税类、所得税类、资源税类、财产税类、行为目的税类。

二、税制结构

税制结构是指实行复合税制的国家，在按一定标准进行税种分类的基础上所形成的税种分布格局及各税种相互联系的系统。税制结构的研究范围主要包括主体税种的选择以及主体税种与辅助税种的配合等问题。税制结构分为单一税制与复合税制。单一税制是指以一种课税对象为基础设置税种所形成的税制。它表现为单一的消费税、单一的土地税、单一的财产税、单一的所得税等较为单纯的税种构成形式。复合税制则是指由各种不同税种组成并相互补充的税收制度。它是由主次搭配、层次分明的多个税种构成的税制体系。在实践中，单一税制由于其自身缺乏弹性，难以发挥税收筹集财政收入和调节经济的作用。只有复合税制才涉及税制结构问题，即税制体系内部税种之间的协调与配合问题，特别是主体税种的选择及主体税种与其他税种的相互关系问题。

税制结构是一国税制体系建设的主体工程，合理地设置各类税种，从而形成一个相互协调、相互补充的税制体系，是有效发挥税收职能作用的前提，也是充分体现税收公平与效率的有力保证。一国税制结构的形成与发展受该国社会经济条件的制约，不以人的主观意志为转移。在现实社会中，多数国家的税制结构并非经过事前的完整设计或周密计划，其形成与发展往往受到某一发展阶段社会经济体制、生产力发展状况、政府宏观管理水平等因素的影响与制约，同时也受政治上各派势力集团力量对比的左右，是在各种重大历史事件积累的基础上形成与发展的。所以说，一国税制结构的形成与发展绝不像某些热衷于重塑税制模式的税收改革家所想象的那样，只要按照“最优”税制理论，并由此推导出理想的税制模式作为税制改革的目标，就可以取得圆满的结果。事实上，这种做法在实践中因其忽视特定的政策目标及业已存在的具体国情而难以被接受，并可能产生较大的负面影响。因此，研究税制结构的过程就是结合本国具体国情深入分析和研究经济发展规律的过程。

税制结构的主要内容包括：（1）税种设置，即税种选择、税源确定、税收限额等的安排。（2）税种关系的协调与安排，即如何协调各种关系，包括主体税种的选择、安排及主体税种与辅助税种的配合等。（3）税种结构体系的总体选择与安排。（4）税负结构的选择与安排。（5）征管构成及其优化。

三、税制沿革

税收制度作为经济体制的重要组成部分，随着经济体制的变革和社会经济条件的变化而不断地调整。中华人民共和国成立以来，我国税收制度的变化大体上分为三个阶段：第一阶段是1949—1977年，计划经济条件下的税收制度；第二阶段是1978—1993年，有计划商品经济条件下的税收制度；第三阶段是1994年至今，社会主义市场经济条件下的税收制度。期间，我国税收制度先后进行了六次重大改革：第一次是1950年，在总结老解放区税制建设的经验和全面清理旧中国税收制度的基础上建立了中华人民共和国的新税制。第二次是1958年，主要内容是简化税制，以适应社会主义改造基本完成、经济管理体制改革之后的形势要求。第三次是1973年，主要内容仍然是简化税制。第四次是1984年，主要内容是普遍实行国营企业"利改税"和全面改革工商税收制度，以适应发展有计划社会主义商品经济的要求。第五次是1994年，主要内容是全面改革工商税收制度，以适应建立社会主义市场经济体制的要求。第六次是2013年至今，党的十八大以来我国开展了新一轮税制改革。

党的十八大以来，以习近平同志为核心的党中央坚定不移全面深化改革，财税体制改革是其中的重要内容。税务部门在党中央、国务院的坚强领导下，认真落实范围广、程度深、力度强的税制改革举措，税收在国家治理中的作用不断增强。

1.增值税制度逐步完善

2012—2015年，"营改增"开始在部分地区、部分行业试点，积累改革经验；经过多轮扩围，2016年5月1日，"营改增"试点全面推开，征收了60多年的营业税告别中国税收舞台；2017年，推行增值税税率"四档变三档"改革；2018年，实施降低税率、对部分行业试行留抵退税、统一小规模纳税人标准三项改革；2019年，进一步降低税率，扩大进项税额抵扣范围，正式建立留抵退税制度，推出阶段性加计抵减政策；2020—2022年，结合疫情防控各阶段特点和需要，分批次密集出台多项扶持政策，并扩大部分先进制造业全额退还增量留抵税额政策范围；2023年底前，对月销售额10万元以下的小规模纳税人免征增值税，对小规模纳税人适用3%征收率的应税销售收入减按1%征收增值税，对生产、生活性服务业纳税人分别实施5%、10%增值税加计抵减。

2.综合与分类相结合的个人所得税制度成功建立

2018年10月1日起，我国先在分类税制模式下，提高工资薪金所得"起征点"，适用新税率表，减轻居民负担，刺激居民消费，提前释放个人所得税改革的减税红利。2019年1月1日起，新修订的个人所得税法及其实施条例实施，新增子女教育、继续教育、大病医疗、住房贷款利息、住房租金、赡养老人六项专项附加扣除。2020年3月1日至6月30日，在疫情突发的情况下，首次综合所得年度汇算清缴顺利实施，之后两次也都较为顺利。2022年3月，将3岁以下婴幼儿子女照护费用纳入专项附加扣除，让广大纳税人进一步享受红利。自2023年1月1日起，提高3岁以下婴幼儿照护、子女教育、赡养老人个人所得税专项附加扣除标准。自2023年8月1日起，适用个人所得税优惠政策的商业健康保险产品范围扩大至医疗保险、长期护理保险和疾病保险三类险种。

3.企业所得税制度不断优化

我国不断优化企业所得税制度，实施了覆盖创业投资、创新主体、研发活动等创新全链条的税收优惠政策。以研发费用加计扣除政策为例，2013年年初，开展扩大研发费用加计扣除范围政策试点，并于当年9月将试点政策推广到全国。2015年，放宽了享受优惠的企业研发活动及研发费用的范围，简化了研发费用在税务处理中的归集、核算及备案管理，进一步降低企业享受优惠的门槛。2017—2018年，分两步将研发费用加计扣除比例提高至75%。2021年，研发费用加计扣除政策“两度升级”，制造业企业研发费用加计扣除比例由75%提高到100%；自2021年10月起，企业预缴企业所得税时，可提前对前三个季度研发费用进行加计扣除。2022年年初，将科技型中小企业研发费用加计扣除比例提高至100%，进一步对高新技术企业在2022年第四季度购置设备的支出，允许当年一次性税前全额扣除并100%加计扣除；在2022年第四季度，对现行按75%比例税前加计扣除研发费用的行业，统一提高扣除比例到100%；对企业出资科研机构等基础研究支出，允许税前全额扣除并加计扣除。2023年，我国企业所得税减免政策进行了一系列的调整与修订，旨在促进企业发展，降低企业的负担，提升企业的竞争力。这些政策主要包括针对小微企业的减免政策、鼓励企业研发创新的减免政策和促进创业投资的减免政策。

4.消费税改革稳步推进

消费税改革包括调整优化征收范围、税率和环节，涉及成品油、小汽车、电池、涂料、烟酒、化妆品等多个品目，引导合理消费，促进调结构、转方式。比如，2015年5月10日起，将卷烟批发环节从价税税率由5%提高至11%，并按0.005元/支加征从量税。2022年11月1日起，对电子烟征收消费税，生产（进口）环节的税率为36%，批发环节的税率为11%。2023年，国家继续对废矿物油再生油品免征消费税。

5.税收法定进程加快

2013年11月，党的十八届三中全会通过《中共中央关于全面深化改革若干重大问题的决定》，首次提出要“落实税收法定原则”。我国税收立法的进程随之明显加快，税收法治建设驶入“快车道”。截至目前，现行18个税种中，已经有12个制定了法律。其中，绝大部分都是2013年以后制定并实施的，包括烟叶税、船舶吨税、环境保护税、车辆购置税、耕地占用税、资源税、城市维护建设税、契税和印花税等。其他税种立法工作也在积极稳妥推进当中。

通过上述改革，我国的税制进一步简化、规范，税负更加公平并有所减轻，税收的宏观调控作用进一步增强，在促进经济持续稳步增长的基础上，实现了税收收入的持续稳步增长，有力地支持了改革开放和各项建设事业的发展。

四、现行税制体系

我国现行税制体系由税收实体法和税收征收管理法律制度（简称税收程序法）构成。

税收实体法是规定税收法律关系主体的权利、义务的法律规范的总称。其主要内容包括纳税主体、征税客体、计税依据、税目、税率、减税、免税等，是国家向纳税人行使征税权和纳税人负担纳税义务的要件。只有具备这些要件时，纳税人才负有纳税义务，国家才能向纳税人征税。税收实体法直接影响国家与纳税人之间权利义务的分配，是税法的核心部分。没有税收实体法，税法体系就不能成立。

税收程序法是税收实体法的对称，指以国家税收活动中所发生的程序关系为调整对象的税法，是规定国家征税权行使程序和纳税人纳税义务履行程序的法律规范的总称。其内容主要包括税收确定程序、税收征收程序、税收检查程序和税务争议解决程序。税收程序法是指如何具体实施税法的规定，是税法体系的基本组成部分。税收征收管理法即属于税收程序法。

1.税收实体法体系

我国现行税收实体法体系由税收法律、（暂行）条例和税收行政法规构成，按其性质和作用，将18个税种分为6类：

（1）货物和劳务税类，包括增值税和消费税，主要在生产、流通或者服务业中发挥调节作用。

（2）资源税类，包括资源税、环境保护税、城镇土地使用税。

（3）所得税类，包括企业所得税、个人所得税。

（4）特定目的税类，包括城市维护建设税、烟叶税、土地增值税、耕地占用税。

（5）财产和行为税类，包括房产税、车船税、印花税、契税、车辆购置税。

（6）关税，主要对进出我国国境的货物、物品征收，包括关税、船舶吨税。

2.税收征收管理法律制度

税收征收管理法律制度包括税收征收管理法、海关法和进出口关税条例等。

3.税收征管范围的划分

按照1994年分税制财政管理体制的要求，我国税务机构的设置是在中央政府设立国家税务总局，作为税务管理工作的最高职能机构，省级及省级以下的税务机构分设为国家税务局和地方税务局两个系统，国家税务局主要负责中央税与中央地方共享税的征收管理，地方税务局主要负责地方税的征收管理。

根据党的十九届三中全会审议通过的《深化党和国家机构改革方案》，将省级和省级以下国税地税机构合并，具体承担所辖区域内各项税收、非税收入征管等职责，实行以国家税务总局为主与省（自治区、直辖市）政府双重领导管理体制。2018年6月15日，全国36个省级新税务机构统一挂牌。

为提高社会保险资金征管效率，将基本养老保险费、基本医疗保险费、失业保险费等各项社会保险费交由税务部门统一征收。

国税地税机构合并后，我国税收征收管理机关有税务机关和海关。

海关负责征收和管理的项目有关税和船舶吨税。此外，海关负责代征进口环节的增值税、消费税。

思政小园地

税收事业作为我党百年奋斗历程的重要组成部分，薪火相传、生生不息，奋力谱写了初心不改、利国为民的税收华章。百年来，党在团结带领人民进行革命、建设和改革的接续奋斗中，根据形势任务的发展，审时度势提出了一系列税收政策、措施和主张，对促进政治、经济、社会发展产生了重大影响，发挥了重要作用。特别是党的十八大以来，以习近平同志为核心的党中央高度重视税收工作，习近平总书记多次作出重要指示批示，强调要发挥税收在国家治理中的基础性、支柱性、保障性作用，为推动税收改革发展指明了前进方向、提供了根本遵循。

从2012年“结构性减税”到2013年“结合税制改革完善结构性减税政策”，从2015年“定向减税和普遍性降费”到2019年“普惠性减税与结构性减税并举”，再到2022年“坚持阶段性措施和制度性安排相结合，减税与退税并举”，我国退税减税降费政策年年加力、步步扩围、层层递进，并结合税制改革不断形成制度性安排，充分彰显了党中央、国务院非凡的政治魄力和强烈的责任担当，集中展现了保持宏观调控连续性、稳定性、可持续性的政策定力，为助力经济社会高质量发展、护航中国经济行稳致远注入了动力。①

习　题

一、即测即评

第一章单选题　　第一章多选题　　第一章判断题

二、实务题

1.红色政权生机勃勃，但要进一步战斗、发展、壮大，始终面临着一个问题——钱从哪里来？

2021年6月28日，《经济参考报》刊发了题为《百年党史·税收篇｜坚守初心 税收为民》的文章，写道：1928年7月，中共第六次全国代表大会通过了《十大政治纲领》，提出“取消一切政府军阀地方的税捐，实行统一累进税”。1928年12月，毛泽东在总结井冈山土地革命的基础上，主持制定了《井冈山土地法》，标志着中国共产党第一次以法的形式确定征收土地税及征收土地税的标准。

请结合本章学习内容，谈谈你是如何理解的。

2.《中华人民共和国宪法》第五十六条规定：“中华人民共和国公民有依照法律纳税的义务。”请结合本章学习内容，谈谈你是如何理解的。

① 佚名．党的十八大以来税务部门落实退税减税降费政策助力稳定宏观经济大盘综述［EB/OL］.（2022-08-20）［2022-12-01］. http: //www.gov.cn/xinwen/2022-08/20/content_5706195.htm.

第二章

增值税

【学习目标】

一、知识体系

1. 增值税税制要素。

2. 增值税的计算。

3. 增值税的出口退税。

4. 增值税的申报与缴纳。

二、价值塑造

1. 以马克思主义哲学为指导，理论与实践相结合，提高增值税税收理论素养。

2. 以习近平新时代中国特色社会主义思想为指导，准确把握新时代增值税的职能定位，培育经世济民、诚信服务、德法兼修的税务职业素养。

三、能力培养

1. 熟悉增值税税制要素，理解增值税的计税原理。

2. 掌握增值税的计算方法。

3. 了解增值税的申报与缴纳。

第一节　增值税概述

增值税是以商品（含应税劳务和应税服务）在流转过程中产生的增值额作为征税对象而征收的一种流转税。它始于1954年的法国，20世纪60年代被西欧各国所采纳，70年代在拉丁美洲风靡一时并波及一部分亚洲国家，80年代以来增值税的实施范围已遍布世界各大洲。

我国从1979年开始在部分城市试行生产型增值税，到1994年已全面实行；2009年实行了增值税的全面“转型”，由过去的生产型增值税转变为消费型增值税。2011年10月，国务院决定开展“营改增”试点，逐步在征收营业税的行业中改为征收增值税；2016年5月1日起，我国全面实施“营改增”。

我国现行增值税的基本规范是2017年11月19日国务院令第691号公布的《中华人民共和国增值税暂行条例》（以下简称《增值税暂行条例》）和2016年3月财政部、国家税务总局发布的《关于全面推开营业税改征增值税试点的通知》（财税〔2016〕36号），以及2008年12月财政部、国家税务总局令第50号《中华人民共和国增值税暂行条例实施细则》。

从理论上讲，增值税是对商品生产、商品流通、劳务服务中各个环节的增值额或商品附加值征收的一种流转税。

增值额是企业在生产经营过程中新创造的那部分价值，即货物或劳务价值中V+M部分，在我国相当于净产值或国民收入部分。在现实经济生活中，对“增值额”这一概念可以从两个方面来理解：从一个生产经营单位来看，增值额是指该单位销售货物或提供劳务的收入额扣除为生产经营这项货物（包括劳务，下同）而外购的那部分货物价款后的余额。从一项货物来看，增值额是该项货物经历的生产和流通的各个环节所创造的增值额之和，也就是该项货物的最终销售价值。

增值税具有以下特点：

（1）不重复征税，具有中性税收的特征。这是因为增值税只对货物或劳务销售额中没有征过税的那部分增值额征税，对销售额中属于转移过来的、以前环节已征过税的那部分销售额则不再征税，从而有效排除了重复征税因素。此外，增值税税率档次少，一些国家只采取一档税率，即使采取两档或三档税率，绝大部分货物也都按一个统一的基本税率征税。这不仅使得绝大部分货物的税负是一样的，而且同一货物在经历所有生产和流通环节时的整体税负也是一样的。

（2）逐环节征税，逐环节扣税，最终消费者是全部税款的承担者。增值税保留了传统营业税按流转额全值计税和道道征税的特点，同时还实行税款抵扣制度，即在逐环节征税的同时，还实行逐环节扣税。在这里，各环节的经营者作为纳税人，只是把从买方收取的税款转交给政府，而经营者实际上并没有承担增值税税款。这样，随着各环节交易活动的进行，经营者在出售货物的同时也出售了该货物所承担的增值税税款，直到货物卖给最终消费者，货物在以前环节已纳的税款连同本环节的税款也一同转给了最终消费者。可见，增值税税负具有逐环节向前推移的特点，作为纳税人的生产经营者并不是增值税的真正负担者，只有最终消费者才是全部税款的负担者。

（3）税基广阔，具有征收的普遍性和连续性。无论是从横向看还是从纵向看，增值税都有着广阔的税基。从生产经营的横向关系看，无论工业、商业还是劳务、服务活动，只要有增值收入就要纳税；从生产经营的纵向关系看，每一货物无论经过多少生产经营环节，都要按各环节发生的增值额逐次征税。

一、增值税的类型和计税原理

（一）增值税的类型

实行增值税的国家，据以征税的增值额都是法定增值额，并非理论上的增值额。所谓法定增值额，是指各国政府根据各自的国情、政策要求，在增值税制度中人为确定的增值额。法定增值额可以等于理论增值额，也可以大于或小于理论增值额。造成法定增值额与理论增值额不一致的原因主要是各国在规定扣除范围时，对外购固定资产的处理办法不同。一般来说，在确定征税的增值额时，对外购流动资产价款都允许从货物总价值中扣除，但有些国家不允许扣除。在允许扣除的国家中，扣除情况也不一样。

增值税按对外购固定资产处理方式的不同，可划分为生产型增值税、收入型增值税和消费型增值税。

1.生产型增值税

生产型增值税是指计算增值税时，不允许扣除任何外购固定资产的价款，作为课税基数的法定增值额除包括纳税人新创造价值外，还包括当期计入成本的外购固定资产价款部分，即法定增值额相当于当期工资、利息、租金、利润等理论增值额和折旧额之和。从整个国民经济来看，这一课税基数大体相当于国民生产总值统计口径，故称为生产型增值税。生产型增值税的法定增值额大于理论增值额，对固定资产存在重复征税，而且越是资本有机构成高的行业，重复征税越严重。生产型增值税虽然不利于鼓励投资，却可以保证财政收入。

2.收入型增值税

收入型增值税是指计算增值税时，对外购固定资产价款只允许扣除当期计入产品价值的折旧费部分，作为课税基数的法定增值额相当于当期工资、利息、租金和利润等各增值项目之和。从整个国民经济来看，这一课税基数相当于国民收入部分，故称为收入型增值税。收入型增值税的法定增值额与理论增值额一致，从理论上讲是一种标准的增值税，但由于外购固定资产价款是以计提折旧的方式分期转入产品价值的，且转入部分没有合法的外购凭证，故给凭发票扣税的计算方法带来困难，影响了这种方法的广泛采用。

3.消费型增值税

消费型增值税是指计算增值税时，允许将当期购入的固定资产价款一次全部扣除，作为课税基数的法定增值额相当于纳税人当期的全部销售额扣除外购的全部生产资料价款后的余额。从整个国民经济来看，这一课税基数仅限于消费资料价值的部分，故称为消费型增值税。消费型增值税在购进固定资产的当期因扣除额大大增加，会减少财政收入，但这种方法是最宜规范凭发票扣税的计算方法，因为凭固定资产的外购发票可以一次将其已纳税款全部扣除，既便于操作，也便于管理，所以是三种类型中最先进、最能体现增值税优越性的一种。

增值税类型的选择需要考虑两个影响因素：一是商品课税的模式。商品课税不仅对消费资料征税，同时也对生产资料征税，这样的国家一般采用生产型或收入型增值税；商品课税仅对某些消费品征税，这样的国家一般采用消费型增值税。二是对投资的政策。实行鼓励投资政策的国家就采用消费型增值税，实行限制投资政策的国家就采用生产型或收入型增值税。

1994年税制改革时，我国采用的是生产型增值税，这一方面是出于财政收入的考虑，另一方面是为了抑制投资膨胀。随着我国社会主义市场经济体制的逐步完善和经济全球化的纵深发展，推进增值税转型改革的必要性日益突出。

增值税转型改革的核心是在企业计算应缴增值税时，允许扣除购进设备所含的增值税。我国增值税转型（即将生产型增值税转为消费型增值税）改革试点始于2004年。自2009年1月1日起，我国在全国所有地区、所有行业推行消费型增值税。

目前，只有极少数发展中国家实行生产型增值税，极少数拉丁美洲国家实行收入型增值税，90%以上的国家（地区，下同）开征的都是消费型增值税。相比较而言，生产型增值税的税基最大，消费型增值税的税基最小、纳税人的税负最小。

（二）增值税的计税原理

增值税的计税原理是通过增值税的计税方法体现出来的。增值税的计税方法是以每一生产经营环节发生的货物、劳务或服务的销售额为计税依据，然后按规定税率计算出整体税负，同时通过税款抵扣方式将外购项目在以前环节已纳的税款扣除，从而完全避免了重复征税。该原理具体体现在以下三个方面：

（1）按全部销售额计算税款，但只对货物、劳务或服务价值中新增价值部分征税。

（2）实行税款抵扣制度，对以前环节已纳税款予以扣除。

（3）税款随着货物的销售逐环节转移，最终消费者是全部税款的承担者。政府并不直接向消费者征税，而是在生产经营的各个环节分段征收，而各环节的纳税人并不承担增值税税款。

增值税的计税原理用公式表示为：

应纳税额=增值额×适用税率

=（销售额-进价）×适用税率

=销售额×适用税率-进价×适用税率

=销项税额-进项税额

二、征税范围

根据《增值税暂行条例》的规定，增值税是对在我国境内从事销售或者进口货物或者提供加工、修理修配劳务（销售“应税劳务”），销售服务（销售“应税服务”），销售不动产、无形资产的企业单位和个人，就其应税销售行为和进口货物课征的一种货物和劳务税。

判别是否征增值税的要件有：（1）发生了税法规定的应税销售行为；（2）应税销售行为发生在境内；（3）该行为是有偿的（以从受让方取得货币、货物或其他经济利益等代价为条件的销售或转让行为）；（4）销售服务、转让无形资产或不动产都是对他人而言的，不是自我服务。

在境内是指：（1）销售货物的起运地或者所在地在境内；（2）提供的应税劳务发生在境内；（3）服务（租赁不动产除外）或者无形资产（自然资源使用权除外）的销售方或者购买方在境内；（4）所销售或者租赁的不动产在境内；（5）所销售自然资源使用权的自然资源在境内；（6）财政部和国家税务总局规定的其他情形。

（一）基本范围

1.销售（包括进口）货物

货物是指有形动产，包括电力、热力、气体在内。进口货物在报关进口时向海关缴纳进口环节增值税。

销售货物是指有偿转让货物所有权的行为，即以从受让方取得货币、货物或其他经济利益等代价为条件转让货物。

进口货物是指直接从境外进口货物，同时包括从境内保税工厂、保税仓库、保税区运往境内其他地区的货物。

2.提供加工、修理修配劳务

加工是指受托加工货物，即委托方提供原料及主要材料，受托方按照委托方的要求制造货物并收取加工费的业务。

修理修配是指受托对损伤和丧失功能的货物进行修复，使其恢复原状和功能的业务。

单位或者个体工商户聘用的员工为本单位或者雇主提供加工、修理修配劳务，不包括在内。

3.销售服务

销售服务是指提供交通运输服务、邮政服务、电信服务、建筑服务、金融服务、现代服务和生活服务。

（1）交通运输服务。这是指利用运输工具将货物或者旅客送达目的地，使其空间位置得到转移的业务活动，包括：

①陆路运输服务，指通过陆路（地上或者地下）运送货物或者旅客的运输业务活动，包括：

铁路运输服务，指通过铁路运送货物或者旅客的运输业务活动。

其他陆路运输服务，指铁路运输以外的陆路运输业务活动，包括公路运输、缆车运输、索道运输、地铁运输、城市轻轨运输等。出租车公司向使用本公司自有出租车的出租车司机收取的管理费用，按照陆路运输服务缴纳增值税。

②水路运输服务，指通过江、河、湖、川等天然、人工水道或者海洋航道运送货物或者旅客的运输业务活动，包括：

程租业务，指运输企业为租船人完成某一特定航次的运输任务并收取租赁费的业务。

期租业务，指运输企业将配备有操作人员的船舶承租给他人使用一定期限，承租期内听候承租方调遣，不论是否经营，均按天向承租方收取租赁费，发生的固定费用均由船东负担的业务。

③航空运输服务，指通过空中航线运送货物或者旅客的运输业务活动，包括：

湿租业务，指航空运输企业将配备有机组人员的飞机承租给他人使用一定期限，承租期内听候承租方调遣，不论是否经营，均按一定标准向承租方收取租赁费，发生的固定费用均由承租方承担的业务。

航天运输服务，指利用火箭等载体将卫星、空间探测器等空间飞行器发射到空间轨道的业务活动。

④管道运输服务，指通过管道设施输送气体、液体、固体物质的运输业务活动。

⑤自2018年1月1日起，纳税人已售票但客户逾期未消费取得的运输逾期票证收入，按照“交通运输服务”缴纳增值税。

此外，还有无运输工具承运业务。无运输工具承运业务是指经营者以承运人身份与托运人签订运输服务合同，收取运费并承担承运人责任，然后委托实际承运人完成运输服务的经营活动。

（2）邮政服务。这是指中国邮政集团公司及其所属邮政企业提供邮件寄递、邮政汇兑和机要通信等邮政基本服务的业务活动，包括：

① 邮政普遍服务，指函件、包裹等邮件寄递，以及邮票发行、报刊发行和邮政汇兑等业务活动。函件，指信函、印刷品、邮资封片卡、无名址函件和邮政小包等。包裹，指

按照封装上的名址递送给特定个人或者单位的独立封装的物品，其重量不超过50千克，任何一边的尺寸不超过150厘米，长、宽、高合计不超过300厘米。

② 邮政特殊服务，指义务兵平常信函、机要通信、盲人读物和革命烈士遗物的寄递等业务活动。

③ 其他邮政服务，指邮册等邮品销售、邮政代理等业务活动。

（3）电信服务。这是指利用有线、无线的电磁系统或者光电系统等各种通信网络资源，提供语音通话服务，传送、发射、接收或者应用图像、短信等电子数据和信息的业务活动，包括：

① 基础电信服务，指利用固网、移动网、卫星、互联网，提供语音通话服务的业务活动，以及出租或者出售带宽、波长等网络元素的业务活动。

② 增值电信服务，指利用固网、移动网、卫星、互联网、有线电视网络，提供短信和彩信服务、电子数据和信息的传输及应用服务、互联网接入服务等业务活动。

卫星电视信号落地转接服务属于增值电信服务。

（4）建筑服务。这是指各类建筑物、构筑物及其附属设施的建造、修缮、装饰，线路、管道、设备、设施等的安装以及其他工程作业的业务活动，包括：

①工程服务，指新建、改建各种建筑物、构筑物的工程作业，包括与建筑物相连的各种设备或者支柱、操作平台的安装或者装设工程作业，以及各种窑炉和金属结构工程作业。

②安装服务，指生产设备、动力设备、起重设备、运输设备、传动设备、医疗实验设备以及其他各种设备、设施的装配、安置工程作业，包括与被安装设备相连的工作台、梯子、栏杆的装设工程作业，以及被安装设备的绝缘、防腐、保温、油漆等工程作业。

固定电话、有线电视、宽带、水、电、燃气、暖气等经营者向用户收取的安装费、初装费、开户费、扩容费以及类似收费，按照安装服务缴纳增值税。

③修缮服务，指对建筑物、构筑物进行修补、加固、养护、改善，使之恢复原来的使用价值或者延长其使用期限的工程作业。

④装饰服务，指对建筑物、构筑物进行修饰装修，使之美观或者具有特定用途的工程作业。

⑤其他建筑服务，指上列工程作业之外的各种工程作业服务，如钻井（打井）、拆除建筑物或者构筑物、平整土地、园林绿化、疏浚（不包括航道疏浚）、建筑物平移、搭脚手架、爆破、矿山穿孔、表面附着物（包括岩层、土层、沙层等）剥离和清理等工程作业。

（5）金融服务。这是指经营金融保险的业务活动，包括：

① 贷款服务，指将资金贷与他人使用而取得利息收入的业务活动。各种占用、拆借资金取得的收入，包括金融商品持有期间（含到期）利息（保本收益、报酬、资金占用费、补偿金等）收入、信用卡透支利息收入、买入返售金融商品利息收入、融资融券收取的利息收入，以及融资性售后回租、押汇、罚息、票据贴现、转贷等业务取得的利息及利息性质的收入，或者以货币资金投资收取的固定利润或者保底利润，均按照贷款服务缴纳增值税。

② 直接收费金融服务，指为货币资金融通及其他金融业务提供相关服务并且收取费

用的业务活动，包括提供货币兑换、账户管理、电子银行、信用卡、信用证、财务担保、资产管理、信托管理、基金管理、金融交易场所（平台）管理、资金结算、资金清算、金融支付等服务。

③ 金融商品转让，指转让外汇、有价证券、非货物期货和其他金融商品所有权的业务活动。其他金融商品转让包括基金、信托、理财产品等各类资产管理产品和各种金融衍生品的转让。

④ 保险服务，指投保人根据合同约定，向保险人支付保险费，保险人对于合同约定的可能发生的事故因其发生所造成的财产损失承担赔偿保险金责任，或者当被保险人死亡、伤残、疾病或者达到合同约定的年龄、期限等条件时承担给付保险金责任的商业保险行为，包括人身保险服务和财产保险服务。

（6）现代服务。这是指围绕制造业、文化产业、现代物流产业等提供技术性、知识性服务的业务活动，包括：

①研发和技术服务，包括：

研发服务，指就新技术、新产品、新工艺或者新材料及其系统进行研究与试验开发的业务活动，也称技术开发服务。

合同能源管理服务，指节能服务公司与用能单位以契约形式约定节能目标，节能服务公司提供必要的服务，用能单位以节能效益支付节能服务公司投入及其合理报酬的业务活动。

工程勘察勘探服务，指在采矿、工程施工前后，对地形、地质构造、地下资源蕴藏情况进行实地调查的业务活动。

专业技术服务，指气象服务、地震服务、海洋服务、测绘服务、城市规划、环境与生态监测服务等专项技术服务。

②信息技术服务，指利用计算机、通信网络等技术对信息进行生产、收集、处理、加工、存储、运输、检索和利用，并提供信息服务的业务活动，包括：

软件服务，指提供软件开发服务、软件维护服务、软件测试服务的业务活动。

电路设计及测试服务，指提供集成电路和电子电路产品设计、测试及相关技术支持服务的业务活动。

信息系统服务，指提供信息系统集成、网络管理、网站内容维护、桌面管理与维护、信息系统应用、基础信息技术管理平台整合、信息技术基础设施管理、数据中心、托管中心、信息安全服务、在线杀毒、虚拟主机等业务活动，包括网站对非自有的网络游戏提供的网络运营服务。

业务流程管理服务，指依托信息技术提供的人力资源管理、财务经济管理、审计管理、税务管理、物流信息管理、经营信息管理和呼叫中心等服务的活动。

信息系统增值服务，指利用信息系统资源为用户附加提供的信息技术服务，包括数据处理、分析和整合、数据库管理、数据备份、数据存储、容灾服务、电子商务平台等。

③文化创意服务，包括：

设计服务，指把计划、规划、设想通过文字、语言、图画、声音、视觉等形式传递出来的业务活动，包括工业设计、内部管理设计、业务运作设计、供应链设计、造型设计、服装设计、环境设计、平面设计、包装设计、动漫设计、网游设计、展示设计、网站设计、机械设计、工程设计、广告设计、创意策划、文印晒图等。

知识产权服务，指处理知识产权事务的业务活动，包括对专利、商标、著作权、软件、集成电路布图设计的登记、鉴定、评估、认证、检索服务。

广告服务，指利用图书、报纸、杂志、广播、电视、电影、幻灯、路牌、招贴、橱窗、霓虹灯、灯箱、互联网等各种形式为客户的商品、经营服务项目、文体节目或者通告、声明等委托事项进行宣传和提供相关服务的业务活动，包括广告代理和广告的发布、播映、宣传、展示等。

会议展览服务，指为商品流通、促销、展示、经贸洽谈、民间交流、企业沟通、国际往来等举办或者组织安排的各类展览和会议的业务活动。

④物流辅助服务，包括：

航空服务，又包括航空地面服务和通用航空服务。航空地面服务，指航空公司、飞机场、民航管理局、航站等向在境内航行或者在境内机场停留的境内外飞机或者其他飞行器提供的导航等劳务性地面服务的业务活动，包括旅客安全检查服务、停机坪管理服务、机场候机厅管理服务、飞机清洗消毒服务、空中飞行管理服务、飞机起降服务、飞行通讯服务、地面信号服务、飞机安全服务、飞机跑道管理服务、空中交通管理服务等。通用航空服务，指为专业工作提供飞行服务的业务活动，包括航空摄影、航空培训、航空测量、航空勘探、航空护林、航空吊挂播撒、航空降雨、航空气象探测、航空海洋监测、航空科学实验等。

港口码头服务，指港务船舶调度服务、船舶通讯服务、航道管理服务、航道疏浚服务、灯塔管理服务、航标管理服务、船舶引航服务、理货服务、系解缆服务、停泊和移泊服务、海上船舶溢油清除服务、水上交通管理服务、船只专业清洗消毒检测服务和防止船只漏油服务等为船只提供服务的业务活动。港口设施经营人收取的港口设施保安费按照港口码头服务缴纳增值税。

货运客运场站服务，指货运客运场站提供货物配载服务、运输组织服务、中转换乘服务、车辆调度服务、票务服务、货物打包整理、铁路线路使用服务、加挂铁路客车服务、铁路行包专列发送服务、铁路到达和中转服务、铁路车辆编解服务、车辆挂运服务、铁路接触网服务、铁路机车牵引服务等业务活动。

打捞救助服务，指提供船舶人员救助、船舶财产救助、水上救助和沉船沉物打捞服务的业务活动。

装卸搬运服务，指使用装卸搬运工具或者人力、畜力将货物在运输工具之间、装卸现场之间或者运输工具与装卸现场之间进行装卸和搬运的业务活动。

仓储服务，指利用仓库、货场或者其他场所代客贮放、保管货物的业务活动。

收派服务，指接受寄件人委托，在承诺的时限内完成函件和包裹的收件、分拣、派送服务的业务活动。

⑤租赁服务，包括：

融资租赁服务，指具有融资性质和所有权转移特点的租赁活动。出租人根据承租人所要求的规格、型号、性能等条件购入有形动产或者不动产租赁给承租人，合同期内租赁物所有权属于出租人，承租人只拥有使用权，合同期满付清租金后，承租人有权按照残值购入租赁物，以拥有其所有权。不论出租人是否将租赁物销售给承租人，均属于融资租赁。

按照标的物的不同，融资租赁服务可分为有形动产融资租赁服务和不动产融资租赁服务。

经营租赁服务，指在约定时间内将有形动产或者不动产转让他人使用且租赁物所有权不变更的业务活动。按照标的物的不同，经营租赁服务可分为有形动产经营租赁服务和不动产经营租赁服务。将建筑物、构筑物等不动产或者飞机、车辆等有形动产的广告位出租给其他单位或者个人用于发布广告，按照经营租赁服务缴纳增值税。车辆停放服务、道路通行服务（包括过路费、过桥费、过闸费等）等按照不动产经营租赁服务缴纳增值税。水路运输的光租业务、航空运输的干租业务，属于经营租赁。

⑥鉴证咨询服务，包括：

认证服务，指具有专业资质的单位利用检测、检验、计量等技术，证明产品、服务、管理体系符合相关技术规范、相关技术规范的强制性要求或者标准的业务活动。

鉴证服务，指具有专业资质的单位受托对相关事项进行鉴证，发表具有证明力的意见的业务活动，包括会计鉴证、税务鉴证、法律鉴证、职业技能鉴定、工程造价鉴证、工程监理、资产评估、环境评估、房地产土地评估、建筑图纸审核、医疗事故鉴定等。

咨询服务，指提供信息、建议、策划、顾问等服务的活动，包括金融、软件、技术、财务、税收、法律、内部管理、业务运作、流程管理、健康等方面的咨询。翻译服务和市场调查服务按照咨询服务缴纳增值税。

⑦广播影视服务，包括：

广播影视节目（作品）制作服务，指进行专题（特别节目）、专栏、综艺、体育、动画片、广播剧、电视剧、电影等广播影视节目和作品制作的服务，具体包括与广播影视节目和作品相关的策划、采编、拍摄、录音、音视频文字图片素材制作、场景布置，后期的剪辑、翻译（编译）、字幕制作，片头、片尾、片花制作，特效制作、影片修复、编目和确权等业务活动。

广播影视节目（作品）发行服务，指以分账、买断、委托等方式，向影院、电台、电视台、网站等单位和个人发行广播影视节目（作品）以及转让体育赛事等活动的报道及播映权的业务活动。

广播影视节目（作品）播映服务，指在影院、剧院、录像厅及其他场所播映广播影视节目（作品），以及通过电台、电视台、卫星通信、互联网、有线电视等无线或者有线装置播映广播影视节目（作品）的业务活动。

⑧商务辅助服务，包括：

企业管理服务，指提供总部管理、投资与资产管理、市场管理、物业管理、日常综合管理等服务的业务活动。

经纪代理服务，指各类经纪、中介、代理服务，包括金融代理、知识产权代理、货物运输代理、代理报关、法律代理、房地产中介、职业中介、婚姻中介、代理记账、拍卖等。

人力资源服务，指提供公共就业、劳务派遣、人才委托招聘、劳动力外包等服务的业务活动。

安全保护服务，指提供保护人身安全和财产安全、维护社会治安等的业务活动，包括场所住宅保安、特种保安、安全系统监控以及其他安保服务。

⑨其他现代服务，指除研发和技术服务、信息技术服务、文化创意服务、物流辅助服

务、租赁服务、鉴证咨询服务、广播影视服务和商务辅助服务以外的现代服务。

纳税人为客户办理退票而向客户收取的退票费、手续费等收入，按照其他现代服务缴纳增值税。

一般纳税人销售电梯的同时提供安装服务，其安装服务可以按照甲供工程选择适用简易计税方法计税。纳税人对安装运行后的电梯提供的维护保养服务，按照其他现代服务缴纳增值税。

（7）生活服务。这是指为满足城乡居民日常生活需求提供的各类服务活动，包括：

①文化体育服务，包括：

文化服务，指为满足社会公众文化生活需求提供的各种服务，包括文艺创作、文艺表演、文化比赛，图书馆的图书和资料借阅，档案馆的档案管理，文物及非物质遗产保护，组织举办宗教活动、科技活动、文化活动，提供游览场所。

体育服务，指组织举办体育比赛、体育表演、体育活动，以及提供体育训练、体育指导、体育管理的业务活动。

②教育医疗服务，包括：

教育服务，指提供学历教育服务、非学历教育服务、教育辅助服务的业务活动。学历教育服务，指根据教育行政管理部门确定或者认可的招生和教学计划组织教学，并颁发相应学历证书的业务活动，包括初等教育、初级中等教育、高级中等教育、高等教育等。非学历教育服务，包括学前教育、各类培训、演讲、讲座、报告会等。教育辅助服务，包括教育测评、考试、招生等服务。

医疗服务，指提供医学检查、诊断、治疗、康复、预防、保健、接生、计划生育、防疫服务等方面的服务，以及与这些服务有关的提供药品、医用材料器具、救护车、病房住宿和伙食的业务。

③旅游娱乐服务，包括：

旅游服务，指根据旅游者的要求，组织安排交通、游览、住宿、餐饮、购物、文娱、商务等服务的业务活动。

娱乐服务，指为娱乐活动同时提供场所和服务的业务，具体包括歌厅、舞厅、夜总会、酒吧、台球、高尔夫球、保龄球、游艺（包括射击、狩猎、跑马、游戏机、蹦极、卡丁车、热气球、动力伞、射箭、飞镖）。

④餐饮住宿服务，包括：

餐饮服务，指通过同时提供饮食和饮食场所的方式为消费者提供饮食消费服务的业务活动。

住宿服务，指提供住宿场所及配套服务等的活动，包括宾馆、旅馆、旅社、度假村和其他经营性住宿场所提供的住宿服务。

⑤居民日常服务，指主要为满足居民个人及其家庭日常生活需求提供的服务，包括市容市政管理、家政、婚庆、养老、殡葬、照料和护理、救助救济、美容美发、按摩、桑拿、氧吧、足疗、沐浴、洗染、摄影扩印等服务。

⑥其他生活服务，指除文化体育服务、教育医疗服务、旅游娱乐服务、餐饮住宿服务和居民日常服务之外的生活服务。

纳税人提供植物养护服务，按照其他生活服务缴纳增值税。

4.销售无形资产

销售无形资产指转让无形资产所有权或者使用权的业务活动。无形资产是指不具实物形态，但能带来经济利益的资产，包括技术、商标、著作权、商誉、自然资源使用权和其他权益性无形资产。

技术，包括专利技术和非专利技术。

自然资源使用权，包括土地使用权、海域使用权、探矿权、采矿权、取水权和其他自然资源使用权。

其他权益性无形资产，包括基础设施资产经营权、公共事业特许权、配额、经营权（包括特许经营权、连锁经营权、其他经营权）、经销权、分销权、代理权、会员权、席位权、网络游戏虚拟道具、域名、名称权、肖像权、冠名权、转会费等。

5.销售不动产

销售不动产指转让不动产所有权的业务活动。

不动产是指不能移动或者移动后会引起性质、形状改变的财产，包括建筑物、构筑物等。

建筑物，包括住宅、商业营业用房、办公楼等可供居住、工作或者进行其他活动的建造物。

构筑物，包括道路、桥梁、隧道、水坝等建造物。

转让建筑物有限产权或者永久使用权的、转让在建的建筑物或者构筑物所有权的，以及在转让建筑物或者构筑物时一并转让其所占土地的使用权的，按照销售不动产缴纳增值税。

（二）不征增值税的项目

销售服务、无形资产或者不动产，是指有偿提供服务、有偿转让无形资产或者不动产，但属于下列非经营活动的情形除外：

（1）行政单位收取的同时满足以下条件的政府性基金或者行政事业性收费：

① 由国务院或者财政部批准设立的政府性基金，由国务院或者省级人民政府及其财政、价格主管部门批准设立的行政事业性收费。

② 收取时开具省级以上（含省级）财政部门监（印）制的财政票据。

③ 所收款项全额上缴财政。

（2）单位或者个体工商户聘用的员工为本单位或者雇主提供取得工资的服务。

（3）单位或者个体工商户为聘用的员工提供服务。

（4）根据国家指令无偿提供的铁路运输服务、航空运输服务。

（5）存款利息。

（6）被保险人获得的保险赔付。

（7）房地产主管部门或者其指定机构、公积金管理中心、开发企业以及物业管理单位代收的住宅专项维修资金。

（8）纳税人取得的中央财政补贴。

（9）纳税人收取的会员费收入。

（10）各燃油电厂从政府财政专户取得的发电补贴不属于增值税规定的价外费用，不计入应税销售额，不征收增值税。

（11）财政部和国家税务总局规定的其他情形。

（三）属于征税范围的特殊项目

（1）执法部门和单位按规定程序取得的罚没物品的拍卖收入、变卖收入以及按收兑或收购价所取得的收入作为罚没收入如数上缴财政，不予征税。对经营单位购入拍卖物品再销售的，照章征收增值税。国家指定销售单位将罚没物品纳入正常销售渠道销售的，应照章征收增值税。专管机关或专营企业经营的罚没物品中属于应征增值税的货物，应照章征收增值税。

（2）融资性售后回租业务中，承租方出售资产的行为不属于增值税的征税范围，不征收增值税。

（3）药品生产企业销售自产创新药的销售额，为向购买方收取的全部价款和价外费用。其提供给患者后续免费使用的相同创新药，不属于增值税视同销售范围。

（4）经批准允许从事二手车经销业务的纳税人，收购二手车时将其办理过户登记到自己名下，销售时再将该二手车过户登记到买家名下的行为，按照销售货物征收增值税。

（5）纳税人在资产重组过程中，通过合并、分立、出售、置换等方式，将全部或者部分实物资产以及与其相关联的债权、负债和劳动力一并转让给其他单位和个人，不属于增值税的征税范围，其中涉及的货物转让不征收增值税。

（四）属于征税范围的特殊行为

1.视同发生销售行为

单位或者个体工商户的下列行为，视同发生应税销售行为：

（1）将货物交付其他单位或者个人代销（代销中的委托方）。

（2）销售代销货物（代销中的受托方）。

（3）设有两个以上机构并实行统一核算的纳税人，将货物从一个机构移送其他机构用于销售，但相关机构设在同一县（市）的除外。

用于销售，是指受货机构发生以下情形之一的经营行为：一是向购货方开具发票；二是向购货方收取货款。

受货机构的货物移送行为有上述两项之一的，应当向所在地税务机关缴纳增值税；未发生上述两项情形的，则应由总机构统一缴纳增值税。

如果受货机构只就部分货物向购买方开具发票或收取货款，则应当区别不同情况计算，并分别向总机构所在地或分支机构所在地税务局缴纳税款。

（4）将自产或者委托加工的货物用于非增值税应税项目。

（5）将自产、委托加工的货物用于集体福利或者个人消费。

（6）将自产、委托加工或者购进的货物作为投资，提供给其他单位或者个体工商户。

（7）将自产、委托加工或者购进的货物分配给股东或者投资者。

（8）将自产、委托加工或者购进的货物无偿赠送其他单位或者个人。

（9）单位或者个体工商户向其他单位或者个人无偿提供服务，或单位或者个人向其他单位或者个人无偿转让无形资产或者不动产，但用于公益事业或者以社会公众为对象的除外。

（10）财政部、国家税务总局规定的其他情形。

2.混合销售行为

一项销售行为如果既涉及服务又涉及货物，为混合销售。从事货物的生产、批发或者零售的单位和个体工商户（包括以从事货物的生产、批发或者零售为主，并兼营销售服务的单位和个体工商户在内）的混合销售行为，按照销售货物缴纳增值税；其他单位和个体工商户的混合销售行为，按照销售服务缴纳增值税。

界定“混合销售行为”成立的行为标准有两点：一是其销售行为必须是一项；二是该项行为必须既涉及服务又涉及货物。其中，货物是指增值税法规定的有形动产，包括电力、热力和气体；服务是指属于改征范围的交通运输服务、建筑服务、金融保险服务、邮政服务、电信服务、现代服务、生活服务等。

在确定混合销售行为是否成立时，其行为标准中的上述两点必须同时存在。如果一项销售行为只涉及销售服务，不涉及货物，这种行为就不是混合销售行为；反之，如果涉及销售服务和涉及货物的行为不是存在于一项销售行为之中，这种行为也不是混合销售行为。

三、纳税人

在我国境内发生增值税应税销售行为的单位和个人，为增值税的纳税人。

单位，是指企业、行政单位、事业单位、军事单位、社会团体及其他单位。

个人，是指个体工商户和其他个人。

单位以承包、承租、挂靠方式经营的，承包人、承租人、挂靠人（以下统称承包人）以发包人、出租人、被挂靠人（以下统称发包人）名义对外经营并由发包人承担相关法律责任的，以该发包人为纳税人；否则，以承包人为纳税人。

采用承包、承租、挂靠经营方式时，区分以下两种情况界定纳税人：一是同时满足以下两个条件的，以发包人为纳税人：以发包人名义对外经营；由发包人承担相关法律责任。二是不同时满足上述两个条件的，以承包人为纳税人。

资管产品运营过程中发生的增值税应税销售行为，以资管产品管理人为增值税纳税人。

境外的单位和个人在境内提供应税劳务和应税服务，在境内未设立经营机构的，以其境内代理人为扣缴义务人；在境内没有代理人的，以购买方为扣缴义务人。

增值税实行凭专用发票抵扣税款的制度，客观上要求纳税人具备健全的会计核算制度和能力。为简化增值税的计算和征收，减少税收征管漏洞，按会计核算水平和经营规模将增值税纳税人分为小规模纳税人和一般纳税人。

（一）小规模纳税人

小规模纳税人是指年应税销售额在规定标准以下，并且会计核算不健全，不能按规定报送有关税务资料的增值税纳税人。

自2018年5月1日起，增值税小规模纳税人标准为年应征增值税销售额500万元及以下。

年应税销售额是指纳税人在连续不超过12个月或4个季度的经营期内累计应征增值税的销售额，包括纳税申报销售额、稽查查补销售额、纳税评估调整销售额。其中，纳税申报销售额是指纳税人自行申报的全部应征增值税销售额，包括免税销售额和税务机关代开发票销售额。稽查查补销售额和纳税评估调整销售额计入查补税款申报当月（或当季）的销售额，不计入税款所属期销售额。

年应税销售额超过小规模纳税人规定标准的其他个人，按小规模纳税人纳税。

非企业性单位可以选择按小规模纳税人纳税。

（二）一般纳税人

一般纳税人是指会计核算健全且年应税销售额超过财政部、国家税务总局规定的小规模纳税人标准的增值税纳税人。

会计核算健全是指能够按照国家统一会计制度的规定设置账簿，根据合法、有效凭证核算。

一般纳税人资格认定的权限在其机构所在地的县（市、区）税务局或者同级别的税务分局。

纳税人兼有销售货物、提供加工修理修配劳务（以下称“应税货物及劳务”）和销售服务、无形资产、不动产（以下称“应税行为”）的，应税货物及劳务销售额与应税行为销售额分别计算，分别适用增值税一般纳税人登记标准。其中有一项销售额超过规定标准，就应当按照规定办理增值税一般纳税人登记相关手续。

年应税销售额未超过规定标准的纳税人，会计核算健全、能够提供准确税务资料的，可以向主管税务机关办理一般纳税人登记。

纳税人登记为一般纳税人后，不得转为小规模纳税人，国家税务总局另有规定的除外。

下列纳税人不办理一般纳税人登记：（1）按照政策规定，选择按照小规模纳税人纳税的；（2）年应税销售额超过规定标准的其他个人。

四、税率与征收率

现行增值税适用税率分为一般纳税人适用的税率、小规模纳税人和实行简易征税办法的纳税人适用的征收率，以及出口货物（劳务）适用的零税率。

增值税税率是一般纳税人计算货物或应税劳务和应税服务应纳税额的尺度，而增值税征收率是小规模纳税人计算其应纳税额的尺度。两者的实质区别在于：增值税税率计算的税额反映货物或应税劳务和应税服务的整体税款，而不是本环节的实际税款；增值税征收率计算的税额反映本环节的实际税款。

（一）增值税税率及适用范围

增值税税率适用于增值税一般纳税人，分别为13%、9%、6%和零税率。

1.13%税率适用范围

纳税人销售货物、有形动产租赁服务或者进口货物，除按规定适用9%税率的货物以外，适用13%的基本税率。

采用填埋、焚烧等方式进行专业化处理后产生货物，且货物归属委托方的，受托方属于提供“加工劳务”，其收取的处理费用适用13%的税率。

2.9%税率适用范围

纳税人销售交通运输、邮政、基础电信、建筑、不动产租赁服务，销售不动产，转让土地使用权，销售或者进口下列货物，税率为9%：

（1）粮食等农产品、食用植物油、食用盐。

（2）自来水、暖气、冷气、热水、煤气、石油液化气、天然气、二甲醚、沼气、居民用煤炭制品。

（3）图书、报纸、杂志、音像制品、电子出版物。

（4）饲料、化肥、农药、农机、农膜。

（5）国务院规定的其他货物。

3.6%税率适用范围

纳税人销售增值电信服务、金融服务、现代服务（不动产租赁除外）、生活服务以及销售无形资产（转让土地使用权除外），税率为6%。下列情形也按6%的税率征收增值税：

（1）纳税人通过省级土地行政主管部门设立的交易平台转让补充耕地指标，按照“销售无形资产”缴纳增值税，税率为6%。

（2）纳税人受托对垃圾、污泥、污水、废气等废弃物进行专业化处理，即运用填埋、焚烧、净化、制肥等方式，对废弃物进行减量化、资源化和无害化处理处置后未产生货物的，受托方属于提供“现代服务”中的“专业技术服务”，其收取的处理费用适用6%的增值税税率。

（3）纳税人受托对垃圾、污泥、污水、废气等废弃物进行专业化处理，专业化处理后产生货物，且货物归属受托方的，受托方属于提供“专业技术服务”，其收取的处理费用适用6%的增值税税率。受托方将产生的货物用于销售时，适用货物的增值税税率。

4.零税率的适用范围

（1）纳税人出口货物，税率为零，国务院另有规定的除外。

（2）纳税人提供国际运输服务、航天运输服务、向境外单位提供的完全在境外消费的研发服务、设计服务、技术转让服务、租赁服务、软件服务、电路设计和测试服务、信息系统服务、业务流程管理服务、离岸服务外包业务、合同标的物在境外的合同能源管理服务，适用零税率。

（3）国务院规定的其他零税率政策。

（二）增值税征收率

增值税征收率仅适用于小规模纳税人和特定一般纳税人，有3%和5%两档。

1. 3%征收率适用范围

一般情况下，小规模纳税人和特定一般纳税人适用的征收率为3%。

2027年12月31日前，增值税小规模纳税人适用3%征收率的应税销售收入，减按1%征收率征收增值税；适用3%预征率的预缴增值税项目，减按1%预征率预缴增值税。

2. 5%征收率适用范围

发生特定应税行为适用征收率为5%的具体规定为：

（1）小规模纳税人销售自建或者转让其取得的不动产。

（2）一般纳税人选择简易计税方法计税的不动产销售。

（3）房地产开发企业中的小规模纳税人，销售自行开发的房地产项目。

（4）其他个人销售其取得（不含自建）的不动产（不含其购买的住房）。

（5）一般纳税人选择简易计税方法的不动产经营租赁。

（6）小规模纳税人出租（经营租赁）其取得的不动产（不含个人出租房屋）。

（7）其他个人出租（经营租赁）其取得的不动产（不含住房）。

（8）个人出租房屋，应按照5%的征收率减按1.5%计算应纳税额。

（9）一般纳税人和小规模纳税人提供劳务派遣服务选择差额纳税的。

（10）财政部规定的其他适用5%征收率的。

3.征收率的特别规定

（1）适用3%征收率的某些一般纳税人和小规模纳税人可以减按2%计征增值税。

①一般纳税人销售自己使用过的属于《增值税暂行条例》规定不得抵扣且未抵扣进项税额的固定资产，按简易办法依照3%征收率减按2%征收增值税。计算公式为：

应纳税额=含税售价÷（1+3%）×2%

一般纳税人销售自己使用过的不得抵扣且未抵扣进项税额的固定资产，适用简易办法依照3%征收率减按2%征收增值税政策的，可以放弃减税，按照简易办法依照3%征收率缴纳增值税，并可以开具增值税专用发票。

已使用过的固定资产，指纳税人根据财务会计制度已经计提折旧的固定资产。

②小规模纳税人（除其他个人外）销售自己使用过的固定资产，减按2%征收率征收增值税。

③纳税人销售旧货，按简易办法依照3%征收率减按2%征收增值税。

④从事二手车经销业务的纳税人销售其收购的二手车，减按0.5%征收率征收增值税至2027年12月31日，并按下列公式计算销售额：

销售额=含税销售额÷（1+0.5%）

纳税人应当开具二手车销售统一发票。购买方索取增值税专用发票的，应当再开具征收率为0.5%的增值税专用发票。

所称旧货，指进入二次流通的具有部分使用价值的货物（含旧汽车、旧摩托车和旧游艇），但不包括自己使用过的物品。

（2）提供物业管理服务的纳税人，向服务接受方收取的自来水水费，以扣除其对外支付的自来水水费后的余额为销售额，按照简易计税方法依3%征收率计算缴纳增值税。

（3）小规模纳税人提供劳务派遣服务，可以按照财政部、国家税务总局《关于全面推开营业税改征增值税试点的通知》（财税〔2016〕36号）的有关规定，以取得的全部价款和价外费用为销售额，按照简易计税方法依3%征收率计算缴纳增值税；也可以选择差额纳税，以取得的全部价款和价外费用，扣除代用工单位支付给劳务派遣员工的工资、福利和为其办理社会保险及住房公积金后的余额为销售额，按照简易计税方法依5%征收率计算缴纳增值税。

（4）非企业性单位中的一般纳税人提供的研发和技术服务、信息技术服务、鉴证咨询服务，以及销售技术、著作权等无形资产，可以选择简易计税方法，按照3%征收率计算缴纳增值税。

需要注意的是：第一，不仅小规模纳税人使用增值税的征收率，增值税一般纳税人在一些特殊情况下也使用征收率。第二，小规模纳税人使用的征收率一般涉及两种情况：3%（减按2%）和5%。第三，采用征收率计算的税额不能称为销项税额。对于小规模纳税人来说，就是应纳税额；对于一般纳税人来说，是其应纳税额的组成部分。

（三）兼营行为的税率选择

纳税人发生应税销售行为适用不同税率或者征收率的，应当分别核算适用不同税率或者征收率的销售额；未分别核算销售额的，按照以下方法适用税率或者征收率：

（1）兼有不同税率的应税销售行为，从高适用税率。

（2）兼有不同征收率的应税销售行为，从高适用征收率。

（3）兼有不同税率和征收率的应税销售行为，从高适用税率。

（4）纳税人销售活动板房、机器设备、钢结构件等自产货物的同时提供建筑、安装服务，不属于混合销售，应分别核算货物和建筑服务的销售额，分别适用不同的税率或者征收率。

五、减免税

增值税的税收优惠主要有免税、即征即退、先征后退（返）等，在保持增值税税收中性的基础上，体现出税收支持国家发展的大政方略。因增值税的优惠政策繁多，这里只介绍主要的增值税优惠政策。

增值税的免税、减税项目由国务院规定，任何地区、部门均不得规定免税、减税项目。

（一）《增值税暂行条例》规定的免税项目

（1）农业生产者（包括从事农业生产的单位和个人）销售的自产农产品。

（2）避孕药品和用具。

（3）古旧图书（指向社会收购的古书和旧书）。

（4）直接用于科学研究、科学试验和教学的进口仪器、设备。

（5）外国政府、国际组织无偿援助的进口物资和设备。

（6）由残疾人组织直接进口供残疾人专用的物品。

（7）销售自己使用过的物品（指其他个人自己使用过的物品）。

（8）财政部、国家税务总局规定的其他免税项目。

（二）政策性免税项目

（1）托儿所、幼儿园提供的保育和教育服务。

（2）养老机构提供的养老服务。

（3）残疾人福利机构提供的育养服务。

（4）婚姻介绍服务。

（5）殡葬服务。

（6）残疾人员本人为社会提供的服务。

（7）医疗机构提供的医疗服务。

（8）从事学历教育的学校提供的教育服务，包括符合规定的从事学历教育的民办学校，但不包括职业培训机构等国家不承认学历的教育机构。学校以各种名义收取的赞助、费、择校费等，不属于免征增值税的范围。

（9）学生勤工俭学提供的服务。

（10）农业机耕、排灌、病虫害防治、植物保护、农牧保险以及相关技术培训业务，家禽、牲畜、水生动物的配种和疾病防治。

（11）纪念馆、博物馆、文化馆、文物保护单位管理机构、美术馆、展览馆、书画院、图书馆在自己的场所提供文化体育服务取得的第一道门票收入。

（12）寺院、宫观、清真寺和教堂举办文化、宗教活动的门票收入。

（13）行政单位之外的其他单位收取的符合规定的政府性基金和行政事业性收费。

（14）个人转让著作权。

（15）个人销售自建自用住房。

（16）台湾航运公司、航空公司从事海峡两岸海上直航、空中直航业务在大陆取得的运输收入。

（17）纳税人提供的直接或者间接国际货物运输代理服务。

（18）以下利息收入：

① 国家助学贷款。

② 国债、地方政府债。

③ 中国人民银行对金融机构的贷款。

④ 住房公积金管理中心用住房公积金在指定的委托银行发放的个人住房贷款。

⑤ 外汇管理部门在从事国家外汇储备经营过程中，委托金融机构发放的外汇贷款。

⑥ 统借统还业务中，企业集团或企业集团中的核心企业以及集团所属财务公司按不高于支付给金融机构的借款利率水平或者支付的债券票面利率水平，向企业集团或者集团内下属单位收取的利息。

⑦2027 年 12 月 31 日前，对金融机构向农户发放小额贷款取得的利息收入免征增值税。

（19）被撤销金融机构以货物、不动产、无形资产、有价证券、票据等财产清偿债务。

（20）保险公司开办的一年期以上人身保险产品取得的保费收入。

（21）符合条件的金融商品转让收入。

（22）金融同业往来利息收入。

（23）符合条件的担保机构从事中小企业信用担保或者再担保业务取得的收入（不含信用评级、咨询、培训等收入）3年内免征增值税。

（24）国家商品储备管理单位及其直属企业承担商品储备任务，从中央或者地方财政取得的利息补贴收入和价差补贴收入。

（25）纳税人提供技术转让、技术开发和与之相关的技术咨询、技术服务取得的收入。

（26）提供符合条件的合同能源管理服务取得的收入。

（27）政府举办的从事学历教育的高等、中等和初等学校（不含下属单位）举办进修班、培训班取得的全部归该学校所有的收入。

（28）政府举办的职业学校设立的主要为在校学生提供实习场所，并由学校出资自办、由学校负责经营管理、经营收入归学校所有的企业，从事“销售服务、无形资产或者不动产注释”中现代服务（不含融资租赁服务、广告服务和其他现代服务）、生活服务（不含文化体育服务、其他生活服务和桑拿、氧吧）业务活动取得的收入。

（29）家政服务企业由员工制家政服务员提供家政服务取得的收入。

（30）福利彩票、体育彩票的发行收入。

（31）军队空余房产租赁收入。

（32）为了配合国家住房制度改革，企业、行政事业单位按房改成本价、标准价出售住房取得的收入。

（33）将土地使用权转让给农业生产者用于农业生产取得的收入。

（34）涉及家庭财产分割的个人无偿转让不动产、土地使用权取得的收入。

（35）土地所有者出让土地使用权和土地使用者将土地使用权归还给土地所有者取得的收入。

（36）县级以上地方人民政府或自然资源行政主管部门出让、转让或收回自然资源使用权（不含土地使用权）取得的收入。

（37）随军家属就业取得的收入。

（38）军队转业干部就业取得的收入。

（39）各党派、共青团、工会、妇联、中科协、青联、台联、侨联收取党费、团费、会费，以及政府间国际组织收取会费，属于非经营活动，不征收增值税。

（40）“营改增”规定的其他免税收入。

（三）即征即退与先征后退政策

（1）增值税一般纳税人销售其自行开发生产的软件产品，按13%的税率征收增值税后，对其实际税负超过3%的部分实行增值税即征即退政策。

增值税一般纳税人将进口软件产品进行本地化改造后对外销售，享受增值税即征即退政策。

（2）一般纳税人提供管道运输服务，对其增值税实际税负超过3%的部分实行增值税即征即退政策。

（3）经中国人民银行、中国银保监会或者商务部批准从事融资租赁业务的试点纳税人中的一般纳税人，提供有形动产融资租赁服务和有形动产融资性售后回租服务，对其增值税实际税负超过3%的部分实行增值税即征即退政策。

（4）纳税人安置残疾人应享受增值税即征即退优惠政策：

①纳税人是指安置残疾人的单位和个体工商户。

②纳税人本期应退增值税税额按下列公式计算：

纳税人本期应退增值税税额=本期所含月份每月应退增值税税额之和

月应退增值税税额=纳税人本月安置残疾人员人数×本月月最低工资标准的4倍

③纳税人新安置的残疾人从签订劳动合同并缴纳社会保险的次月起计算，其他职工从录用的次月起计算；安置的残疾人和其他职工减少的，从减少当月计算。

（5）2027年12月31日前，对下列出版物在出版环节执行增值税100%先征后退的政策：

①中国共产党和各民主党派的各级组织的机关报纸和机关期刊，各级人大、政协、政府、工会、共青团、妇联、残联、科协的机关报纸和机关期刊，新华社的机关报纸和机关期刊，军事部门的机关报纸和机关期刊。

②专为少年儿童出版发行的报纸和期刊，中小学的学生教科书。

③专为老年人出版发行的报纸和期刊。

④少数民族文字出版物。

⑤盲文图书和盲文期刊。

⑥经批准在内蒙古、广西、西藏、宁夏、新疆五个自治区内注册的出版单位出版的出版物。

（四）财政部、国家税务总局规定的其他减免税优惠

（1）粮食和食用植物油。

对承担粮食收储任务的国有粮食购销企业销售粮食、大豆免征增值税。其他粮食企业，除经营军队用粮、救灾救济粮、水库移民口粮之外，一律征收增值税。

对销售食用植物油业务，除政府储备食用植物油的销售继续免征增值税外，一律照章

征收增值税。对粮油加工业务，一律照章征收增值税。

（2）农业生产资料，包括农膜、批发和零售的种子、种苗、化肥、农药、农机、有机肥、滴灌带和滴灌管产品免征增值税。

（3）资源综合利用产品。

① 对销售下列自产货物实行免征增值税政策：再生水、以废旧轮胎为全部生产原料生产的胶粉、翻新轮胎、生产原料中掺兑废渣比例不低于30%的特定建材产品。

② 对污水处理劳务免征增值税。

③ 对销售自产的综合利用生物柴油实行增值税先征后退政策。

（4）制种企业在下列生产经营模式下生产销售种子：

① 利用自有土地或承租土地，雇佣农户或雇工进行种子繁育，再经烘干、脱粒、风筛等深加工后销售种子免征增值税。

② 提供亲本种子委托农户繁育并从农户手中收回，再经烘干、脱粒、风筛等深加工后销售种子免征增值税。

（5）回收再销售畜禽免征增值税。采取“公司+农户”经营模式从事畜禽饲养，即公司与农户签订委托养殖合同，向农户提供畜禽苗、饲料、兽药及疫苗等（所有权属于公司），农户饲养畜禽苗至成品后交付公司回收，公司将回收的成品畜禽用于销售。

（6）对从事农产品批发、零售的纳税人销售的部分鲜活肉蛋产品免征增值税（不包括规定的国家珍贵、濒危野生动物及其鲜活肉类、蛋类产品）。

（7）纳税人销售自产人工合成牛胚胎免征增值税。

（8）对从事蔬菜批发、零售的纳税人销售的蔬菜免征增值税。

（9）对边销茶生产企业销售自产的边销茶及经销企业销售的边销茶免征增值税，执行至2027年12月31日。边销茶是指以黑毛茶、老青茶、红茶末、绿茶为主要原料，经过发酵、蒸制、加压或者压碎、炒制，专门销往边疆少数民族地区的紧压茶、方包茶（马茶）。

（10）2027年12月31日前，免征图书批发、零售环节增值税。

（11）2027年12月31日前，对科普单位的门票收入，以及县级及以上党政部门和科协开展科普活动的门票收入免征增值税。

（12）对电影主管部门（包括中央、省、地市及县级）按照职能权限批准从事电影制片、发行、放映的电影集团公司（含成员企业）、电影制片厂及其他电影企业取得的销售电影拷贝（含数字拷贝）收入、转让电影版权（包括转让和许可使用）收入、电影发行收入以及在农村取得的电影放映收入，免征增值税。

（13）对广播电视运营服务企业收取的有线数字电视基本收视维护费和农村有线电视基本收视费，免征增值税。

（14）为鼓励科学研究和技术开发，促进科技进步，继续对内资研发机构和外资研发中心采购国产设备全额退还增值税。

（五）其他有关减免税的规定

（1）纳税人兼营免税、减税项目的，应当分别核算免税、减税项目的销售额；未分别核算销售额的，不得免税、减税。

（2）纳税人销售货物或者应税劳务和应税服务适用免税规定的，可以放弃免税，依照规定缴纳增值税。放弃免税后，36个月内不得再申请免税。

（3）纳税人发生应税行为同时适用免税和零税率规定的，纳税人可以选择适用免税或者零税率。

（4）安置残疾人单位既符合促进残疾人就业增值税优惠政策条件，又符合其他增值税优惠政策条件的，可同时享受多项增值税优惠政策，但年度申请退还增值税总额不得超过本年度内应纳增值税总额。

（5）纳税人既有增值税即征即退、先征后退项目，也有出口等其他增值税应税项目的，增值税即征即退和先征后退项目不参与出口项目“免、抵、退”税计算。纳税人应分别核算增值税即征即退、先征后退项目和出口等其他增值税应税项目，分别申请享受增值税即征即退、先征后退和“免、抵、退”税政策。

第二节　增值税的计算

增值税的计税方法包括一般计税方法、简易计税方法和扣缴计税方法。

一、一般计税方法应纳税额的计算

一般纳税人发生增值税应税销售行为，适用一般计税方法（当期购进扣税法）计税。

我国采用的一般计税方法是间接计算法，即先按当期销售额和适用税率计算出销项税额，然后对当期购进项目向对方支付税款进行抵扣，从而间接计算出当期增值额部分的应纳税额。

增值税一般纳税人（除适用简易计税办法外）发生增值税应税销售行为的应纳税额等于当期销项税额抵扣当期进项税额后的余额。计算公式为：

当期应纳税额=当期销项税额-当期进项税额

=当期销售额×适用税率-当期进项税额

公式中的应纳税额是纳税人实际应缴纳的增值税税额，即纳税人当期销项税额抵扣进项税额后的余额。

结果为正数时，是纳税人当期应纳税额；结果为负数时，也就是当期销项税额小于当期进项税额而不足抵扣时，其不足部分可以结转至下期继续抵扣。计算公式为：

当期应纳税额=当期销项税额-当期进项税额-上期留抵税额

增值税一般纳税人当期应纳税额的多少取决于当期销项税额和当期进项税额。而当期销项税额的确定关键在于确定当期销售额。税法对当期进项税额的确定做了一些具体规定，在分别确定了销项税额和进项税额的情况下，就不难计算出应纳税额。

（一）销项税额的确认与计算

销项税额是指纳税人发生应税行为按照销售额和增值税税率计算并收取的增值税税额。计算公式为：

销项税额=销售额×税率

该公式有两层含义：一是销项税额是通过计算得出来的，对于销货方来讲，在没有依法抵扣进项税额前，销项税额不是其应纳税额，而是销售货物或应税劳务和应税服务的整体税负；二是销售额是不含增值税的，是从购买方收取的，体现了价外税的性质。

1.销售货物的销售额

（1）一般方式下的销售额。销售货物的销售额是指纳税人销售货物或者应税劳务和应税服务向购买方收取的全部价款和价外费用，但财政部和国家税务总局另有规定的除外。

价外费用是指价外收取的各种性质的收费，但不包括以下项目：

① 受托加工应征消费税的消费品所代收代缴的消费税。

② 同时符合以下条件的代垫运费：承运部门的运费发票开具给购买方，并且由纳税人将该项发票转交给购买方。

③ 同时符合以下条件代为收取的政府性基金或者行政事业性收费：第一，由国务院或者财政部批准设立的政府性基金，由国务院或者省级人民政府及其财政、价格主管部门批准设立的行政事业性收费；第二，收取时开具省级以上财政部门印制的财政票据；第三，所收款项全额上缴财政。

④ 销售货物的同时代办保险等而向购买方收取的保险费，以及向购买方收取的代购买方缴纳的车辆购置税、车辆牌照费。

⑤ 由于消费税属于价内税，凡征收消费税的货物在计征增值税时应税销售额应包括消费税税金。

价外费用（含逾期包装物押金）无论其会计制度如何核算，均应并入销售额计算，因其一般是含增值税的，要价税分离。

纳税人兼营免税、减税项目的，应当分别核算免税、减税项目的销售额；未分别核算的，不得免税、减税。

纳税人按照人民币以外的货币结算销售额的，应当折合成人民币计算，折合率可以选择销售额发生的当天或者当月1日的人民币汇率中间价。纳税人应当在事先确定采用何种折合率，确定后12个月内不得变更。

（2）销售额的价税分离。增值税属于价外税，即计算增值税的计税依据中不含增值税税额。一般纳税人销售货物、提供应税劳务或者销售服务、转让无形资产或不动产，采用销售额和销项税额合并定价的，应将含税销售额换算为不含税销售额。计算公式为：

销售额=含税销售额÷（1+税率）

（3）视同销售货物行为的销售额。

纳税人发生应税销售行为的情形，价格明显偏低并无正当理由的，或者发生应税销售行为而无销售额的，由主管税务机关按照下列顺序核定销售额：

① 按纳税人最近时期发生同类应税销售行为的平均价格确定。

② 按其他纳税人最近时期发生同类应税销售行为的平均价格确定。

③ 按组成计税价格确定。计算公式为：

组成计税价格=成本×（1+成本利润率）

属于应征消费税的货物，其组成计税价格中应加上消费税税额。计算公式为：

组成计税价格=成本×（1+成本利润率）+消费税

=成本×（1+成本利润率）÷（1-消费税税率）

公式中的成本是指：销售自产货物的，为实际生产成本；销售外购货物的，为实际采购成本。公式中的成本利润率由国家税务总局确定。

（4）特殊销售方式下的销售额。

①折扣销售、销售折扣和销售折让。折扣销售亦称商业折扣，价款和折扣额在同一张发票上分别注明的，以折扣后的价款为销售额；未在同一张发票上分别注明的，以价款为销售额，不得扣减折扣额。销售折扣亦称现金折扣，不得从销售额中减除。销售折让可从销售额中减除折让额。

必须指出的是，折扣仅限于价格折扣，对于实物折扣多付出的实物，不按照折扣销售处理，应按视同销售计算增值税。

②采取以旧换新方式销售。以旧换新是指纳税人在销售自己的货物时，有偿收回旧货物的行为。纳税人采取以旧换新方式销售货物的（金银首饰除外），应按新货物的同期销售价格确定销售额，不得扣减旧货物的收购价格。对金银首饰以旧换新业务，按销售方实际收取的不含增值税的全部价款计征增值税。

③采取还本销售方式销售。还本销售是指纳税人在销售后，到一定期限由销售方一次或分次退还给购货方部分或全部价款。这种方式实际上是一种筹资行为。税法规定，采取还本销售方式销售货物，其销售额就是货物的销售价格，不得从销售额中减除还本支出。

④采取以物易物方式销售。以物易物是一种较为特殊的购销活动，是指购销双方不是以货币结算，而是以同等价款的货物、劳务、服务、无形资产、不动产相互结算，实现货物购销的一种方式。以物易物双方都应做购销处理，以各自发出的应税销售行为核算销售额并计算销项税额，以各自收到的货物、劳务、服务、无形资产、不动产按规定核算购进金额并计算进项税额。在以物易物活动中，应分别开具合法的票据，收到的货物、劳务、服务、无形资产、不动产不能取得相应的增值税专用发票或其他合法票据的，不能抵扣进项税额。

⑤包装物押金。销售货物而出租、出借包装物收取的押金，单独记账核算的，不并入销售额征税。但对因逾期（按合同约定实际逾期或以一年为期限）未收回包装物不再退还的押金，应换算为不含税价按所包装货物的适用税率计算销项税额。对于酒类（啤酒、黄酒除外）包装物押金，收到就做销售处理。

必须注意的是，包装物押金不应混同于包装物租金，包装物租金在销货时应作为价外费用并入销售额计算销项税额。

⑥直销行为。直销企业通过直销员向消费者销售货物，直接向消费者收取货款，直销企业的销售额为其向消费者收取的全部价款和价外费用。直销员将货物销售给消费者时，应按照现行规定缴纳增值税。

2.提供加工、修理修配劳务的销售额

提供加工、修理修配劳务的销售额是指纳税人提供加工、修理修配劳务而收取的全部价款和价外费用。增值税是价外税，销售额中不包括收取的销项税额。

3.销售服务、无形资产和不动产的销售额

（1）销售应税服务的销售额。

①贷款服务，以提供贷款服务取得的全部利息及利息性质的收入为销售额。银行提供贷款服务按期计收利息的，结息日当日计收的全部利息收入，均应计入结息日所属期的销售额，按照现行规定计算缴纳增值税。

自2018年1月1日起，资管产品管理人运营资管产品提供的贷款服务，以2018年1月

1日起产生的利息及利息性质的收入为销售额。

②直接收费金融服务，以提供直接收费金融服务收取的手续费、佣金、酬金、管理费、服务费、经手费、开户费、过户费、结算费、转托管费等各类费用为销售额。

③一般纳税人跨县（市）提供建筑服务，适用一般计税方法的，以取得的全部价款和价外费用为销售额。

（2）销售无形资产的销售额。销售无形资产的销售额是指纳税人销售无形资产取得的全部价款和价外费用。

（3）销售不动产的销售额。一般纳税人销售不动产选择适用一般计税方法计税的，以取得的全部价款和价外费用为销售额。

4.按差额业务征税的销售额

（1）金融商品转让，按照卖出价扣除买入价后的余额为销售额。转让金融商品出现的正负差，按盈亏相抵后的余额为销售额。若相抵后出现负差，可结转下一纳税期与下期转让金融商品销售额相抵，但年末时仍出现负差的，不得转入下一个会计年度（先含税减出差额，再价税分离算销项税额）。

金融商品的买入价可以选择按照加权平均法或移动加权平均法进行核算，选择后36个月内不得变更。金融商品转让不得开具增值税专用发票。

（2）经纪代理服务，以取得的全部价款和价外费用，扣除向委托方收取并代为支付的政府性基金或者行政事业性收费后的余额为销售额。向委托方收取的政府性基金或者行政事业性收费，不得开具增值税专用发票。

（3）融资租赁和融资性售后回租业务。

①经中国人民银行、中国银保监会或者商务部批准从事融资租赁业务的试点纳税人，提供融资租赁服务，以取得的全部价款和价外费用，扣二息（借款利息、债券利息）一税（车购税）后的余额为销售额。

②经中国人民银行、中国银保监会或者商务部批准从事融资租赁业务的试点纳税人，提供融资性售后回租服务，以取得的全部价款和价外费用（不含本金），扣除对外支付的借款利息（包括外汇借款和人民币借款利息）、发行债券利息后的余额为销售额。

融资性售后回租，是指承租方以融资为目的，将资产出售给从事融资租赁业务的企业后，又将该资产租回的业务活动。承租方先将资产销售取得资金，再支付资金将已售资产租回使用，其实质属于融资行为。它与一般融资租赁的增值税计税规则存在差异。

③试点纳税人根据2016年4月30日前签订的有形动产融资性售后回租合同，在合同到期前提供的有形动产融资性售后回租服务，可继续按照有形动产融资租赁服务缴纳增值税。

（4）航空运输企业的销售额，不包括代收的机场建设费和代售其他航空运输企业客票而代收转付的价款。

自2018年1月1日起，航空运输销售代理企业提供境外航段机票代理服务，以取得的全部价款和价外费用，扣除向客户收取并支付给其他单位或者个人的境外航段机票结算款和相关费用后的余额为销售额。其中，支付给境内单位或者个人的款项，以发票或行程单为合法有效凭证；支付给境外单位或者个人的款项，以签收单据为合法有效凭证。税务机关对签收单据有疑义的，可以要求其提供境外公证机构的确认证明。

（5）一般纳税人提供客运场站服务，以其取得的全部价款和价外费用扣除支付给承运方运费后的余额为销售额。

（6）纳税人提供旅游服务，可以选择以取得的全部价款和价外费用，扣除向旅游服务购买方收取并支付给其他单位或者个人的住宿费、餐饮费、交通费、签证费、门票费和支付给其他接团旅游企业的旅游费用后的余额为销售额。

（7）中国移动通信集团公司、中国联合网络通信集团有限公司、中国电信集团公司及其成员单位通过手机短信公益特服号为公益性机构接受捐款服务，以其取得的全部价款和价外费用，扣除支付给公益性机构捐款后的余额为销售额。

（8）一般纳税人提供知识产权代理服务、货物运输代理服务和代理报关服务，以其取得的全部价款和价外费用，扣除向委托方收取并代为支付的政府性基金或行政事业性收费后的余额为销售额。向委托方收取并代为支付的政府性基金或行政事业性收费，不得开具增值税专用发票。

（9）一般纳税人提供国际货物运输代理服务，以其取得的全部价款和价外费用扣除支付给国际运输企业的国际运输费后的余额为销售额。

（10）纳税人提供建筑服务适用简易计税方法的，以其取得的全部价款和价外费用扣除支付的分包款后的余额为销售额。

（11）房地产开发企业中的一般纳税人销售其开发的房地产项目（选择简易计税方法的房地产老项目除外），以其取得的全部价款和价外费用，扣除受让土地时向政府部门支付的土地价款后的余额为销售额。

向政府部门支付的土地价款包括土地受让人向政府部门支付的征地和拆迁补偿费用、土地前期开发费用和土地出让收益等。

（12）对纳税人转让不动产缴纳增值税差额扣除的规定如下：

纳税人转让不动产，按照有关规定差额缴纳增值税的，如因丢失等原因无法提供取得不动产时的发票，可向税务机关提供其他能证明契税计税金额的完税凭证等资料，进行差额扣除。

纳税人以契税计税金额进行差额扣除的，按照下列公式计算增值税应纳税额：

如果是2016年4月30日及以前缴纳契税的，则：

增值税应纳税额=（全部交易价格（含增值税）-契税计税金额（含营业税））÷（1+5%）×5%

如果是2016年5月1日及以后缴纳契税的，则：

增值税应纳税额=［全部交易价格（含增值税）÷（1+5%）-契税计税金额（不含增值税）］×5%

纳税人同时保留取得不动产时的发票和其他能证明契税计税金额的完税凭证等资料的，应当凭发票进行差额扣除。

5.当期销项税额的计算

当期销项税额=当期销售额或组成计税价格×税率

当期是指销售实现的时间在本期。纳税人在什么时间计算销项税额，《增值税暂行条例》及其实施细则都做了严格规定，具体体现在增值税纳税义务发生时间和纳税期限的规定上。

纳税人适用一般计税方法的，因销售折让、中止或者退回而退还给购买方的增值税税额，应当从当期的销项税额中扣减。

一般纳税人发生应税销售行为，开具增值税专用发票后，发生退回或者折让、开票有误等情形，应按规定开具红字增值税专用发票。未按规定开具红字增值税专用发票的，不得扣减销项税额或者销售额。

（二）进项税额的确定

进项税额是纳税人购进货物、加工修理修配劳务、服务、无形资产或者不动产所支付或负担的增值税税额，它是与销项税额相对应的另一个概念。在开具增值税专用发票的情况下，销售方收取的销项税额就是购买方支付的进项税额。

进项税额有三方面的含义：第一，必须是增值税一般纳税人，才涉及进项税额的抵扣问题；第二，产生进项税额的行为包括购进货物、加工修理修配劳务、服务、无形资产或者不动产；第三，支付或者负担的进项税额是指支付给销货方或者购买方自己负担的增值税税额。

每一个增值税一般纳税人都会有收取的销项税额和支付的进项税额，一般纳税人当期应纳增值税税额采用购进抵扣法计算，即以当期的销项税额扣除当期的进项税额，其余额为应纳增值税税额。进项税额作为可抵扣部分，对于纳税人实际缴纳多少增值税有着举足轻重的作用。

不是纳税人支付的所有进项税额都可以从销项税额中抵扣，税法对哪些进项税额可以抵扣、哪些进项税额不能抵扣作出了严格的规定。

1.准予从销项税额中抵扣的进项税额

准予从销项税额中抵扣的进项税额，限于下列增值税扣税凭证上注明的增值税税额和按规定扣除率计算的进项税额：

（1）从销售方取得的增值税专用发票（含机动车销售统一发票）上注明的增值税税额。

（2）从海关取得的海关进口增值税专用缴款书上注明的增值税税额。

（3）自境外单位或者个人购进劳务、服务、无形资产或者不动产，从税务机关或者扣缴义务人取得的代扣代缴税款的完税凭证上注明的增值税税额。

（4）纳税人购进农产品，按下列规定抵扣进项税额：

① 纳税人购进农产品，取得一般纳税人开具的增值税专用发票或海关进口增值税专用缴款书的，以增值税专用发票或海关进口增值税专用缴款书上注明的增值税税额为进项税额。

② 从按照简易计税办法依照3%的征收率计算缴纳增值税的小规模纳税人处取得增值税专用发票的，以增值税专用发票上注明的金额和9%的扣除率计算进项税额。

③ 取得（开具）农产品销售发票或收购发票的，以农产品销售发票或收购发票上注明的农产品买价和9%的扣除率计算进项税额。

④ 纳税人购进用于生产或委托加工13%税率货物的农产品，按照10%的扣除率计算进项税额。

购进农产品进项税额的计算公式为：

进项税额=买价×扣除率

买价是指纳税人购进农产品在农产品收购发票或者销售发票上注明的价款和按照规定缴纳的烟叶税。

对烟叶税纳税人按规定缴纳的烟叶税，准予并入烟叶产品的买价计算增值税的进项税额，并在计算缴纳增值税时予以抵扣。购进烟叶准予抵扣的增值税进项税额，按照《中华人民共和国烟叶税法》规定的收购烟叶实际支付的价款总额和烟叶税及法定扣除率计算。

烟叶税应纳税额=收购烟叶实际支付的价款总额×税率（20%）

准予抵扣的进项税额=（收购烟叶实际支付的价款总额+烟叶税应纳税额）×扣除率

（5）增值税一般纳税人在资产重组过程中，将全部资产、负债和劳动力一并转让给其他增值税一般纳税人，并按程序办理注销税务登记的，其在办理注销税务登记前尚未抵扣的进项税额可结转至新纳税人处继续抵扣。

（6）不动产及不动产在建工程的进项税额抵扣。

自2019年4月1日起，增值税一般纳税人取得并在会计制度上按固定资产核算的不动产或者不动产在建工程的进项税额可以全额一次性抵扣。纳税人取得的不动产包括以直接购买、接受捐赠、接受投资入股以及抵债等各种形式取得的不动产。

纳税人新建、改建、扩建、修缮、装饰不动产，属于不动产在建工程。

纳税人购进货物和设计服务、建筑服务，用于不动产在建工程的，其进项税额可以从销项税额中抵扣。

（7）收费公路通行费、国内旅客运输服务增值税抵扣规定。

通行费电子发票、通行费财政电子票据统称为通行费电子票据。通行费电子票据作为电子会计凭证具有与纸质会计凭证同等的法律效力，是单位财务收支和会计核算的原始凭证。在满足相关条件的基础上，单位可以仅使用通行费电子票据进行报销入账归档，不再打印纸质件。收费公路通行费增值税进项税额抵扣事项按照现行增值税政策有关规定执行。增值税一般纳税人申报抵扣的通行费电子发票进项税额，在纳税申报时应当填写在“增值税纳税申报表附列资料（二）”（本期进项税额明细）中“认证相符的增值税专用发票”相关栏次中。纳税人取得通行费电子发票后，应当登录增值税发票综合服务平台确认发票用途。国家税务总局通过增值税发票综合服务平台为纳税人提供通行费电子发票批量选择确认服务。

纳税人购进国内旅客运输服务，以取得的增值税电子普通发票上注明的税额为进项税额的，增值税电子普通发票上注明的购买方“名称”“纳税人识别号”等信息，应当与实际抵扣税款的纳税人一致，否则不予抵扣。

纳税人允许抵扣的国内旅客运输服务进项税额，是指纳税人2019年4月1日及以后实际发生并取得合法有效增值税扣税凭证注明的或依据其计算的增值税税额。以增值税专用发票或增值税电子普通发票为增值税扣税凭证的，为2019年4月1日及以后开具的增值税专用发票或增值税电子普通发票。

（8）原增值税一般纳税人自用的应征消费税的摩托车、汽车、游艇，其进项税额准予从销项税额中抵扣。

原增值税一般纳税人从境外单位或者个人购进服务、无形资产或者不动产，按照规定应当扣缴增值税的，准予从销项税额中抵扣的进项税额为税务机关或者扣缴义务人取得的解缴税款的完税凭证上注明的增值税税额。

纳税人凭完税凭证抵扣进项税额的，应当具备书面合同、付款证明和境外单位的对账单或者发票。资料不全的，其进项税额不得从销项税额中抵扣。

（9）自2018年1月1日起，纳税人租入固定资产、不动产，既用于一般计税方法计税项目，又用于简易计税方法计税项目、免征增值税项目、集体福利或者个人消费的，其进项税额准予从销项税额中全额抵扣。

（10）2022年继续延续服务业增值税加计抵减政策，对生产、生活性服务业纳税人当期可抵扣进项税额继续分别按10%和15%加计抵减应纳税额。自2023年1月1日至2027年12月31日，允许先进制造业企业按照当期可抵扣进项税额加计5%抵减应纳增值税税额。按照现行规定不得从销项税额中抵扣的进项税额，不得计提加计抵减额；已计提加计抵减额的进项税额，按规定作进项税额转出的，应在进项税额转出当期，相应调减加计抵减额。

2.不得从销项税额中抵扣的进项税额

增值税不可抵扣进项税额政策主要针对两个方面：一是增值税链条中断；二是涉税凭证不规范。纳税人购进货物、劳务、服务、无形资产、不动产，取得的增值税扣税凭证不符合法律、行政法规或国务院税务主管部门有关规定的，其进项税额不得从销项税额中抵扣。

（1）用于简易计税方法计税项目、免征增值税项目、集体福利或者个人消费（包括纳税人的交际应酬费）的购进货物、劳务、服务、无形资产和不动产。

将外购的货物用于集体福利或者个人消费不属于视同销售，不计算销项税额。其中涉及的固定资产、无形资产、不动产，仅指专用于上述项目的固定资产、无形资产、不动产（其他权益性无形资产除外）。但发生兼用于不允许抵扣项目情况的，该进项税额准予全部抵扣。

（2）非正常损失的在产品、产成品所耗用的购进货物（不包括固定资产）和交通运输服务。

（3）非正常损失的不动产，以及该不动产所耗用的购进货物、设计服务和建筑服务。

（4）非正常损失的不动产在建工程所耗用的购进货物、设计服务和建筑服务。纳税人新建、改建、扩建、修缮、装饰不动产，均属于不动产在建工程。非正常损失，指因管理不善造成被盗、丢失、霉烂变质的损失，以及因违反法律、法规造成货物或不动产被依法没收、销毁、拆除的情形。

已抵扣进项税额的不动产，发生非正常损失，或者改变用途，转用于简易计税方法计税项目、免征增值税项目、集体福利或者个人消费的，按照下列公式计算不得抵扣的进项税额：

不得抵扣的进项税额=（已抵扣进项税额+待抵扣进项税额）×不动产净值率

不动产净值率=（不动产净值÷不动产原值）×100%

（5）一般纳税人购进的贷款服务、餐饮服务、居民日常服务和娱乐服务的进项税额不得从销项税额中抵扣。

（6）纳税人接受贷款服务向贷款方支付与该笔贷款直接相关的投融资顾问费、手续费、咨询费等费用，其进项税额不得从销项税额中抵扣。

（7）适用一般计税方法的纳税人，兼营简易计税方法计税项目、免征增值税项目而无法划分不得抵扣的进项税额，按照下列公式计算不得抵扣的进项税额：

$$\text{不得抵扣的进项税额}=\text{当期无法划分的全部进项税额}\times\left(\text{当期简易计税方法计税项目销售额}+\text{免征增值税项目销售额}\right)\div\text{当期全部销售额}$$

（8）一般纳税人已抵扣进项税额的固定资产、无形资产或者不动产，发生按规定不得抵扣进项税额情形的，按照下列公式计算不得抵扣的进项税额：

不得抵扣的进项税额=固定资产、无形资产或者不动产净值×适用税率

（9）增值税一般纳税人取得的增值税专用发票以及海关进口增值税专用缴款书，未在规定期限内到税务机关办理认证（按规定不用认证的纳税人除外）或者申报抵扣的，不得作为合法的增值税扣税凭证，不得计算进项税额抵扣。

（10）自2020年2月1日起，增值税一般纳税人取得的增值税专用发票列入异常凭证范围，尚未申报抵扣增值税进项税额的，暂不允许抵扣。已经申报抵扣增值税进项税额的，除另有规定外，一律作进项税额转出处理。

3.增值税扣税凭证的认证确认期限

关于增值税扣税凭证的认证确认期限，原则上进项税额的抵扣不得提前。

（1）增值税一般纳税人取得2020年1月1日及以后开具的增值税专用发票、海关进口增值税专用缴款书、机动车销售统一发票、收费公路通行费增值税电子普通发票，取消认证确认、稽核比对、申报抵扣的期限。

（2）自2020年3月1日起，增值税一般纳税人取得2017年1月1日及以后开具的增值税专用发票，取消认证确认、稽核比对、申报抵扣的期限。纳税人在增值税发票综合服务平台查询到相应增值税专用发票信息后，既可以在当期进行用途确认，也可以在之后属期进行用途确认。纳税人在已完成发票用途确认后，如需更正用途，可以在未申报当期增值税前，或作废本期增值税纳税申报表后，自行更正用途。

（3）增值税一般纳税人取得2016年12月31日及以前开具的增值税专用发票、海关进口增值税专用缴款书、机动车销售统一发票，超过认证确认、稽核比对、申报抵扣期限，但符合相关规定条件的，仍可继续抵扣进项税额。

4.进项税额不足抵扣与进项税额转出

增值税实行当期购进扣税法，可能导致当期购进货物、劳务、服务、无形资产、不动产支付的增值税税额大于当期销售货物、劳务、服务、无形资产、不动产收到的增值税税额，即当期进项税额大于当期销项税额。这就出现了进项税额不足抵扣，当期进项税额不足抵扣的部分可结转下期继续抵扣。

（1）已抵扣进项税额的货物、劳务、服务、无形资产、不动产后改变用途或用于不得抵扣进项税额项目时，必须做进项税额转出处理。也就是说，将该项购进的货物、劳务、服务、无形资产、不动产的进项税额从当期进项税额中扣减；无法确定当期进项税额的，按当期实际成本计算应扣减的进项税额。

从当期发生的进项税额中扣减，指已抵扣进项税额的购进货物、劳务、服务、无形资产、不动产是在哪一个时期改变用途的，就从这个发生期内纳税人的进项税额中扣减而无须追溯到原抵扣时期。

按当期实际成本计算应扣减的进项税额，指扣减进项税额的计算依据不是该货物、劳务、服务、无形资产、不动产的原进价，而是其发生改变的当期的实际成本，按征税时适用的税率计算应扣减的进项税额。

（2）纳税人适用一般计税方法的，因销售折让、中止或者退回而收回的增值税税额，应当从当期的进项税额中扣减。

（3）对商业企业向供货方收取的与商品销售量、销售额挂钩（如以一定比例、金额、数量计算）的各种返还收入，均应按照平销返利行为的有关规定冲减当期增值税进项税额。计算公式为：

当期应冲减进项税额=当期取得的返还资金÷（1+所购货物适用增值税税率）×所购货物适用增值税税率

商业企业向供货方收取的各种返还收入，一律不得开具增值税专用发票。

5.增值税期末留抵税额退税

财政部、国家税务总局联合发布的《关于进一步加大增值税期末留抵退税政策实施力度的公告》（财政部、税务总局公告2022年第14号）指出，自2022年4月1日起，为支持小微企业和制造业等行业发展，提振市场主体信心、激发市场主体活力，将进一步加大增值税期末留抵退税实施力度的有关政策公告如下：

（1）加大小微企业增值税期末留抵退税政策力度，将先进制造业按月全额退还增值税增量留抵税额政策范围扩大至符合条件的小微企业（含个体工商户），并一次性退还小微企业存量留抵税额。

（2）加大"制造业"、"科学研究和技术服务业"、"电力、热力、燃气及水生产和供应业"、"软件和信息技术服务业"、"生态保护和环境治理业"和"交通运输、仓储和邮政业"（以下称制造业等行业）增值税期末留抵退税政策力度，将先进制造业按月全额退还增值税增量留抵税额政策范围扩大至符合条件的制造业等行业企业（含个体工商户），并一次性退还制造业等行业企业存量留抵税额。

自2022年7月1日起，为进一步加大增值税留抵退税政策实施力度，着力稳市场主体稳就业，将制造业等行业按月全额退还增值税增量留抵税额、一次性退还存量留抵税额的政策范围，扩大至"批发和零售业"、"农、林、牧、渔业"、"住宿和餐饮业"、"居民服务、修理和其他服务业"、"教育"、"卫生和社会工作"和"文化、体育和娱乐业"（以下称批发零售业等行业）企业（含个体工商户）。

（3）纳税人可以选择向主管税务机关申请留抵退税，也可以选择结转下期继续抵扣。纳税人应在纳税申报期内，完成当期增值税纳税申报后申请留抵退税。

（4）适用全额退还增值税留抵税额政策的纳税人需同时符合以下条件：

① 纳税信用等级为A级或者B级；

② 申请退税前36个月未发生骗取留抵退税、骗取出口退税或虚开增值税专用发票情形；

③ 申请退税前36个月未因偷税被税务机关处罚两次及以上；

④ 2019年4月1日起未享受即征即退、先征后返（退）政策。

（三）一般纳税人应纳税额的计算

一般纳税人应纳税额的计算公式为：

应纳税额=当期销项税额−当期进项税额

如果计算结果为正数，为当期应纳增值税；如果计算结果为负数，则形成留抵税额待下期抵扣。计算公式为：

应纳税额=当期销项税额−当期进项税额−上期留抵税额

【例2-1】某企业（增值税一般纳税人）从事提供销售服务业务，20×3年10月发生下列业务：

（1）取得某项服务收入106万元，开具增值税专用发票；

（2）购进轿车1辆，取得税控机动车销售统一发票，金额20万元，增值税税额2.6万元；

（3）接受其他单位提供的应税服务，取得增值税专用发票，注明销售额1万元；

（4）接受某货物运输企业提供的交通运输服务，取得增值税专用发票，金额0.5万元，税率9%，税额0.045万元；

（5）接受个体货物运输企业提供的交通运输服务，取得税务机关代开的增值税专用发票，税额0.04万元。

要求：计算该企业当月应纳的增值税税额。

解：提供应税服务适用税率6%，进项税额加计抵减15%。

当期销项税额=1 060 000÷（1+6%）×6%=60 000（元）

当期进项税额合计=26 000+10 000×6%+450+400=27 450（元）

当期应纳增值税税额=60 000−27 450×（1+15%）=28 432.5（元）

【例2-2】某企业（增值税一般纳税人）主要从事工业金属材料的采购和供应业务，20×3年11月发生下列业务：

（1）销售各类金属材料不含税收入1 000 000元；

（2）将一批H型金属材料用于对外投资，不含税市场价格20 000元；

（3）外购螺纹钢120吨，单价每吨4 300元，价款516 000元，增值税专用发票注明税额67 080元；

（4）外购镀锌板100吨，单价每吨4 900元，价款490 000元，增值税专用发票注明税额63 700元；

（5）外购铲车1辆，价款42 000元，增值税专用发票注明税额5 460元；

（6）将本月购进的螺纹钢20吨转为该企业职工食堂使用，价款86 000元；

（7）由于该企业仓库管理不善，本月购进的镀锌板被盗丢失10吨，价款49 000元；

（8）初次购买增值税防伪税控系统专用设备，取得增值税专用发票，注明价款2 000元，税额260元；

（9）本月销售金属材料过程中支付的运费均取得运输公司开具的货物运输企业增值税专用发票，税额共计5 000元。

要求：计算该企业当月应纳的增值税税额。

解：当期销项税额=1 000 000×13%+20 000×13%=132 600（元）

当期进项税额合计=67 080+63 700+5 460−86 000×13%−49 000×13%+5 000

=123 690（元）

当期应纳增值税税额=132 600−123 690−（2 000+260）=6 650（元）

二、简易计税方法应纳税额的计算

小规模纳税人销售货物或者提供应税劳务和应税服务适用简易计税方法。

2027年12月31日前，对月销售额10万元以下（含本数）的增值税小规模纳税人，免征增值税。

一般纳税人发生某些特定的应税销售行为可选择适用简易计税方法，但不得抵扣进项税额。一经选择，36个月内不得变更。这主要包括以下情况：

（1）县级及县级以下小型水力发电单位（指各类投资主体建设的装机容量为5万千瓦以下（含5万千瓦）的小型水力发电单位）生产的电力。

（2）自产建筑用和生产建筑材料所用的砂、土、石料。

（3）以自己采掘的砂、土、石料或其他矿物连续生产的砖、瓦、石灰（不含黏土实心砖、瓦）。

（4）用微生物、微生物代谢产物、动物毒素、人或动物的血液或组织制成的生物制品。

（5）自产的自来水、自来水公司销售的自来水。

（6）自产的商品混凝土（仅限于以水泥为原料生产的水泥混凝土）。

（7）寄售商店代销寄售物品（包括居民个人寄售的物品在内）。

（8）典当业销售死当物品。

（9）单采血浆站销售供应非临床用血。

（10）药品经营企业销售生物制品。

（11）公共交通运输服务。

（12）经认定的动漫企业为开发动漫产品提供的动漫脚本编撰、形象设计、背景设计、动画设计、分镜、动画制作、摄制、描线、上色、画面合成、配音、配乐、音效合成、剪辑、字幕制作、压缩转码（面向网络动漫、手机动漫格式适配）服务，以及在境内转让动漫版权（包括动漫品牌、形象或者内容的授权及再授权）。

（13）电影放映服务、仓储服务、装卸搬运服务、收派服务和文化体育服务。

（14）以纳入“营改增”试点之日前取得的有形动产为标的物提供的经营租赁服务。

（15）在纳入“营改增”试点之日前签订的尚未执行完毕的有形动产租赁合同。

（16）一般纳税人以清包工方式提供的建筑服务，可以选择适用简易计税方法计税。

（17）一般纳税人为甲供工程提供的建筑服务，可以选择适用简易计税方法计税。

（18）一般纳税人为建筑工程老项目提供的建筑服务，可以选择适用简易计税方法计税。

（19）一般纳税人销售其2016年4月30日前取得（不含自建）的不动产，可以选择适用简易计税方法。

（20）一般纳税人销售其2016年4月30日前自建的不动产，可以选择适用简易计税方法。

简易计税方法的应纳税额是以销售额乘以征收率计算出来的，不得抵扣进项税额。计算公式为：

应纳税额=销售额×征收率

简易计税方法的销售额不包括其应纳税额，纳税人采用销售额和应纳税额合并定价方法的，按照下列公式计算销售额：

销售额=含税销售额÷（1+征收率）

纳税人适用简易计税方法计税的，因销售折让、中止或者退回而退还给购买方的销售额，应当从当期销售额中扣减。扣减当期销售额后仍有余额造成多缴的税款，可以从以后的应纳税额中扣减。

【例2-3】某公司为增值税小规模纳税人，20×3年9月发生以下业务：

（1）购入货物一批，取得增值税专用发票，注明的税额为7 800元；

（2）以直接收款方式向A公司销售产品一批，开具增值税普通发票，注明的价款为123 600元，已收到货款；

（3）收到B公司支付的机器设备租赁费，向主管税务机关申请代开增值税专用发票，注明的租赁费为10 000元。

要求：计算该公司当月应纳的增值税税额。

解：小规模纳税人销售货物或者提供应税劳务适用简易计税方法，但不得抵扣进项税额，以销售额乘以征收率计算其应纳税额。

应纳税额=［123 600÷（1+3%）+10 000］×3%=3 900（元）

三、扣缴计税方法应扣缴税额的计算

境外的单位或者个人在境内提供应税服务，在境内未设有经营机构的，扣缴义务人按照下列公式计算应扣缴税额：

应扣缴税额=接受方支付的价款÷（1+税率）×税率

四、几种特殊经营行为应纳增值税的计算

（一）不动产转让行为应纳税额的计算

1.一般纳税人转让不动产应纳税额的计算

（1）一般纳税人转让其2016年4月30日前取得（不含自建）的不动产，可以选择适用简易计税方法计税，以取得的全部价款和价外费用扣除不动产购置原价或者取得不动产时的作价后的余额为销售额，按照5%的征收率计算应纳税额，并向不动产所在地主管税务机关预缴税款。

（2）一般纳税人转让其2016年4月30日前自建的不动产，可以选择适用简易计税方法计税，以取得的全部价款和价外费用为销售额，按照5%的征收率计算应纳税额，并向不动产所在地主管税务机关预缴税款。

（3）一般纳税人转让其2016年4月30日前取得（不含自建）的不动产，选择适用一般计税方法计税的，以取得的全部价款和价外费用为销售额计算应纳税额。纳税人应以取得的全部价款和价外费用扣除不动产购置原价或者取得不动产时的作价后的余额，按照5%的预征率向不动产所在地主管税务机关预缴税款。

（4）一般纳税人转让其2016年4月30日前自建的不动产，选择适用一般计税方法计税的，以取得的全部价款和价外费用为销售额计算应纳税额。纳税人应以取得的全部价款和价外费用，按照5%的预征率向不动产所在地主管税务机关预缴税款。

（5）一般纳税人转让其2016年5月1日后取得（不含自建）的不动产，适用一般计税方法计税的，以取得的全部价款和价外费用为销售额计算应纳税额。纳税人应以取得的全部价款和价外费用扣除不动产购置原价或者取得不动产时的作价后的余额，按照5%的预征率向不动产所在地主管税务机关预缴税款。

（6）一般纳税人转让其2016年5月1日后自建的不动产，适用一般计税方法计税的，以取得的全部价款和价外费用为销售额计算应纳税额。纳税人应以取得的全部价款和价外费用，按照5%的预征率向不动产所在地主管税务机关预缴税款。

2.小规模纳税人转让不动产应纳税额的计算

（1）小规模纳税人转让其取得（不含自建）的不动产，以取得的全部价款和价外费用扣除不动产购置原价或者取得不动产时的作价后的余额为销售额，按照5%的征收率计算应纳税额。

（2）小规模纳税人转让其自建的不动产，以取得的全部价款和价外费用为销售额，按照5%的征收率计算应纳税额。

除其他个人之外的小规模纳税人，应按规定的计税方法向不动产所在地主管税务机关预缴税款；其他个人按照规定的计税方法向不动产所在地主管税务机关申报纳税。

3.个人转让房地产应纳税额的计算

个人将购买不足2年的住房对外销售的，按照5%的征收率全额缴纳增值税；个人将购买2年以上（含2年）的住房对外销售的，免征增值税（北京、上海、广州和深圳除外）。

在北京、上海、广州和深圳，个人将购买不足2年的住房对外销售的，按照5%的征收率全额缴纳增值税；个人将购买2年以上（含2年）的非普通住房对外销售的，以销售收入减去购买住房价款后的差额，按照5%的征收率缴纳增值税；个人将购买2年以上（含2年）的普通住房对外销售的，免征增值税。

个人转让其购买的住房，按照有关规定差额缴纳增值税的，以取得的全部价款和价外费用扣除购买住房价款后的余额为销售额，按照5%的征收率计算应纳税额。

（二）不动产经营租赁应纳税额的计算

1.一般纳税人出租不动产应纳税额的计算

（1）一般纳税人出租其2016年4月30日前取得的不动产，可以选择适用简易计税方法，按照5%的征收率计算应纳税额，并向不动产所在地主管税务机关预缴税款（除个人出租住房外）。计算公式为：

应预缴税款=含税销售额÷（1+5%）×5%

（2）一般纳税人出租其2016年5月1日后取得的不动产（含一般纳税人出租其2016年4月30日前取得的不动产），适用一般计税方法计税，在不动产所在地按照3%的预征率预缴税款。计算公式为：

应预缴税款=含税销售额÷（1+9%）×3%

2.小规模纳税人出租不动产应纳税额的计算

（1）单位和个体工商户出租不动产（不含个体工商户出租住房），按照5%的征收率计算应纳税额。计算公式为：

应纳税款=含税销售额÷（1+5%）×5%

个体工商户出租住房，按照5%的征收率减按1.5%计算应纳税额。计算公式为：

应预缴税款=含税销售额÷（1+5%）×1.5%

（2）其他个人出租不动产（不含住房），按照5%的征收率计算应纳税额，并向不动产所在地主管税务机关申报纳税。计算公式为：

应纳税款=含税销售额÷（1+5%）×5%

其他个人出租住房，按照5%的征收率减按1.5%计算应纳税额，并向不动产所在地主管税务机关申报纳税。计算公式为：

应纳税款=含税销售额÷（1+5%）×1.5%

单位和个体工商户出租不动产，向不动产所在地主管税务机关预缴的增值税税款，可以在当期增值税应纳税额中抵减；抵减不完的，结转下期继续抵减。

纳税人以预缴税款抵减应纳税额，应以完税凭证作为合法有效凭证。

小规模纳税人中的单位和个体工商户出租不动产，不能自行开具增值税发票的，可向不动产所在地主管税务机关申请代开增值税发票。

其他个人出租不动产，可向不动产所在地主管税务机关申请代开增值税发票。

纳税人向其他个人出租不动产，不得开具或申请代开增值税专用发票。

纳税人出租不动产，按规定应向不动产所在地主管税务机关预缴税款而自应当预缴之月起超过6个月没有预缴税款的，由机构所在地主管税务机关按照《中华人民共和国税收征收管理法》（以下简称《税收征收管理法》）及相关规定进行处理。

（三）纳税人跨县（市、区）提供建筑服务应纳税额的计算

跨县（市、区）提供建筑服务，是指单位和个体工商户（简称纳税人）在其机构所在地以外的县（市、区）提供建筑服务。

1.一般纳税人跨县（市、区）提供建筑服务预缴税款的规定

（1）一般纳税人跨县（市、区）提供建筑服务，适用一般计税方法计税的，以取得的全部价款和价外费用扣除支付的分包款后的余额，按照2%的预征率计算应预缴税款。计算公式为：

应预缴税款=（全部价款和价外费用-支付的分包款）÷（1+9%）×2%

（2）一般纳税人跨县（市、区）提供建筑服务，选择适用简易计税方法计税的，以取得的全部价款和价外费用扣除支付的分包款后的余额，按照3%的征收率计算应预缴税款。计算公式为：

应预缴税款=（全部价款和价外费用-支付的分包款）÷（1+3%）×3%

纳税人取得的全部价款和价外费用扣除支付的分包款后的余额为负数的，可结转下次预缴税款时继续扣除。

2.小规模纳税人跨县（市、区）提供建筑服务计算应预缴税款的规定

小规模纳税人跨县（市、区）提供建筑服务，以取得的全部价款和价外费用扣除支付的分包款后的余额，按照3%的征收率计算应预缴税款。计算公式为：

应预缴税款=（全部价款和价外费用-支付的分包款）÷（1+3%）×3%

纳税人应按照工程项目分别计算应预缴税款，分别预缴。

（四）进口货物应纳税额的计算

凡是申报进入我国海关境内的货物，均应缴纳进口环节增值税（除特殊规定外）。从其他国家或地区进口“跨境电子商务零售进口商品清单”范围内的商品适用于跨境电子商务零售进口增值税税收政策。

进口货物的收货人（承受人）或办理报关手续的单位和个人，为进口货物增值税的纳税人。

无论是一般纳税人还是小规模纳税人进口货物，均按组成计税价格和规定的税率计算应纳增值税税额，不得抵扣任何税额（指在计算进口环节应纳增值税税额时，不得抵扣发生在我国境外的各种税金）。

在一般贸易下，进口货物以海关审定的成交价格为基础的到岸价格作为完税价格。所谓成交价格，是指一般贸易项下进口货物的买方为购买该项货物向卖方实际支付或应当支付的价格；到岸价格是货价加上货物运抵我国关境输入地点起卸前的包装费、运费、保险费和其他劳务费等费用的一种价格。组成计税价格的计算公式为：

组成计税价格=关税完税价格+关税税额

=关税完税价格×（1+关税税率）

属于征收消费税的进口货物，还需在组成计税价格中加上消费税税额。计算公式为：

组成计税价格=关税完税价格+关税税额+消费税税额

=关税完税价格×（1+关税税率）÷（1-消费税税率）

应纳税额=组成计税价格×税率

组成计税价格中包括已纳关税税额。

跨境电子商务零售进口商品按照货物征收关税和进口环节增值税、消费税，以实际交易价格（包括货物零售价格、运费和保险费）作为完税价格。其进口环节增值税、消费税暂按法定应纳税额的70%征收。超过单次限值、累加后超过个人年度限值的单次交易，以及完税价格超过5 000元限值的单个不可分割商品，均按照一般贸易方式全额征税。

纳税人进口货物取得的合法海关完税凭证是计算增值税进项税额的唯一依据，其价格差额部分以及从境外供应商处取得的退还或返还的资金，不做进项税额转出处理。

进口货物的增值税由海关代征。个人携带或者邮寄进境自用物品的增值税连同关税一并计征，具体办法由国务院关税税则委员会会同有关部门制定。

进口货物增值税的纳税义务发生时间为报关进口当天，纳税地点为进口货物报关地海关，纳税期限为海关填发税款缴款书之日起15日内。

【例2-4】某市综合工贸公司为增值税一般纳税人，20×3年9月进口实木地板一批，支付国外买价300万元（关税税率为20%），支付购货佣金6万元；办理海关相关手续后，海关放行；支付运抵我国海关地前的运输费用20万元、装卸费用和保险费用10万元，支付海关地再运往商贸公司的运输费用8万元，取得运费发票。实木地板消费税税率为5%。

要求：计算该公司进口环节应缴纳的关税、消费税、增值税。

解：关税=（300+20+10）×20%=66（万元）

组成计税价格=（300+20+10+66）÷（1−5%）=416.84（万元）

进口环节增值税=416.84×13%=54.19（万元）

进口环节消费税=416.84×5%=20.84（万元）

第三节　出口货物、劳务和跨境应税行为增值税退（免）税的计算

出口货物退（免）税是指在国际贸易中，对报关出口的货物退还在其国内各生产环节和流转环节按税法规定已缴纳的增值税和消费税，或免征其应缴纳的增值税和消费税。其目的是使本国出口商品以不含税的价格或成本进入国际市场，避免国际双重征税和税负不平衡，增强本国产品的出口竞争力。

一、基本政策

目前，我国出口货物、劳务和跨境应税行为退（免）增值税的基本政策分为以下三种：

1.出口免税并退税（又免又退），分为“免、抵、退”税和“免、退”税两种

出口免税是指对货物、劳务和跨境应税行为在出口环节免征增值税，这是把货物、劳务和跨境应税行为出口环节与出口前的销售环节都视为同样的征税环节。

出口退税是指对货物、劳务和跨境应税行为在出口前实际承担的税收负担，按规定的退税率计算后予以退还。

2.出口货物免税不退税（只免不退）

出口货物不退税是指适用该政策的出口货物、劳务和跨境应税行为因在前一道生产销售环节或进口环节是免税的，出口时该货物的价格中本身就不含税，也无须退税，即适用免税政策。

3.出口不免税也不退税（不免不退）

出口不免税是指对国家限制或禁止出口的某些货物的出口环节视同内销环节，照常征税；出口不退税是指对这些货物、劳务和跨境应税行为出口不退还出口前其所负担的税款。简而言之，出口不免税也不退税适用征税政策。

二、税种适用范围

根据《增值税暂行条例》和《中华人民共和国消费税暂行条例》的规定，出口货物、劳务和跨境应税行为退（免）税的税种仅限增值税和消费税。

三、政策适用范围

对下列出口货物、劳务和跨境应税行为实行免征和退还增值税（除特殊规定外）：

1.出口企业出口货物

出口企业是指依法办理了工商、税务、对外贸易经营者备案登记，自营或委托出口货物的单位或个体工商户，以及依法办理工商登记、税务登记但未办理对外贸易经营者备案登记，委托出口货物的生产企业。

出口货物是指向海关报关后实际离境并销售给境外单位或个人的货物，分为自营出口货物和委托出口货物两类。

2.出口企业或其他单位视同出口货物

出口企业或其他单位视同出口的货物具体是指：

（1）出口企业对外援助、对外承包、境外投资的出口货物。

（2）出口企业经海关报关进入国家批准的出口加工区、保税物流园区、保税港区、综合保税区等特殊区域并销售给特殊区域内单位或境外单位、个人的货物。

（3）免税品经营企业销售的货物。

（4）出口企业或其他单位销售给用于国际金融组织或外国政府贷款国际招标建设项目的中标机电产品。

（5）出口企业或其他单位销售给特殊区域内生产企业生产耗用且不向海关报关而输入特殊区域的水（包括蒸汽）、电力、燃气（简称输入特殊区域的水电气）。

（6）出口企业或其他单位销售给国际运输企业用于国际运输工具上的货物，如外轮供应公司、远洋运输供应公司销售给外轮、远洋国轮的货物，国内航空供应公司生产销售给国内和国外航空公司国际航班的航空食品。

3.出口企业对外提供加工、修理修配劳务

对外提供加工、修理修配劳务是指对进境复出口货物或从事国际运输的运输工具进行的加工、修理修配。

4.出口融资租赁货物

融资租赁企业、金融租赁公司及其设立的项目子公司，以融资租赁方式租赁给境外承租人且租赁期限在5年（含）以上，并向海关报关后实际离境的货物，试行增值税、消费税出口退税政策。

融资租赁出口货物的范围包括飞机、飞机发动机、铁道机车、铁道客车车厢、船舶及其他符合规定的货物。

四、增值税退（免）税办法

适用增值税退（免）税政策的出口货物、劳务和应税行为，实行增值税“免、抵、退”税或“免、退”税办法。

（一）“免、抵、退”税办法

生产企业出口自产货物与视同自产货物、对外提供加工修理修配劳务，以及列名的74家生产企业出口非自产货物，免征增值税，相应的进项税额抵减应纳增值税税额（不包括适用增值税即征即退、先征后退政策的应纳增值税税额），未抵减完的部分予以退还。

境内的单位和个人提供适用零税率的应税服务，如果属于适用一般计税方法的，生产企业实行“免、抵、退”税办法；外贸企业自己开发的研发服务和设计服务出口，视同生产企业，连同其出口货物统一实行“免、抵、退”税办法。

（二）“免、退”税办法

不具有生产能力的外贸企业或其他单位出口货物、劳务，免征增值税，相应的进项税额予以退还。外贸企业外购研发服务和设计服务免征增值税，其对应的外购应税服务的进项税额予以退还。

五、出口退税率

出口货物的退税率是出口货物的实际退税额与退税计税依据的比例。国家鼓励出口的货物，退税率就高一些；国家限制出口的货物，退税率就低一些。出口退税率是个动态指标，随对外贸易政策的调整而变化。

目前我国增值税出口退税率分为五档，即13%、10%、9%、6%和零税率。

六、增值税退（免）税的计税依据

出口货物、劳务的增值税退（免）税的计税依据，按出口货物、劳务的出口发票（外销发票），其他普通发票或购进出口货物、劳务的增值税专用发票，海关进口增值税专用缴款书确定，见表2-1。

表2-1 **增值税退（免）税的计税依据**

出口企业	出口行为	退（免）税计税依据
1.生产企业	①出口货物、劳务（进料加工复出口货物除外）	出口货物、劳务的实际离岸价格（FOB）。实际离岸价格应以出口发票上的离岸价格为准；如果出口发票不能反映实际离岸价格，主管税务机关有权予以核定
	②进料加工复出口货物	按出口货物人民币离岸价格扣除出口货物耗用的保税进口料件金额的余额确定
	③国内购进无进项税额且不计提进项税额的免税原材料加工后出口的货物	按出口货物的离岸价格扣除出口货物所含的国内购进免税原材料的金额后确定
	④中标机电产品	销售机电产品的普通发票注明的金额
	⑤向海上石油、天然气开采企业销售的自产海洋工程结构物	销售海洋工程结构物的普通发票注明的金额
	⑥输入特殊区域的水电气	作为购买方的特殊区域内生产企业购进水（包括蒸汽）、电力、燃气的增值税专用发票注明的金额

续表

出口企业	出口行为	退（免）税计税依据
2.外贸（综合服务）企业	①出口货物（委托加工、修理修配货物除外）	购进出口货物的增值税专用发票注明的金额或海关进口增值税专用缴款书注明的完税价格
	②出口委托加工、修理修配货物	加工、修理修配费用增值税专用发票注明的金额。外贸企业应将加工、修理修配使用的原材料（进料加工海关保税进口料件除外）作价销售给受托加工、修理修配的生产企业，受托加工、修理修配的生产企业应将原材料成本并入加工、修理修配费用开具发票
	③中标机电产品	购进货物的增值税专用发票注明的金额或海关进口增值税专用缴款书注明的完税价格
3.出口企业	出口进项税额未计算抵扣的已使用过的设备（指根据财务会计制度已经计提折旧的固定资产）	退（免）税计税依据=增值税专用发票上的金额或海关进口增值税专用缴款书注明的完税价格×已使用过的设备固定资产净值÷已使用过的设备原值 已使用过的设备固定资产净值=已使用过的设备原值-已使用过的设备已提累计折旧
4.免税品经营企业	销售的货物	购进货物的增值税专用发票注明的金额或海关进口增值税专用缴款书注明的完税价格
备注	1.增值税退（免）税的计税依据，对于生产企业而言，一般是扣减所含保税和免税金额之后的离岸价格；对于外贸企业而言，一般是购进货物增值税专用发票注明的金额或海关进口增值税专用缴款书注明的完税价格。 2.实行退（免）税办法的服务和无形资产，主管税务机关如果认定出口价格偏高，有权按照核定的出口价格计算退（免）税；核定的出口价格低于外贸企业购进价格的，低于部分对应的进项税额不予退税，转入成本	

七、增值税“免、抵、退”税办法和“免、退”税办法的计算

（一）增值税“免、抵、退”税办法的计算

“免、抵、退”税办法适用生产企业出口自产货物和视同自产货物及对外提供加工、修理修配劳务，以及列名生产企业出口非自产货物。

“免”税是指生产企业出口的自产（含视同自产）货物和应税劳务等免征本企业生产销售环节增值税。

“抵”税是指生产企业出口自产货物、应税劳务等所耗用的原材料、零部件、燃料、动力等所含应予退还的进项税额，抵减内销货物的应纳税额。

“退”税是指生产企业出口自产货物、应税劳务等在当月内应抵减的进项税额大于内销应纳税额时，对未抵减完的部分予以退税。

在计算“免、抵、退”税时，考虑到退税率低于征税率，需要计算不予“免、抵、退”税的金额，从进项税额中剔除出去，转入出口产品的销售成本中。“免、抵、退”税计算实际上涉及免、剔、抵、退四个步骤。

免：就是出口货物免征增值税。

剔：就是作进项税额转出的过程，把退税率低于征税率而需要剔除的增值税转入外销的成本。

抵：就是用出口应退税额抵减内销应纳税额，让企业用内销少缴税的方式得到出口退税的实惠。“抵”之后企业应纳税额可能出现的情况是：结果为正数或结果为负数。

退：在企业计算出当期应纳税额小于0时，才涉及出口退税，即内销的应纳税额已经全部被出口应退税额冲抵掉了，而出口应退税额还没有被抵完。

1.生产企业出口货物、劳务、服务和无形资产的“免、抵、退”税的计算

（1）$\text{当期不得免征和抵扣税额抵减额}=\text{当期免税购进原材料价格}\times\left(\text{出口货物适用税率}-\text{出口货物退税率}\right)$

实际离岸价格应以出口发票上的离岸价格为准；如果出口发票不能反映实际离岸价格，主管税务机关有权予以核定。

（2）$\text{当期不得免征和抵扣税额}=\text{出口货物离岸价格}\times\text{外汇人民币折合率}\times\left(\text{出口货物征税率}-\text{出口货物退税率}\right)-\text{“免、抵、退”税不得免征和抵扣税额抵减额}$

（3）当期应纳税额=当期销项税额-（当期进项税额-当期不得免征和抵扣税额）-上期留抵税额

当期应纳税额>0时，为应纳税额，没有退税。

只有当期应纳税额<0时，为期末留抵税额，须计算“免、抵、退”税额。

（4）当期“免、抵、退”税额抵减额=当期免税购进原材料价格×出口货物退税率

（5）$\text{当期“免、抵、退”税额}=\text{当期出口货物离岸价格}\times\text{外汇人民币折合率}\times\text{出口货物退税率}-\text{当期“免、抵、退”税额抵减额}$

（6）如果当期期末留抵税额≤当期“免、抵、退”税额，则：

当期应退税额=当期期末留抵税额

当期免抵税额=当期“免、抵、退”税额-当期应退税额

如果当期期末留抵税额>当期“免、抵、退”税额，则：

当期应退税额=当期“免、抵、退”税额

当期免抵税额=当期“免、抵、退”税额-当期应退税额=0

结转下期留抵税额=当期应纳税额-当期应退税额

需要注意的是：

①退税率低于适用税率的，相应计算出的差额部分的税款计入出口货物、劳务成本。

②出口企业既有适用增值税“免、抵、退”税项目，也有增值税即征即退、先征后退项目的，增值税即征即退和先征后退项目不参与出口项目“免、抵、退”税计算。出口企业应分别核算增值税“免、抵、退”税项目和增值税即征即退、先征后退项目，并分别申请享受增值税即征即退、先征后退和“免、抵、退”税政策。

用于增值税即征即退或者先征后退项目的进项税额无法划分的，按照下列公式计算：

$\text{无法划分进项税额中用于增值税即征即退或者先征后退项目的部分}=\text{当月无法划分的全部进项税额}\times\text{当月增值税即征即退或者先征后退项目销售额}\div\text{当月全部销售额、营业额合计}$

③当期免税购进原材料价格包括当期国内购进的无进项税额且不计提进项税额的免税原材料的价格和当期进料加工保税进口料件的价格。其中，当期进料加工保税进口料件的价格为进料加工出口货物耗用的保税进口料件金额。

$\text{进料加工出口货物耗用的保税进口料件金额}=\text{进料加工出口货物人民币离岸价格}\times\text{进料加工计划分配率}$

计算不得免征和抵扣税额时，应按当期全部出口货物的销售额扣除当期全部进料加工出口货物耗用的保税进口料件金额后的余额乘以征退税率之差。

进料加工出口货物收齐有关凭证申报“免、抵、退”税时，以收齐凭证的进料加工出口货物人民币离岸价格扣除其耗用的保税进口料件金额后的余额计算“免、抵、退”税额。

④当期期末留抵税额为当期增值税纳税申报表中的“期末留抵税额”。

【例2-5】某自营出口生产企业是增值税一般纳税人，出口货物的征税率为13%，退税率为13%。20×3年8月有关经营业务包括：购进原材料一批，取得的增值税专用发票注明的价款为300万元，外购货物准予抵扣进项税额39万元；上期期末留抵税额2万元；本月内销货物不含税销售额100万元，收款113万元存入银行；本月出口货物销售额折合人民币200万元。

要求：计算该企业当期“免、抵、退”税额、应退税额和免抵税额。

解：当期应纳税额=100×13%-39-2=-28（万元）

当期“免、抵、退”税额=200×13%=26（万元）

∵当期期末留抵税额28万元>当期“免、抵、退”税额26万元

∴当期应退税额=当期“免、抵、退”税额=26万元

当期免抵税额=当期“免、抵、退”税额-当期应退税额=0

结转下期留抵税额=当期应纳税额-当期应退税额=28-26=2（万元）

【例2-6】某自营出口生产企业（增值税一般纳税人）出口货物的征税率为13%，退税率为13%。20×3年11月购进原材料一批，取得的增值税专用发票注明价款200万元，外购原材料准予抵扣进项税额26万元，原材料已验收入库。当月进口保税材料一批，到岸价格折合人民币160万元，已按实耗法向税务机关办理了“生产企业进料加工贸易免税证明”；当月出口货物离岸价格折合人民币480万元，当月内销货物不含税销售额80万元，上期期末留抵税额5万元。假定该企业进料加工复出口业务符合相关规定，计划进口总值为1 800万元，计划出口总值为6 000万元。

要求：计算该企业当期“免、抵、退”税额、应退税额和免抵税额。

解：计划分配率=1 800÷6 000×100%=30%

当期应纳税额=80×13%-26-5=-20.6（万元）

当期“免、抵、退”税额=480×13%-480×13%×30%=43.68（万元）

∵当期期末留抵税额20.6万元≤当期“免、抵、退”税额

∴当期应退税额=当期“免、抵、退”税额=20.6万元

当期免抵税额=20.6-20.6=0

2.零税率应税行为增值税退（免）税的计算

零税率应税行为“免、抵、退”税的计算公式如下：

（1）当期“免、抵、退”税额的计算：

当期零税率应税行为“免、抵、退”税额=当期零税率应税行为“免、抵、退”税计税依据×外汇人民币折合率×零税率应税行为增值税退税率

（2）当期应退税额和当期免抵税额的计算：

①当期期末留抵税额≤当期“免、抵、退”税额时：

当期应退税额=当期期末留抵税额

当期免抵税额=当期“免、抵、退”税额-当期应退税额

②当期期末留抵税额>当期“免、抵、退”税额时：

当期应退税额=当期“免、抵、退”税额

当期免抵税额=0

实行“免、抵、退”税办法的零税率应税服务提供者如同时有货物、劳务（劳务指对外加工、修理修配劳务）出口的，可结合现行出口货物“免、抵、退”税计算公式一并计算。税务机关在审批时，按照出口货物、劳务、零税率应税服务“免、抵、退”税额比例划分出口货物、劳务、零税率应税服务的退税额和免抵税额。

【例2-7】某国际运输公司（增值税一般纳税人）实行“免、抵、退”税办法，20×3年10月提供国际运输服务，取得收入60万元；假定该公司纳税申报期末留抵税额为15万元。

要求：计算该公司当月应退税额（退税率9%）。

解：当期零税率应税行为“免、抵、退”税额=当期零税率应税行为“免、抵、退”税计税依据×外汇人民币折合率×零税率应税行为增值税退税率

=60×9%=5.4（万元）

∵当期期末留抵税额15万元>当期“免、抵、退”税额5.4万元

∴当期应退税额=当期“免、抵、退”税额=5.4万元

当期免抵税额=当期“免、抵、退”税额-当期应退税额

=5.4-5.4=0

（二）“免、退”税办法的计算

外贸（综合服务）企业出口货物、劳务增值税实行免征增值税，相应的进项税额予以退还的政策，即出口“免、退”税。出口货物属于应税消费品的，还应退还购进出口货物前一环节已征的消费税，即出口退税。

按照政策分类，外贸（综合服务）企业一般贸易出口“免、退”税分为委托加工、修理修配货物以外的货物和委托加工、修理修配货物出口两种形式。一是外购货物出口，以出口货物增值税专用发票的计税金额和海关进口增值税专用缴款书注明的完税价格为依据，申报出口“免、退”税。二是委托加工出口，外贸企业将加工、修理修配使用的原材料（进料加工海关保税进口料件除外）作价销售给受托加工、修理修配的生产企业，受托加工、修理修配的生产企业应将原材料成本并入加工、修理修配费用开具发票，并以此作为计税依据申报出口“免、退”税。

生产企业代办退税的出口货物，应先按出口货物离岸价格和增值税适用税率计算销项税额并按规定申报缴纳增值税，同时向外贸（综合服务）企业开具备注栏内注明“代办退税专用”的增值税专用发票（不得作为综合服务企业的增值税扣税凭证）。

外贸（综合服务）企业向其主管税务机关申报代办退税，应退税额按代办退税专用发票上注明的金额和出口货物适用的出口退税率计算。计算公式为：

应退税额=代办退税专用发票上注明的金额×出口货物适用的出口退税率

（1）外贸（综合服务）企业出口委托加工、修理修配货物以外的货物：

增值税应退税额=增值税退（免）税计税依据×出口货物退税率

（2）外贸（综合服务）企业出口委托加工、修理修配货物：

增值税应退税额=委托加工、修理修配的增值税退（免）税计税依据×出口货物退税率

此外，外贸（综合服务）企业兼营的零税率应税服务增值税“免、退”税，依下列公

式计算：

外贸（综合服务）企业兼营的零税率应税服务应退税额 = 外贸（综合服务）企业兼营的零税率应税服务“免、退”税计税依据 × 零税率应税服务增值税退税率

【例 2-8】某外贸（综合服务）企业20×3年9月购进及出口情况如下：

（1）第一次购进电风扇500台，单价150元/台；第二次购进电风扇200台，单价148元/台（均已取得增值税专用发票）。

（2）将两次外购的电风扇700台报关出口，离岸单价20美元/台，此笔出口已收汇并做销售处理。假定美元与人民币比价为1∶6.4，退税率为13%。

要求：计算该笔出口业务应退增值税税额。

解：应退增值税税额=（500×150+200×148）×13%=13 598（元）

【例 2-9】某进出口公司20×3年6月购进牛仔布委托加工成服装出口，取得牛仔布增值税发票一张，注明计税金额10 000元；取得服装加工费计税金额2 000元，受托方将原料成本并入加工、修理修配费用并开具了增值税专用发票。

要求：计算该公司应退税额（假设退税率为13%）。

解：应退税额=10 000×13%+2 000×13%=1 560（元）

（三）融资租赁出口货物退税的计算

融资租赁出租方将融资租赁货物租赁给境外承租方，将融资租赁海洋工程结构物租赁给海上石油、天然气开采企业，向融资租赁出租方退还其购进租赁货物所含增值税，其计算公式为：

增值税应退税额 = 购进融资租赁货物的增值税专用发票注明的金额或海关进口增值税专用缴款书注明的完税价格 × 融资租赁货物适用的增值税退税率

融资租赁货物适用的增值税退税率，按照统一的出口货物适用退税率执行。从增值税一般纳税人购进的按简易办法征税的融资租赁货物和从小规模纳税人购进的融资租赁货物，其适用的增值税退税率，按照购进货物适用的征收率和退税率孰低的原则确定。

【例 2-10】20×3年9月，某融资租赁公司根据合同规定，将1台设备以融资租赁方式出租给境外的甲企业使用。该融资租赁公司购进该设备的增值税专用发票上注明的金额为100万元人民币。假设增值税出口退税率为13%。

要求：计算该公司当期应退的增值税税额。

解：应退的增值税税额=100×13%=13（万元）

如果融资租赁货物、融资租赁海洋工程结构物（简称融资租赁货物）属于消费税应税消费品，向融资租赁出租方退还前一环节已征的消费税。

应退消费税税额 = 购进融资租赁货物税收(出口货物专用)缴款书或海关进口消费税专用缴款书注明的消费税税额

（四）境外旅客购物离境退税政策

离境退税政策是指境外旅客在离境口岸离境时，对其在退税商店购买的退税物品退还增值税的政策。

境外旅客是指在我国境内连续居住不超过183天的外国人和港澳台同胞。

退税物品是指由境外旅客本人在退税商店购买且符合退税条件的个人物品，但不包括下列物品：

（1）“中华人民共和国禁止、限制进出境物品表”所列的禁止、限制出境物品；

（2）退税商店销售的适用增值税免税政策的物品；

（3）财政部、海关总署、国家税务总局规定的其他物品。

境外旅客申请退税，应当同时符合以下条件：

（1）同一境外旅客同一日在同一退税商店购买的退税物品金额达到500元人民币；

（2）退税物品尚未启用或消费；

（3）离境日距退税物品购买日不超过90天；

（4）所购退税物品由境外旅客本人随身携带或随行李托运出境。

退税物品的退税率为11%和8%。应退增值税税额的计算公式为：

应退增值税税额=退税物品销售发票含增值税金额×退税率

（五）外国驻华使（领）馆及其馆员在华购买货物和服务增值税退税政策

外国驻华使（领）馆及其馆员（简称享受退税的单位和人员）包括外国驻华使（领）馆的外交代表（领事官员）及行政技术人员，但中国公民或在中国永久居留的人员除外。

实行增值税退税政策的货物与服务范围，包括按规定征收增值税、属于合理自用范围内的生活办公类货物和服务（含修理修配劳务）。工业用机器设备、金融服务以及财政部和国家税务总局规定的其他货物和服务，不属于生活办公类货物和服务。

下列情形不适用增值税退税政策：

（1）购买非合理自用范围内的生活办公类货物和服务；

（2）购买货物单张发票含增值税销售金额不足800元人民币（自来水、电、燃气、暖气、汽油、柴油除外），购买服务单张发票含增值税销售金额不足300元人民币；

（3）个人购买除车辆外的货物和服务，除车辆和房租外，每人每年申报退税的含增值税销售金额超过18万元人民币的部分；

（4）增值税免税货物和服务。

申报退税的应退税额为增值税发票上注明的税额。

使（领）馆及其馆员购买电力、暖气、汽油、柴油，发票上未注明税额的，增值税应退税额按不含税销售额和适用的增值税税率计算。

增值税应退税额=发票金额（含增值税）÷（1+增值税适用税率）×增值税适用税率

享受退税的单位和人员应按季度向外交部礼宾司报送退税凭证和资料申报退税，报税时间为每年的1月、4月、7月、10月。本年度购买的货物和服务（以发票开具日期为准）最迟申报不得迟于次年1月。

外交部礼宾司受理使（领）馆退税申报后，在10个工作日内，对享受退税的单位和人员的范围进行确认，对申报时限及其他内容进行审核、签章，将各使（领）馆申报资料一并转送北京市税务局办理退税，并履行交接手续。

第四节　增值税的申报与缴纳

一、起征点

纳税人发生应税行为的销售额未达到增值税起征点的，免征增值税；达到起征点的，全额计算缴纳增值税。

增值税起征点仅适用于个人，包括个体工商户和其他个人，但不适用于认定为一般纳税人的个体工商户。

增值税起征点幅度如下：

（1）按期纳税的，为月销售额5 000~20 000元（含本数）。

（2）按次纳税的，为每次（日）销售额300~500元（含本数）。

增值税起征点的调整由财政部和国家税务总局规定。省、自治区、直辖市财政厅（局）和税务局应当在规定的幅度内，根据实际情况确定本地区适用的起征点，并报财政部和国家税务总局备案。

二、纳税义务发生时间

增值税纳税义务发生时间为纳税人发生应税销售行为，应当承担纳税义务的起始时间。发生应税销售行为是指收讫销售款或者取得索取销售款凭据的当天；先开具发票的，为开具发票的当天。

收讫销售款，是指纳税人应税销售行为过程中或者完成后收到的款项。

取得索取销售款凭据的当天，是指书面合同确定的付款日期；未签订书面合同或者书面合同未确定付款日期的，为应税销售行为完成的当天或者不动产权属变更的当天。

（1）纳税人销售货物或者提供应税劳务，根据销售结算方式的不同，具体规定如下：

①采取直接收款方式销售货物，不论货物是否发出，均为收到销售款或者取得索取销售款凭据的当天。

对于纳税人在生产经营活动中采取直接收款方式销售货物，已将货物移送对方并暂估销售收入入账，但既未取得销售款或取得索取销售款凭据也未开具销售发票的，其增值税纳税义务发生时间为取得销售款或者取得索取销售款凭据的当天；先开具发票的，为开具发票的当天。

②采取托收承付和委托银行收款方式销售货物，为发出货物并办妥托收手续的当天。

③采取赊销和分期收款方式销售货物，为书面合同约定的收款日期的当天；无书面合同或者书面合同没有约定收款日期的，为货物发出的当天。

④采取预收货款方式销售货物，为货物发出的当天，但生产销售工期超过12个月的大型机械设备、船舶、飞机等货物，为收到预收款或者书面合同约定的收款日期的当天。

⑤委托其他纳税人代销货物，为收到代销单位的代销清单或者收到全部或者部分货款的当天；未收到代销清单及货款的，为发出代销货物满180天的当天。

⑥销售应税劳务，为提供劳务同时收讫销售款或者取得索取销售款凭据的当天。

⑦纳税人发生视同销售行为，为货物移送的当天。

（2）纳税人提供建筑服务、租赁服务采取预收款方式的，其纳税义务发生时间为收到预收款的当天。

（3）纳税人从事金融商品转让的，为金融商品所有权转移的当天。

（4）纳税人发生视同销售服务、无形资产或者不动产情形的，为服务、无形资产转让完成的当天或不动产权属变更的当天。

（5）增值税扣缴义务发生时间为纳税人增值税纳税义务发生的当天。

三、纳税期限

增值税的纳税期限分别为1日、3日、5日、10日、15日、1个月或者1个季度。纳税人的具体纳税期限由主管税务机关根据纳税人应纳税额的大小分别核定。

以1个季度为纳税期限的规定适用于小规模纳税人、银行、财务公司、信托投资公司、信用社，以及财政部和国家税务总局规定的其他纳税人。

不能按照固定期限纳税的，可以按次纳税。

纳税人以1个月或者1个季度为1个纳税期的，自期满之日起15日内申报纳税；以1日、3日、5日、10日或者15日为1个纳税期的，自期满之日起5日内预缴税款，于次月1日起15日内申报纳税并结清上月应纳税款。

扣缴义务人解缴税款的期限，依照上述规定执行。

四、纳税地点

（1）固定业户应当向其机构所在地或者居住地主管税务机关申报纳税。总机构和分支机构不在同一县（市）的，应当分别向各自所在地的主管税务机关申报纳税；经财政部和国家税务总局或者其授权的财政和税务机关批准，可以由总机构汇总向总机构所在地的主管税务机关申报纳税。

（2）非固定业户应当向应税行为发生地主管税务机关申报纳税；未申报纳税的，由其机构所在地或者居住地主管税务机关补征税款。

（3）其他个人提供建筑服务、销售或者租赁不动产、转让自然资源使用权，应向建筑服务发生地、不动产所在地、自然资源所在地主管税务机关申报纳税。

（4）扣缴义务人应当向其机构所在地或者居住地主管税务机关申报缴纳扣缴的税款。

（5）进口货物应当向报关地海关申报纳税。

思政小园地

实施大规模增值税留抵退税是2022年稳住宏观经济大盘的关键性举措。全国税务系统坚持以习近平新时代中国特色社会主义思想为指导，认真贯彻落实党中央、国务院决策部署，统筹加快留抵退税进度和加强风险防控，确保大规模增值税留抵退税不折不扣落实到位，为减轻市场主体负担、稳住宏观经济大盘提供了有力支持，在服务大局中彰显了税务担当。

国家税务总局数据显示，2022年1月1日至9月20日，已退到纳税人账户的增值税留抵退税款达22 113亿元。

分行业看，制造业退税5 818亿元，占比26.3%，是受益最明显的行业；交通运输业退税3 360亿元，占比15.2%；电力、热力、燃气及水生产和供应业退税1 978亿元，占比8.9%；批发和零售业退税1 666亿元，占比7.5%；建筑业退税1 190亿元，占比5.4%；科技服务业、软件信息服务业和生态保护环境治理业退税1 166亿元，占比5.3%。

分企业规模看，小微企业是受益主体。已获得退税的纳税人中，小微企业户数占比92%，共计退税8 902亿元，金额占比40.2%；中型企业退税4 943亿元，大型企业退税8 268亿元，金额分别占比22.4%、37.4%。[①]

① 佚名．国家税务总局落实退减缓免税费政策新闻发布会实录［EB/OL］．（2022-09-29）［2022-12-01］．http：//www.chinatax.gov.cn/chinatax/n810219/n810724/c5181807/content.html.

习　题

一、即测即评

第二章单选题　　第二章多选题　　第二章判断题

二、实务题

1. 20×3年9月10日，甲企业根据合同向乙公司发货200箱，每箱不含税售价1 000元。双方协商含税运费2 000元由乙公司承担，但承运部门（一般纳税人）将增值税专用发票开具给甲企业。当天甲企业办妥托收手续，要求乙企业支付款项共计119 000元。

要求：计算甲企业该笔业务应纳的增值税。

2. 某进出口公司20×3年12月进口高档化妆品一批，经海关审定的货价为180万元。另外，运抵我国关境内输入地点起卸前的包装费8万元、运输费10万元、保险费2万元。该批进口高档化妆品关税税率为20%，消费税税率为15%，增值税税率为13%。计算结果的金额单位用万元表示。

要求：（1）计算该批进口高档化妆品应缴纳的关税。

（2）计算该批进口高档化妆品应缴纳的消费税。

（3）计算该批进口高档化妆品应缴纳的增值税。

3. 某小规模纳税人电器修理部20×3年10—12月取得修理收入124 000元；当期清理转让一台使用过3年的修理机械，增值税普通发票注明金额3 000元；转让一批自用过的包装物，增值税普通发票注明金额1 000元；外购一台税控收款机，增值税普通发票注明金额2 800元。

要求：计算当期应纳的增值税。

4. 某自营出口生产企业（增值税一般纳税人）出口货物的征税率为13%，退税率为13%。20×3年12月购进原材料一批，取得的增值税专用发票注明价款400万元，外购货物准予抵扣进项税额52万元。上期期末留抵税额6万元。当月内销货物销售额200万元，销项税额26万元；本月出口货物销售折合人民币400万元。

要求：计算该企业本期“免、抵、退”税额、应退税额和免抵税额。

5. 某交通运输企业为增值税一般纳税人，具备提供国际运输服务的条件和资质。12月该企业承接境内运输业务，收取运费价税合计444万元；当月购进柴油并取得增值税专用发票，注明价款400万元、税款52万元；当月购进两辆货车用于货物运输，取得增值税专用发票，注明价款60万元、税款7.8万元；当月对外承接将货物由境内载运出境的业务，收取价款70万美元。该企业退税率为9%，汇率为1∶6.30。

要求：计算该企业本期“免、抵、退”税额、应退税额和免抵税额。

第三章

消费税

【学习目标】

一、知识体系

1. 消费税税制要素。

2. 消费税的计税依据。

3. 消费税的计算。

4. 消费税的申报与缴纳。

二、价值塑造

1. 以马克思主义哲学为指导，理论与实践相结合，提高消费税税收理论素养。

2. 以习近平新时代中国特色社会主义思想为指导，准确把握新时代消费税的职能定位，培育经世济民、诚信服务、德法兼修的税务职业素养。

三、能力培养

1. 熟悉消费税税制要素，理解消费税的计税原理。

2. 掌握消费税的计算方法。

3. 了解消费税的申报与缴纳。

第一节　消费税概述

消费税是以应税消费品和消费行为为课税对象征收的一种税。它是一个古老的税种，最早产生于古罗马帝国。当时，由于农业、手工业的发展，以及城市的兴起与商业的繁荣，盐税、酒税等产品税相继开征，这就是消费税的原型。我国早在唐代就对鱼、茶、燃料等征收过消费税。发展至今，消费税已成为世界各国普遍征收的税种。

我国现行消费税是1994年税制改革新设置的一个税种，其基本规范是2008年11月5日国务院第34次常务会议修订通过的《中华人民共和国消费税暂行条例》（以下简称《消费税暂行条例》）及同年12月15日财政部、国家税务总局颁布的《中华人民共和国消费税暂行条例实施细则》。

一、征收范围与环节

（一）征收范围

我国消费税的征收范围包括烟、酒、成品油、小汽车、摩托车、高档化妆品、贵重首饰和珠宝玉石、鞭炮和焰火、高尔夫球及球具、高档手表、游艇、木制一次性筷子、实木地板、电池和涂料15个税目。按照性质不同来划分，可分为4种类型：一是过度消费会对人类健康、社会秩序和生态环境等方面造成危害的特殊消费品，如烟、酒、鞭炮和焰火等。通过对这类消费品征税，可以体现“寓禁于征”的政策。二是奢侈品和非生活必需品，如贵重首饰和珠宝玉石、高档化妆品、游艇、高档手表、高尔夫球及球具等。对这类消费品征税，可以调节高收入者的消费支出。三是资源类消费品，如成品油、木制一次性筷子、实木地板等。对这类消费品征税，可以抑制消费，节约资源。四是其他消费品，如小汽车、摩托车等。这些消费品既属于高档消费品，也属于资源消耗品。

1.烟

凡是以烟叶为原料加工生产的产品，不论使用何种辅料，均属于本税目的征收范围。本税目下设卷烟（包括进口卷烟、白包卷烟、手工卷烟和未经国务院批准纳入计划的企业及个人生产的卷烟）、雪茄烟、烟丝和电子烟共4个子目。

自2022年11月1日起，在烟税目下增设电子烟子目，对其在生产（进口）环节和批发环节征收消费税。

2.酒

本税目下设粮食白酒、黄酒、啤酒、其他酒4个子目。

我国已经出台了调味品分类国家标准，按照该标准，调味料酒属于调味品，不属于配置酒和泡制酒，对调味料酒不再征收消费税。

（1）啤酒分为甲类啤酒和乙类啤酒。饮食业、商业、娱乐业举办的啤酒屋（啤酒坊）利用啤酒生产设备生产的啤酒应当征收消费税。果啤属于啤酒税目。

（2）葡萄酒按照“其他酒”征收消费税。

3.高档化妆品

本税目征收范围包括高档美容、修饰类化妆品，高档护肤类化妆品和成套化妆品，是指生产（进口）环节销售（完税）价格（不含增值税）在10元/毫升（克）或15元/片（张）及以上的美容、修饰类化妆品和护肤类化妆品。

美容、修饰类化妆品是指香水、香水精、香粉、口红、指甲油、胭脂、眉笔、唇笔、蓝眼油、眼睫毛以及成套化妆品，不包括舞台、戏剧、影视演员化妆用的上妆油、卸妆油、油彩。

4.贵重首饰及珠宝玉石

本税目征收范围包括以金、银、白金、宝石、珍珠、钻石、翡翠、珊瑚、玛瑙等高贵稀有物质以及其他金属、人造宝石等制作的各种纯金银首饰及镶嵌首饰和经采掘、打磨、加工的各种珠宝玉石。

对出国人员免税商店销售的金银首饰征收消费税。

5.鞭炮、焰火

本税目征收范围包括各种鞭炮、焰火，通常分为13类，即喷花类、旋转类、旋转升空类、火箭类、吐珠类、线香类、小礼花类、烟雾类、造型玩具类、爆竹类、摩擦炮类、组合烟花类、礼花弹类。

体育上用的发令纸、鞭炮药引线，不按本税目征收。

6.高尔夫球及球具

本税目征收范围包括高尔夫球、高尔夫球杆、高尔夫球包（袋）。高尔夫球杆的杆头、杆身和握把属于本税目的征收范围。

7.高档手表

高档手表是指销售价格（不含增值税）每只在10 000元（含）以上的各类手表。

8.游艇

本税目征收范围包括艇身长度大于8米（含）小于90米（含），内置发动机，可以在水上移动，一般为私人或团体购置，主要用于水上运动和休闲娱乐等非牟利活动的各类机动艇。

9.木制一次性筷子

本税目征收范围包括各种规格的木制一次性筷子。未经打磨、倒角的木制一次性筷子属于本税目征税范围。

10.实木地板

本税目征收范围包括各类规格的实木地板、实木指接地板、实木复合地板，以及用于装饰墙壁、天棚的侧端面为榫、槽的实木装饰板。未经涂饰的素板属于本税目征税范围。

11.成品油

本税目包括汽油、柴油、石脑油、溶剂油、航空煤油、润滑油、燃料油7个子目。

（1）用原油或其他原料加工生产的用于内燃机、机械加工过程的润滑产品均属于润滑油征税范围。

润滑脂是润滑产品，生产、加工润滑脂应当征收消费税。

（2）变压器油、导热类油等绝缘油类产品不属于润滑油，不征收消费税。

（3）对烷基化油（异辛烷）按照汽油征收消费税。

（4）对石油醚、粗白油、轻质白油、部分工业白油（5号、7号、10号、15号、22号、32号、46号）按照溶剂油征收消费税。

（5）对混合芳烃、重芳烃、混合碳八、稳定轻烃、轻油、轻质煤焦油按照石脑油征收消费税。

12.摩托车

本税目征收范围包括轻便摩托车和三轮摩托车，取消气缸容量250毫升（不含）以下的小排量摩托车消费税。

13.小汽车

本税目征收范围包括含驾驶员座位在内最多不超过9个座位（含）的，在设计和技术特性上用于载运乘客和货物的各类乘用车；含驾驶员座位在内座位数在10~23座（含23座）的，在设计和技术特性上用于载运乘客和货物的各类中轻型商用客车。

14.电池

电池包括原电池、蓄电池、燃料电池、太阳能电池和其他电池。

（1）对无汞原电池、金属氢化物镍蓄电池（又称氢镍蓄电池或镍氢蓄电池）、锂原电池、锂离子蓄电池、太阳能电池、燃料电池和全钒液流电池免征消费税。

（2）铅蓄电池自2016年1月1日起按4%税率征收消费税。

15.涂料

涂料是指涂于物体表面，能形成具有保护、装饰或特殊性能的固态涂膜的一类液体或固体材料的总称。对施工状态下挥发性有机物含量低于420克/升（含）的涂料免征消费税。

（二）征税环节

消费税的征税环节是指应税消费品从生产到消费的流转过程中，应当在哪个环节发生纳税义务。我国现行消费税实行价内税，采用一次课征制，即只征一道税，一般在应税消费品的生产、委托加工或进口环节缴纳。

1.生产环节

纳税人生产的应税消费品，由生产者于销售时纳税。自产自用的应税消费品，用于连续生产应税消费品的，不纳税；用于其他方面的，于移送使用时纳税。

2.委托加工环节

委托加工的应税消费品，除受托方为个人外，由受托方在向委托方交货时代收代缴税款。委托个人加工的应税消费品，由委托方收回后缴纳消费税。委托加工收回的应税消费品用于连续生产应税消费品的，允许在计税时扣除其在委托加工环节缴纳的消费税税款；委托加工收回的应税消费品直接出售的，不再征收消费税。

3.进口环节

进口应税消费品由进口报关者于报关进口时纳税。

4.零售环节

金银首饰、钻石及钻石饰品消费税由生产环节征收改为零售环节征收。

5.批发环节

纳税人批发销售的所有牌号规格的卷烟和电子烟，在批发环节加征一道从价计征的消费税。

二、纳税人

在中国境内生产、委托加工和进口应税消费品的单位和个人，以及国务院确定的销售应税消费品的其他单位和个人为消费税的纳税人。这具体包括：

（1）生产销售（包括自用）应税消费品的，以生产销售的单位和个人为纳税人，由生产者直接纳税。

（2）委托加工应税消费品的，除受托方为个人外，由受托方在向委托方交货时代收代缴税款。委托个人加工应税消费品的，由委托方收回后缴纳消费税。

（3）进口应税消费品的，以进口的单位和个人为纳税人，由海关代征。个人携带或者邮寄进境的应税消费品的消费税，连同关税一并计征。

（4）在我国境内从事卷烟批发业务的单位和个人。

此外，金银首饰、钻石及钻石饰品消费税的纳税人，为在我国境内从事商业零售金银首饰、钻石及钻石饰品的单位和个人。消费者个人携带、邮寄进境的金银首饰，以消费者个人为纳税人。经营单位进口的金银首饰，在进口时不缴纳消费税，待其在国内零售时再纳税。

三、税率

消费税采用比例税率、定额税率和复合税率三种税率。消费税税率设计的原则主要有：一要体现国家产业政策和消费政策；二要正确引导消费方向，有效抑制超前消费倾向，调节供求关系；三要适应消费者的经济支付能力和心理承受能力；四要有一定的财政意义。

纳税人生产两种以上不同税率应税消费品的，应该分别核算不同税率应税消费品的销售额或销售数量，分别适用不同税率纳税；未分别核算的，按最高税率计征。纳税人若将应税消费品与非应税消费品以及适用税率不同的应税消费品组成成套消费品出售，应根据组合产制品的销售金额，按应税消费品的最高税率计征。消费税税目税率表见表3-1。

表3-1　**消费税税目税率表**

税　目	税率（税额）
一、烟	
1.卷烟批发环节	11%+0.005元/支
（1）每标准条（200支）对外调拨价在70元以上的（含）	56%+150元/标准箱或56%+0.003/支
（2）每标准条（200支）对外调拨价在70元以下的	36%+150元/标准箱或36%+0.003/支
2.雪茄烟	36%
3.烟丝	30%
4.电子烟	
（1）生产（进口）环节	36%
（2）批发环节	11%
二、酒	
1.白酒	20%+0.5元/500克（或500毫升）
2.黄酒	240元/吨
3.啤酒	
（1）每吨出厂价格（含包装物及包装物押金）在3 000元（不含增值税）以上的（含）	250元/吨
（2）每吨出厂价格在3 000元（不含增值税）以下的	220元/吨
（3）娱乐和饮食业自制的啤酒	250元/吨
4.其他酒	10%
三、高档化妆品	15%
四、贵重首饰及珠宝玉石	
1.金银首饰、铂金首饰、钻石及钻石饰品	5%
2.其他贵重首饰及珠宝玉石	10%
五、鞭炮、焰火	15%

续表

税目	税率（税额）
六、成品油	
1.汽油	1.5元/升
2.柴油	1.2元/升
3.航空煤油	1.2元/升
4.石脑油	1.52元/升
5.溶剂油	1.52元/升
6.润滑油	1.52元/升
7.燃料油	1.2元/升
七、摩托车：气缸容量为250毫升	3%
七、摩托车：气缸容量250毫升以上	10%
八、小汽车	
1.乘用车	
（1）气缸容量（排气量）在1.0升（含）以下的	1%
（2）气缸容量（排气量）在1.0升以上至1.5升（含）的	3%
（3）气缸容量（排气量）在1.5升以上至2.0升（含）的	5%
（4）气缸容量（排气量）在2.0升以上至2.5升（含）的	9%
（5）气缸容量（排气量）在2.5升以上至3.0升（含）的	12%
（6）气缸容量（排气量）在3.0升以上至4.0升（含）的	25%
（7）气缸容量（排气量）在4.0升以上的	40%
2.中轻型商用客车	5%
3.超豪华小汽车	生产（进口）环节按乘用车和中轻型客车规定征收，零售环节税率为10%
九、高尔夫球及球具	10%
十、高档手表	20%
十一、游艇	10%
十二、木制一次性筷子	5%
十三、实木地板	5%
十四、电池	4%
十五、涂料	4%

注：（1）卷烟在生产销售过程中，消费税定额税率为每标准箱（50 000支）150元，而进口卷烟消费税定额税率为每标准条0.6元。消费税适用比例税率视销售价格而定，每标准条销售价格≥70元，比例税率为56%；每标准条销售价格＜70元，比例税率为36%。（2）对我国驻外使领馆工作人员、外国驻华机构及人员、非居民常住人员、政府间协议规定等应税（消费税）进口自用，且完税价格在130万元及以上的超豪华小汽车消费税，按照生产（进口）环节税率和零售环节税率（10%）加总计算，由海关代征。

四、减免税

（1）对子午线轮胎免征消费税。

（2）对航空煤油暂缓征收消费税（对航天煤油参照航空煤油暂缓征收消费税）。

（3）对用外购或委托加工收回的已税汽油生产的乙醇汽油免征消费税。

（4）从2009年1月1日起，对符合生产原料中废弃的动物油和植物油用量所占比重不低于70%且生产的纯生物柴油符合国家《柴油机燃料调合用生物柴油（BD100）》标准的纯生物柴油免征消费税。

（5）生产企业自产石脑油、燃料油用于生产乙烯、芳烃类化工产品的，按实际耗用数量暂免征收消费税。

（6）军品以及军队系统所属企业出口军需工厂生产的应税产品在生产环节免征消费税，出口不再退税。

（7）对无汞原电池、金属氢化物镍蓄电池、锂原电池、锂离子蓄电池、太阳能电池、燃料电池和全钒液流电池免征消费税。

（8）对以回收的废矿物油为原料生产的润滑油基础油、汽油、柴油等工业油料免征消费税，执行至2027年12月31日。

第二节　消费税的计算

消费税实行从价定率、从量定额，或者从价从量复合计算方法。黄酒、啤酒、成品油这三种应税消费品从量定额计算，卷烟和白酒复合计算，其他应税消费品从价定率计算。

一、从价定率计征消费税的计算

实行从价定率计征的应税消费品，其消费税税基和增值税税基是一致的，都是以含消费税（价内税）而不含增值税（价外税）的销售额作为计税依据。

（一）销售额的确定

销售额是指纳税人销售应税消费品向购买方收取的全部价款和价外费用。

销售是指有偿转让应税消费品所有权的行为，即以从受让方取得货币、货物、劳务或其他经济利益为条件转让应税消费品所有权的行为。

价外费用是指价外向购买方收取的手续费、补贴、基金、集资费、返还利润、奖励费、违约金、滞纳金、延期付款利息、赔偿金、代收款项、代垫款项、包装费、包装物租金、储备费、优质费、运输装卸费以及其他各种性质的价外收费。下列项目不包括在内：

（1）同时符合以下条件的代垫运输费用：①承运部门的运输费用发票开具给购买方的；②纳税人将该项发票转交给购买方的。

（2）同时符合以下条件代为收取的政府性基金或者行政事业性收费：①由国务院或者财政部批准设立的政府性基金，由国务院或者省级人民政府及其财政、价格主管部门批准设立的行政事业性收费；②收取时开具省级以上财政部门印制的财政票据；③所收款项全额上缴财政。

其他价外费用，无论是否属于纳税人的收入，均应并入销售额计算征税。

（二）含税销售额的换算

应税消费品在缴纳消费税的同时还要缴纳增值税。如果纳税人应税消费品的销售额中未扣除增值税税款或者因不得开具增值税专用发票而发生价款和增值税税款合并收取，在计算消费税时，应当换算为不含增值税税款的销售额。其换算公式为：

应税消费品的销售额=含增值税的销售额÷（1+增值税税率或者征收率）

（三）应税消费品连同包装物销售计税的规定

应税消费品连同包装物销售的，无论包装物是否单独计价以及在会计上如何核算，均应并入应税消费品的销售额中缴纳消费税。如果包装物不作价随同产品销售，而是收取押金，此项押金则不应并入应税消费品的销售额中征税。但对因逾期未收回的包装物不再退还的和已收取1年以上的押金，应并入应税消费品的销售额，按照应税消费品的适用税率缴纳消费税。

对既作价随同应税消费品销售，又另外收取押金的包装物的押金，凡在规定的期限内没有退还的，纳税人均应并入应税消费品的销售额，按照应税消费品的适用税率缴纳消费税。

（四）销售额的其他规定

（1）纳税人销售的应税消费品，以外汇结算销售额的，其销售额的人民币折合率可以选择销售额发生的当天或者当月1日的国家外汇牌价（原则上为中间价）。纳税人应在事先确定采用何种折合率，确定后1年内不得变更。

（2）对销售啤酒、黄酒外的其他酒类产品而收取的包装物押金，无论是否返还以及会计上如何核算，均应并入当期销售额征税。

（3）白酒生产企业向商业销售单位收取的“品牌使用费”是随着应税白酒的销售而向购货方收取的，属于应税白酒销售价款的组成部分，因此，不论企业采取何种方式或以何种名义收取价款，均应并入白酒的销售额中缴纳消费税。

（4）纳税人生产、批发电子烟的，按照生产、批发电子烟的销售额计算纳税。电子烟生产环节纳税人采用代销方式销售电子烟的，按照经销商（代理商）销售给电子烟批发企业的销售额计算纳税。纳税人进口电子烟的，按照组成计税价格计算纳税。

电子烟生产环节纳税人从事电子烟代加工业务的，应当分开核算持有商标电子烟的销售额和代加工电子烟的销售额；未分开核算的，一并缴纳消费税。

（五）应纳税额的计算

从价定率计征消费税按应税消费品的销售额和适用税率计算征收。计算公式为：

应纳税额=销售额×适用税率

纳税人销售的应税消费品，如因质量等原因由购买者退回，经机构所在地或者居住地主管税务机关审核批准后，可退还已缴纳的消费税税款。

【例3-1】甲企业为高尔夫球及球具生产厂家，是增值税一般纳税人，20×3年10月发生以下业务：

（1）购进一批PU材料，增值税专用发票注明价款10万元、增值税1.3万元，委托乙企业将其加工成100个高尔夫球包，支付加工费2万元、增值税0.26万元；乙企业当月销售同类球包不含税销售价格0.25万元/个。

（2）将委托加工收回的球包批发给代理商，收到不含税价款28万元。

（3）购进一批碳素材料、钛合金，增值税专用发票注明价款150万元、增值税19.5万元，委托丙企业将其加工成高尔夫球杆，支付加工费30万元、增值税3.9万元。

（4）委托加工收回的高尔夫球杆的80%当月已经销售，收到不含税价款300万元，尚有20%留存仓库。

（5）主管税务机关在11月初对甲企业进行税务检查时发现，乙企业已经履行了代收代缴消费税义务，丙企业未履行代收代缴消费税义务。

高尔夫球及球具消费税税率为10%。

要求：回答下列问题，如有计算，每问需要计算出合计数：

（1）计算乙企业应代收代缴的消费税。

（2）计算甲企业批发球包应缴的消费税。

（3）计算甲企业销售高尔夫球杆应缴的消费税。

（4）计算甲企业留存仓库的高尔夫球杆应缴的消费税。

（5）计算甲企业当月应缴的增值税。

解：（1）乙企业应代收代缴的消费税=0.25×100×10%=2.5（万元）

（2）委托加工收回的高尔夫球包已经在委托加工环节缴纳了消费税，甲企业批发球包不用再缴纳消费税。

（3）甲企业销售高尔夫球杆应缴的消费税=300×10%=30（万元）

（4）甲企业留存仓库的高尔夫球杆应缴的消费税=（150+30）÷（1−10%）×10%×20%

=4（万元）

（5）进项税额=1.3+0.26+19.5+3.9=24.96（万元）

销项税额=28×13%+300×13%=42.64（万元）

甲企业当月应缴的增值税=42.64−24.96=17.68（万元）

丙企业未代收代缴消费税，主管税务机关应处丙企业应代收代缴消费税50%以上3倍以下的罚款。

二、从量定额计征消费税的计算

实行从量定额计征的应税消费品，计税依据为应税消费品的销售数量。

（一）应税数量的确定

销售数量是指应税消费品的数量，具体为：

（1）销售应税消费品的，为应税消费品的销售数量；

（2）自产自用应税消费品的，为应税消费品的移送使用数量；

（3）委托加工应税消费品的，为纳税人收回的应税消费品数量；

（4）进口应税消费品的，为海关核定的应税消费品进口征税数量。

（二）计量单位的换算标准

黄酒、啤酒以吨为税额单位，成品油以升为税额单位。实行从量定额计征办法计算应纳税额的应税消费品，计量单位的换算标准如下：

黄酒：1吨=962升

啤酒：1吨=988升

汽油：1吨=1 388升

柴油：1吨=1 176升

航空煤油：1吨=1 246升

石脑油：1吨=1 385升

溶剂油：1吨=1 282升

燃料油：1吨=1 015升

（三）应纳税额的计算

从量定额计征消费税以应税消费品的销售数量乘以适用的单位税额计算征收。计算公式为：

应纳税额=销售数量×定额税率

【例3-2】某啤酒厂20×3年6月销售A型啤酒20吨给副食品公司，开具税控专用发票收取价款48 000元，收取包装物押金3 000元；销售B型啤酒10吨给宾馆，开具普通发票收取价款32 760元，收取包装物押金1 500元。

要求：计算该啤酒厂应缴纳的消费税。

解：A型啤酒的单位售价=（48 000+3 000÷1.13）÷20=2 532.74（元/吨）

每吨出厂价格在3 000元以下的适用消费税税率是220元/吨。

应纳消费税税额=20×220=4 400（元）

B型啤酒的单位售价=（32 760+1 500）÷1.13÷10=3 031.86（元/吨）

每吨出厂价格在3 000元以上的适用消费税税率是250元/吨。

应纳消费税税额=10×250=2 500（元）

该啤酒厂应缴纳的消费税=4 400+2 500=6 900（元）

三、从价从量复合计征消费税的计算

现行消费税的征税范围中，只有卷烟、白酒采用既从价又从量的复合计征办法计算消费税。生产销售卷烟和白酒的从量定额计税依据为实际销售数量。进口、委托加工、自产自用卷烟和白酒的从量定额计税依据分别为海关核定的进口征税数量、委托加工收回数量、移送使用数量。计算公式为：

应纳税额=销售额×比例税率+销售数量×定额税率

【例3-3】某酒厂为增值税一般纳税人，主要生产啤酒和粮食白酒。20×3年11月“主营业务收入”账户反映销售粮食白酒60 000斤，取得不含税销售额105 000元；销售啤酒150吨，每吨不含税售价2 900元。“其他业务收入”账户反映收取粮食白酒品牌使用费4 520元，“其他应付款”账户反映本月销售粮食白酒收取包装物押金9 040元、销售啤酒收取包装物押金1 130元。白酒单位税额每斤0.5元，比例税率20%；啤酒单位税额每吨220元。

要求：计算该酒厂当月应纳的消费税。

解：（1）粮食白酒品牌使用费、包装物租金，属于价外费用，应并入白酒的销售额计算消费税；粮食白酒的包装物押金收取时即并入销售额征收消费税，无论是否退还。

本月粮食白酒应缴纳消费税=60 000×0.5+［105 000+（4 520+9 040）÷（1+13%）］×20%

=53 400（元）

（2）啤酒消费税从量定额征收，其包装物租金、包装物押金与消费税计税依据没有关系。

本月啤酒应缴纳消费税=150×220=33 000（元）

（3）该酒厂当月应纳消费税税额＝53 400+33 000＝86 400（元）

四、自产自用、用于连续生产应税消费品应纳消费税的计算

自产自用的应税消费品，是指纳税人生产应税消费品后，不是用于直接对外销售，而是用于自己连续生产应税消费品，或用于其他方面。

纳税人自产自用的应税消费品，用于连续生产应税消费品的，不纳税；用于其他方面的，于移送使用时纳税。

用于连续生产应税消费品，是指纳税人将自产自用的应税消费品作为直接材料生产最终应税消费品，自产自用应税消费品构成最终应税消费品的实体。例如，卷烟厂生产烟丝，再用生产的烟丝生产卷烟。

用于其他方面，是指纳税人将自产自用的应税消费品用于生产非应税消费品、在建工程、管理部门、非生产机构、提供劳务、馈赠、赞助、集资、广告、样品、职工福利、奖励等方面。例如，生产企业将自产石脑油用于本企业连续生产汽油等应税消费品的，不缴纳消费税；用于连续生产乙烯等非应税消费品或其他方面的，于移送使用时缴纳消费税。

纳税人自产自用应税消费品，按照纳税人生产同类消费品的销售价格计算纳税；没有同类消费品销售价格的，按照组成计税价格计算纳税。

实行从价定率计算纳税的，组成计税价格的计算公式为：

组成计税价格=（成本+利润）÷（1−消费税税率）

=成本×（1+成本利润率）÷（1−消费税税率）

实行复合计算纳税的，组成计税价格的计算公式为：

组成计税价格=（成本+利润+自产自用数量×定额税率）÷（1−消费税税率）

公式中的成本是指应税消费品的产品生产成本，利润是指根据应税消费品的全国平均成本利润率计算的利润。

应税消费品全国平均成本利润率由国家税务总局确定，具体规定如下：甲类卷烟为10%；乙类卷烟为5%；雪茄烟为5%；烟丝为5%；粮食白酒为10%；薯类白酒为5%；其他酒为5%；高档化妆品为5%；鞭炮、焰火为5%；贵重首饰及珠宝玉石为6%；摩托车为6%；高尔夫球及球具为10%；高档手表为20%；游艇为10%；木制一次性筷子为5%；实木地板为5%；乘用车为8%；中轻型商用客车为5%；电子烟为10%。

【例3-4】20×3年11月，某化妆品厂将一批自产高档护肤类化妆品用于集体福利，生产成本30 000元；将新研制的香水用于广告样品，生产成本10 000元。成本利润率为5%，消费税税率为15%。上述货物已全部发出，均无同类产品售价。

要求：计算该厂上述业务应纳的消费税。

解：将自产应税消费品用于其他方面的，于移送使用时纳税；计税价格若没有同类消费品的销售价格，按照组成计税价格确定。

该厂上述业务应纳消费税=（30 000+10 000）×（1+5%）÷（1−15%）×15%

=7 411.76（元）

【例3-5】甲酒厂20×3年7月将1 000瓶新研制的以粮食为原料的“特曲”（每瓶500克）以53元/瓶的价格销售给乙关联企业。由于该白酒还未投放市场，没有对外销售价格。已知每500克白酒的成本为50元，成本利润率为10%。

要求：计算该厂上述业务应纳的消费税。

解：组成计税价格=［50×（1+10%）+0.5］÷（1−20%）=69.375（元）

上述业务应纳消费税=（69.375×20%+0.5）×1 000=14 375（元）

五、委托加工应税消费品应纳消费税的计算

委托加工应税消费品，是指由委托方提供原料和主要材料，受托方只收取加工费和代垫部分辅助材料加工的应税消费品。对于由受托方提供原材料生产的应税消费品，或者受托方先将原材料卖给委托方，然后再接受加工的应税消费品，以及由受托方以委托方名义购进原材料生产的应税消费品，不论在财务上是否做销售处理，都不得作为委托加工应税消费品，而应当按照销售自制应税消费品缴纳消费税。

委托加工应税消费品，除受托方为个人外，由受托方在向委托方交货时代收代缴税款。委托个人加工应税消费品，由委托方收回后缴纳消费税。

委托方将收回的应税消费品以不高于受托方的计税价格出售的，为直接出售，不再缴纳消费税；委托方以高于受托方的计税价格出售的，不属于直接出售，需要按规定缴纳消费税，在计算时准予扣除受托方代收代缴的已纳消费税。委托方在收回应税消费品后，若用于连续生产应税消费品，已纳的消费税税款准予按规定抵扣。

对委托加工应税消费品，按照受托方同类消费品的销售价格计算纳税；没有同类消费品销售价格的，按照组成计税价格计算纳税。

实行从价定率计算纳税的，组成计税价格计算公式为：

组成计税价格=（材料成本+加工费）÷（1−消费税税率）

实行复合计算纳税的，组成计税价格计算公式为：

组成计税价格=（材料成本+加工费+委托加工数量×定额税率）÷（1−消费税税率）

公式中的材料成本是指委托方所提供加工材料的实际成本。委托加工应税消费品的纳税人必须在委托加工合同中如实注明（或者以其他方式提供）材料成本；凡未提供材料成本的，受托方主管税务机关有权核定其材料成本。

加工费是指受托方加工应税消费品向委托方所收取的全部费用（包括代垫辅助材料的实际成本）。

委托加工的应税消费品直接出售的，不再缴纳消费税。

【例3-6】某烟花厂受托加工一批烟花，委托方提供的原材料成本为30 000元，该厂收取加工费10 000元、代垫辅助材料款5 000元，没有同类烟花销售价格。

要求：计算该厂应代收代缴的消费税（以上款项均不含增值税）。

解：该厂应代收代缴消费税=（30 000+10 000+5 000）÷（1−15%）×15%=7 941.18（元）

六、外购或委托加工应税消费品已纳税款扣除的计算办法

消费税实行“一物一税，税不重征”原则。用于生产的应税消费品为已税消费品的，应当从生产的应税消费品的应纳税额中扣除其已纳消费税。例如，外购已税烟丝生产卷烟，烟丝支付了30%的消费税，把它生产成卷烟，对卷烟整体征税时，如果不扣除烟丝已缴的消费税，那么对卷烟整体征税，对烟丝就征了两次。

（1）准予从应纳税额中扣除已纳消费税的应税消费品范围为：

① 以外购（委托加工收回）的已税烟丝生产的卷烟；

② 以外购（委托加工收回）的已税化妆品生产的高档化妆品；

③ 以外购（委托加工收回）的已税珠宝玉石生产的贵重首饰及珠宝玉石；

④ 以外购（委托加工收回）的已税鞭炮、焰火生产的鞭炮、焰火；

⑤ 以外购（委托加工收回）的已税摩托车生产的摩托车；

⑥ 以外购（委托加工收回）的已税杆头、杆身和握把为原料生产的高尔夫球杆；

⑦ 以外购（委托加工收回）的已税木制一次性筷子为原料生产的木制一次性筷子；

⑧ 以外购（委托加工收回）的已税实木地板为原料生产的实木地板；

⑨ 以外购的已税汽油、柴油、石脑油、燃料油、润滑油为原料生产的应税成品油。

增值税有进项税额抵扣的问题，消费税也存在已纳消费税抵扣的问题，但扣除环节是不同的。增值税进项税额抵扣采用购进扣税法，购进时取得增值税专用发票或取得合法凭证可以计算抵扣的，可以在当期抵扣；而消费税的抵扣采用领用扣税法。

上述当期准予扣除的外购（委托加工收回）应税消费品已纳消费税税款的计算公式为：

当期准予扣除外购应税消费品已纳税款 = 当期准予扣除的外购应税消费品（当期生产领用数量）买价 × 外购应税消费品适用税率

当期准予扣除的外购应税消费品买价 = 期初库存的外购应税消费品的买价 + 当期购进的应税消费品的买价 − 期末库存的外购应税消费品的买价

当期准予扣除的委托加工应税消费品已纳税款 = 期初库存的委托加工应税消费品已纳税款 + 当期收回的委托加工应税消费品已纳税款 − 期末库存的委托加工应税消费品已纳税款

（2）在处理按规定准予抵扣应税消费品已纳税款时，应把握以下几个原则：

① 外购已税消费品的买价是指购货发票上注明的销售额（不包括增值税税款）。

② 纳税人用外购或委托加工收回的已税珠宝玉石生产的改在零售环节征收消费税的金银首饰，在计税时一律不得扣除外购或委托加工收回的珠宝玉石的已纳消费税税款。

③ 对自己不生产应税消费品而只是购进后再销售应税消费品的工业企业，其销售的高档化妆品、鞭炮和焰火以及珠宝玉石，凡不能构成最终消费品进入市场而需进一步生产加工的，应当缴纳消费税，同时允许扣除上述外购应税消费品的已纳税款。

④ 允许扣除已纳税款的应税消费品只限于从工业企业购进的应税消费品和进口环节已缴纳消费税的应税消费品，对从境内商业企业购进的应税消费品的已纳税款，一般不得扣除（符合抵扣条件的除外）。

⑤ 对当期投入生产的原材料可抵扣的已纳消费税大于当期应纳消费税情形的，在目前消费税纳税申报表未增加上期留抵消费税填报栏目的情况下，采用按当期应纳消费税的数额申报抵扣、不足抵扣部分结转下一期申报抵扣的方式处理。

⑥ 对用外购或委托加工收回的已税汽油生产的乙醇汽油免税。用自产汽油生产的乙醇汽油，按照生产乙醇汽油所耗用的汽油数量申报纳税。

⑦ 卷烟消费税在生产和批发两个环节缴纳后，批发企业在计算纳税时不得扣除已含的生产环节的消费税税款。

⑧ 自2018年3月1日起，外购、进口和委托加工收回的汽油、柴油、石脑油、燃料油、润滑油用于连续生产应税成品油的，应凭通过增值税发票选择确认平台确认的成品油专用发票、海关进口消费税专用缴款书，以及税收缴款书（代扣代收专用），按规定计算扣除已纳消费税税款，其他凭证不得作为消费税扣除凭证。

【例 3-7】甲卷烟厂 20×3 年 5 月购进一批烟叶，委托乙卷烟厂为其加工一批烟丝。该批烟叶的成本为 30 万元，乙卷烟厂收取加工费 5 万元，乙卷烟厂无同类烟丝售价。甲卷烟厂提货时，乙卷烟厂代收代缴了消费税。该批烟丝收回后，甲卷烟厂将其中的 80% 以 45 万元对外销售。以上价格均不含税，烟丝消费税税率为 30%。

要求：计算甲卷烟厂应纳的消费税。

解：委托加工环节组成计税价格=（30+5）÷（1-30%）=50（万元）

甲卷烟厂应纳的消费税=45×30%-50×30%×80%=1.5（万元）

七、进口应税消费品应纳消费税的计算

（一）进口一般货物应纳消费税的计算

进口应税消费品于报关进口时缴纳消费税，由海关代征。个人携带或者邮寄进境的应税消费品的消费税，连同关税一并计征。进口应税消费品按照组成计税价格计算纳税。

实行从价定率计算纳税的，组成计税价格计算公式为：

组成计税价格=（关税完税价格+关税）÷（1-消费税比例税率）

实行复合计算纳税的，组成计税价格计算公式为：

组成计税价格=（关税完税价格+关税+进口数量×消费税定额税率）÷（1-消费税比例税率）

应纳税额=组成计税价格×消费税税率

从量定额计征应纳税额=应税消费品数量×消费税定额税率

公式中的关税完税价格，是指海关核定的关税计税价格。

（二）进口卷烟应纳消费税的计算

进口卷烟比较特殊，原来的成本比我国低，价格也低，对国内市场有冲击，因此，在计税上采用了特殊办法，不同于国内生产的卷烟。国内生产卷烟的价格不包括定额消费税在内，但是进口卷烟的计税价格是包括定额消费税的。所以，海关在代征进口环节消费税的时候，有两个步骤：一是确定适用税率；二是计算应纳税额。

每标准条进口卷烟（200支）计税价格＝（关税完税价格+关税+消费税定额税率）÷（1-36%）

每标准条进口卷烟（200 支）计税价格≥70 元/条，适用比例税率 56%；每标准条进口卷烟（200 支）计税价格<70 元，适用比例税率 36%。

其中，消费税定额税率为每标准条（200 支）0.6 元（或每大箱 150 元）。

组成计税价格=（关税完税价格+关税+消费税定额税率）÷（1-进口卷烟消费税适用比例税率36%或56%）

从价定率应纳消费税=组成计税价格×进口卷烟消费税适用比例税率（36%或56%）

从量定额应纳消费税=海关核定的进口卷烟数量×消费税定额税率

应纳消费税税额=从价定率应纳消费税+从量定额应纳消费税

【例 3-8】某有进出口经营权的外贸公司，20×3 年 10 月从国外进口卷烟 32 箱（每箱 250 条，每条 200 支），支付买价 400 000 元，到达我国海关前的运输费 12 000 元、保险费 8 000 元。假定进口卷烟关税税率为 20%。

要求：计算该批卷烟在进口环节应缴纳的消费税税额。

解：（1）每条进口卷烟适用比例税率的计税价格＝［（400 000+12 000+8 000）×（1+20%）÷（32×250）+0.6］÷（1-36%）

=99.38（元）≥70 元

（2）适用 56% 的比例税率。

（3）进口卷烟应纳消费税=（400 000+12 000+8 000）×（1+20%）+32×150）÷（1-56%）×56%+32×150
=652 363.64（元）

八、金银首饰应纳消费税的计算

改在零售环节计征消费税的金银首饰、钻石及钻石饰品以销售额为计税依据。应纳消费税税额的计算公式为：

应纳税额=应税销售额×适用税率

金银首饰消费品的计税依据为纳税人销售金银首饰时向购买方收取的不含增值税的全部价款和价外费用，具体规定如下：

（1）纳税人采取以旧换新（含翻新改制）方式销售的金银首饰，计税依据为实际收取的不含增值税的全部价款，包括增加或添加的材料价格以及收取的加工费。

（2）纳税人连同包装物一同销售的金银首饰，无论包装物是否单独计价，也无论会计上如何核算，均应并入金银首饰的销售额中计征消费税。

（3）用于馈赠、赞助、集资、广告、样品、职工福利、奖励等方面的金银首饰，计税依据为纳税人销售同类金银首饰的销售价格；没有同类金银首饰销售价格的，计税依据为组成计税价格。计算公式为：

组成计税价格=购进原价（或生产成本）×（1+成本利润率）÷（1-金银首饰消费税税率）

公式中的购进原价是对商业企业而言的，生产成本是对生产企业而言的，成本利润率统一规定为6%。

（4）带料加工的金银首饰，计税依据为受托方同类金银首饰的销售价格；没有同类金银首饰销售价格的，计税依据为组成计税价格。计算公式为：

组成计税价格=（材料成本+加工费）÷（1-金银首饰消费税税率）

公式中的材料成本是指委托方所提供加工材料的实际成本。委托方必须在委托加工合同中如实注明（或以其他方式提供）材料成本；凡未提供材料成本的，受托方所在地主管税务机关有权核定其材料成本。加工费是指受托方加工金银首饰向委托方所收取的全部费用（包括代垫辅助材料的实际成本），但不包括收取的增值税。

（5）纳税人用已税珠宝玉石生产的金、银和金基、银基合金的镶嵌首饰，一律不得扣除买价或已纳的消费税税款。经营单位兼营生产、加工、批发、零售金银首饰业务的，应分别核算销售额；未分别核算或划分不清的，一律视同零售金银首饰征收消费税。

（6）对既销售金银首饰，又销售非金银首饰的生产、经营单位，应将两类商品划分清楚，分别核算销售额。凡划分不清楚或不能分别核算的，在生产环节销售的，一律从高适用税率征收消费税；在零售环节销售的，一律按金银首饰征收消费税。

（7）金银首饰与其他产品组成成套消费品销售的，应按销售额全额征收消费税。

【例3-9】某首饰商城为增值税一般纳税人，20×3年9月发生以下业务：

（1）零售金银首饰与镀金首饰组成的套装礼盒，取得收入29.38万元，其中金银首饰收入20.34万元、镀金首饰收入9.04万元。

（2）采取以旧换新方式向消费者销售金项链2 000条，新项链每条零售价0.25万元，旧项链每条作价0.22万元，每条项链取得差价款0.03万元。

（3）为个人定制加工金银首饰，该商城提供的原料含税金额为29.38万元，取得个人支付的含税加工费收入4.52万元（该商城无同类首饰价格）。

（4）用300条银基项链抵偿债务，该批项链账面成本为39万元，零售价为67.8万元。

（5）外购金银首饰一批，取得的增值税普通发票上注明的价款为400万元；外购镀金首饰一批，取得经税务机关认可的增值税专用发票，注明价款50万元、增值税6.5万元。

金银首饰零售环节消费税税率为5%。

要求：计算下列问题，每问需计算出合计数：

（1）销售成套礼盒应缴纳的消费税；

（2）以旧换新销售金项链应缴纳的消费税；

（3）定制加工金银首饰应缴纳的消费税；

（4）用银基项链抵偿债务应缴纳的消费税；

（5）该商城9月份应缴纳的增值税。

解：（1）销售成套礼盒应缴纳的消费税=29.38÷（1+13%）×5%=1.3（万元）

（2）以旧换新销售金项链应缴纳的消费税=2 000×0.03÷（1+13%）×5%=2.65（万元）

（3）定制加工金银首饰应缴纳的消费税=（29.38+4.52）÷（1+13%）÷（1−5%）×5%=1.58（万元）

（4）用银基项链抵偿债务应缴纳的消费税=67.8÷（1+13%）×5%=3（万元）

（5）应纳增值税=［29.38÷（1+13%）+2 000×0.03÷（1+13%）+（29.38+4.52）÷（1+13%）÷（1−5%）+67.8÷（1+13%）］×13%−6.5

=15.68（万元）

九、卷烟、电子烟批发环节征收消费税的计算

对在我国境内从事卷烟批发业务的单位和个人，就其批发销售的所有牌号规格的卷烟征收，税率为11%，并按0.005元/支加征从量税；电子烟批发环节的税率为11%。

计税依据为纳税人批发卷烟不含增值税的销售额。

纳税人应将卷烟销售额与其他商品销售额分开核算；未分开核算的，一并征收消费税。

纳税人销售给纳税人以外的单位和个人的卷烟于销售时纳税。纳税人之间销售的卷烟不缴纳消费税。

【例3-10】甲卷烟批发企业20×3年4月发生以下业务：

（1）从国内某卷烟厂购进A卷烟10标准箱，取得对方开具的增值税专用发票抵扣联，注明的价款为25万元；

（2）将从国内某卷烟厂采购的卷烟的40%销售给乙卷烟批发企业，开具了增值税专用发票，取得销售收入15万元；

（3）将从国内某卷烟厂采购的卷烟的另外60%销售给丙烟草专卖店，取得不含税销售额30万元。

要求：（1）A卷烟属于甲类卷烟还是乙类卷烟？

（2）甲卷烟批发企业将卷烟批发给乙、丙适用什么样的消费税政策？

（3）计算甲卷烟批发企业应纳的消费税。

（4）计算甲卷烟批发企业应纳的增值税。

解：（1）A卷烟每标准条价格=250 000÷10÷250=100（元）

A卷烟属于甲类卷烟。

(2) 甲卷烟批发企业将卷烟批发给乙卷烟批发企业，属于纳税人之间销售卷烟，不征收批发环节的消费税；甲卷烟批发企业将卷烟批发给丙烟草专卖店，属于消费税法规定的纳税人销售给纳税人以外的单位和个人，应该在销售时缴纳批发环节的消费税。

(3) 甲卷烟批发企业应纳的消费税=300 000×11%+（50 000×0.005）×6=3.45（万元）

(4) 甲卷烟批发企业应纳的增值税的计算：

当期销项税额=（15+30）×13%=5.85（万元）

当期允许抵扣的进项税额=25×13%=3.25（万元）

当期应纳增值税=5.85−3.25=2.6（万元）

十、超豪华小汽车零售环节应纳消费税的计算

自2016年12月1日起，在生产（进口）环节按现行税率征收消费税的基础上，超豪华小汽车在零售环节加征一道消费税，税率为10%。

征收范围为每辆零售价格为130万元（不含增值税）及以上的乘用车和中轻型商用客车，即乘用车和中轻型商用客车子税目中的超豪华小汽车；以将超豪华小汽车销售给消费者的单位和个人为超豪华小汽车零售环节的纳税人。计算公式为：

应纳税额=零售环节销售额（不含增值税）×零售环节税率

国内汽车生产企业直接销售给消费者的超豪华小汽车，消费税税率按照生产环节税率和零售环节税率加总计算。消费税应纳税额的计算公式为：

应纳税额=销售额×（生产环节税率+零售环节税率）

第三节　出口应税消费品退（免）税的计算

纳税人出口应税消费品与已纳增值税的出口货物一样，国家都给予退（免）税优惠。出口应税消费品同时涉及退（免）增值税和消费税，且退（免）消费税与出口货物退（免）增值税在退（免）税范围的限定、退（免）税办理程序、退（免）税审核及管理上都有许多一致的地方。

一、出口应税消费品退（免）税政策

纳税人出口应税消费品，免征消费税，国务院另有规定的除外。

出口应税消费品退（免）消费税在政策上分为三种情况：

（一）出口免税并退税

出口企业出口或视同出口适用增值税退（免）税的货物，免征消费税；如果属于购进出口的货物，退还前一环节对其已征的消费税。

该政策适用于有出口经营权的外贸企业购进应税消费品直接出口，以及外贸企业受其他外贸企业委托代理出口应税消费品。

外贸企业只有受其他外贸企业委托，代理出口应税消费品才可办理退税。外贸企业受其他企业（主要是非生产性的商贸企业）委托，代理出口应税消费品是不予退（免）税的。

（二）出口免税但不退税

出口企业出口或视同出口适用增值税免税政策的货物，免征消费税，但不退还其以前环节已征的消费税，且不允许在内销应税消费品应纳消费税税款中抵扣。

该政策适用于有出口经营权的生产性企业自营出口或生产企业委托外贸企业代理出口自产的应税消费品，依据其实际出口数量免征消费税，不予办理退还消费税。

（三）出口不免税也不退税

出口企业出口或视同出口适用增值税征税政策的货物，应按规定缴纳消费税，不退还其以前环节已征的消费税，且不允许在内销应税消费品应纳消费税税款中抵扣。

该政策适用于除生产企业、外贸企业外的其他企业（指一般商贸企业），这类企业委托外贸企业代理出口应税消费品一律不予退（免）税。

二、出口退税率

计算出口应税消费品应退消费税的税率或单位税额，依据《消费税暂行条例》所附消费税税目税率（税额）表执行。这是退（免）消费税与退（免）增值税的一个重要区别。当出口的货物是应税消费品时，其退还增值税要按规定的退税率计算，而退还消费税则按该应税消费品所适用的消费税税率计算。

企业应将消费税税率不同的出口应税消费品分开核算和申报，凡划分不清适用税率的，一律从低适用税率计算应退消费税税额。

三、出口应税消费品退税的计算

出口应税消费品只有适用出口免税并退税政策时，才会涉及计算应退消费税的问题。生产企业直接出口应税消费品或委托外贸企业出口应税消费品，按规定直接予以免税的，可不计算应缴消费税。外贸企业从生产企业购进应税消费品直接出口或受其他外贸企业委托代理出口应税消费品的，应退消费税。

属于从价定率计征消费税的应税消费品，应以外贸企业从生产企业购进该应税消费品时征收消费税的价格作为退税计税依据，计算应退消费税税额。计算公式为：

应退消费税税额=出口货物的工厂销售额×税率

属于从量定额计征消费税的应税消费品，应以货物购进和报关出口的数量作为退税计税依据，计算应退消费税税额。计算公式为：

应退消费税税额=出口数量×单位税额

属于复合计征消费税的应税消费品，应以外贸企业从生产企业购进该应税消费品时征收消费税的价格以及货物购进和报关出口的数量为退税计税依据，计算应退消费税税额。计算公式为：

应退消费税税额=出口货物的工厂销售额×税率+出口数量×单位税额

卷烟出口企业经主管税务机关批准，按国家批准的免税出口卷烟计划购进的卷烟免征增值税、消费税。

发生增值税、消费税不应退税或免税但已实际退税或免税的，出口企业和其他单位应当补缴已退或已免税款。

纳税人直接出口的应税消费品办理免税后，发生退关或国外退货，复进口时已予以免税的，可暂不办理补税，待其转为国内销售的当月申报缴纳消费税。

【例 3-11】某外贸企业20×3年6月购进高档化妆品一批，取得的增值税专用发票上注明价款300万元，增值税税额39万元。该高档化妆品的国内运输费、保险费等费用15万元，出口离岸价格为380万元。

要求：计算该外贸企业应退消费税税额（消费税税率15%）。

解：应退消费税税额=300×15%=45（万元）

【例3-12】某酒业制造有限公司20×3年8月委托某进出口公司向美国加利福尼亚州出口黄酒400吨，按规定实行先征后退方法。

要求：计算该公司应退消费税（黄酒单位税额为240元/吨）。

解：应退税额=400×240=96 000（元）

第四节 消费税的申报与缴纳

一、纳税义务发生时间

（1）纳税人销售应税消费品的，按不同的销售结算方式分别为：

① 采取赊销和分期收款结算方式的，为书面合同约定的收款日期的当天；书面合同没有约定收款日期或者无书面合同的，为发出应税消费品的当天。

② 采取预收货款结算方式的，为发出应税消费品的当天。

③ 采取托收承付和委托银行收款方式的，为发出应税消费品并办妥托收手续的当天。

④ 采取其他结算方式的，为收讫销售款或者取得索取销售款凭据的当天。

（2）纳税人自产自用应税消费品的，为移送使用的当天。

（3）纳税人委托加工应税消费品的，为纳税人提货的当天。

（4）纳税人进口应税消费品的，为报关进口的当天。

二、纳税期限

消费税的纳税期限分别为1日、3日、5日、10日、15日、1个月或者1个季度。纳税人的具体纳税期限，由主管税务机关根据纳税人应纳税额的大小分别核定；不能按照固定期限纳税的，可以按次纳税。

纳税人以1个月或者1个季度为1个纳税期的，自期满之日起15日内申报纳税；以1日、3日、5日、10日或者15日为1个纳税期的，自期满之日起5日内预缴税款，于次月1日起15日内申报纳税并结清上月应纳税款。

纳税人进口应税消费品，应当自海关填发海关进口消费税专用缴款书之日起15日内缴纳税款。

三、纳税地点

1.纳税人销售应税消费品以及自产自用应税消费品的纳税地点

（1）纳税人销售应税消费品，以及自产自用应税消费品，除国务院财政、税务主管部门另有规定外，应当向纳税人机构所在地或者居住地的主管税务机关申报纳税。

（2）纳税人到外县（市）销售或者委托外县（市）代销自产应税消费品的，于应税消费品销售后，向机构所在地或者居住地主管税务机关申报纳税。

（3）纳税人的总机构与分支机构不在同一县（市）的，应当分别向各自机构所在地的主管税务机关申报纳税；经财政部、国家税务总局或者其授权的财政、税务机关批准，可以由总机构汇总向总机构所在地的主管税务机关申报纳税。

（4）卷烟批发环节加征的消费税纳税地点为卷烟批发企业的机构所在地，总机构与分支机构不在同一地区的，由总机构申报纳税。

2.委托加工应税消费品的纳税地点

（1）委托加工应税消费品，除受托方为个人外，由受托方向机构所在地或者居住地的主管税务机关解缴消费税税款。

（2）委托个人加工的应税消费品，由委托方向其机构所在地或者居住地主管税务机关申报纳税。

3.进口应税消费品的纳税地点

进口应税消费品，由进口人或者其代理人向报关地海关申报纳税（改在零售环节征收消费税的金银首饰除外）。

4.退关或国外退货的应税消费品的补税地点

（1）出口的应税消费品办理退税后，发生退关或者国外退货，进口时予以免税的，报关出口者必须及时向其机构所在地或者居住地主管税务机关申报补缴已退的消费税税款。

（2）纳税人直接出口的应税消费品办理免税后，发生退关或者国外退货，进口时已予以免税的，经机构所在地或者居住地主管税务机关批准，可暂不办理补税，待其转为国内销售时，再申报补缴消费税。

思政小园地

党的十八大以来，以习近平同志为核心的党中央坚定不移全面深化改革，财税体制改革是其中的重要内容。新一轮财税体制改革是一场关系国家治理体系和治理能力现代化的深刻变革，是立足全局、着眼长远的制度创新。十年来消费税改革稳步推进。如前所述，消费税改革包括调整优化征收范围、税率和环节，涉及成品油、小汽车、电池、涂料、烟酒、化妆品等多个品目，引导合理消费，促进调结构、转方式。比如，2015年5月10日起，将卷烟批发环节从价税税率由5%提高至11%，并按0.005元/支加征从量税。自2015年2月1日起，对电池、涂料产品征收消费税，税率为4%。同时，对无汞原电池、锂原电池、镍氢蓄电池、太阳能电池等符合国家产业政策的环保型产品免征消费税。2016年10月1日起，取消对普通美容、修饰类化妆品征收消费税，将“化妆品”税目名称更名为“高档化妆品”，税率调整为15%。2016年12月1日起，对超豪华小汽车在零售环节加征消费税，税率为10%。

税务部门按照党中央、国务院决策部署，稳妥有序实施消费税改革，适应了经济社会发展和消费水平变化，既满足了人民群众对消费升级的需求，又凸显了对高消费的精准调节，助推了树立现代消费理念。[①]

① 国家税务总局税收宣传中心．构建现代税收制度 服务经济社会发展——党的十八大以来税务部门落实税制改革举措综述［EB/OL］．（2022-09-13）［2022-12-01］．https：//baijiahao.baidu.com/s？id=1743840050780595624&wfr=spider&for=pc.

习　题

一、即测即评

第三章单选题　　第三章多选题　　第三章判断题

二、实务题

1.某烟草进出口公司20×3年10月从国外进口卷烟80 000条（每条200支），支付买价2 000 000元，支付到达我国海关前的运输费用120 000元、保险费用80 000元。关税完税价格2 200 000元（假定进口卷烟关税税率为20%）。

要求：计算进口卷烟应缴纳的消费税、增值税。

2.某酒厂20×3年12月发生以下业务：

（1）以外购粮食白酒和自产糠麸白酒勾兑散装白酒1吨并销售，取得不含税收入3.8万元，货款已收到。

（2）自制粮食白酒5吨，对外售出4吨，收到不含税销售额20万元（含包装费3万元），另收取包装物押金（单独核算）0.2万元。

（3）以自制白酒1 000斤继续加工成药酒1 200斤，全部售出，增值税普通发票上注明销售额7.2万元。

（4）从另一酒厂购入粮食白酒800斤（已纳消费税0.4万元），全部勾兑成低度白酒出售，数量1 000斤，取得不含税收入2.5万元。

（5）为厂庆特制白酒2 000千克，发放给职工，无同类产品售价，成本为每千克15元。

白酒定额税率为0.5元/斤，比例税率为20%；其他酒比例税率为10%；粮食白酒的成本利润率为10%。

要求：计算该酒厂12月应缴纳的消费税。

3.某化妆品生产企业为增值税一般纳税人，20×3年10月上旬从国外进口一批散装高档化妆品，关税完税价格150万元。当月将进口的散装高档化妆品的80%生产加工为成套化妆品7 800件，对外批发销售6 000件，取得不含税销售额290万元；向消费者零售800件，取得含税销售额50.85万元。高档化妆品的关税税率为20%、消费税税率为15%。

要求：（1）计算该企业在进口环节应缴纳的消费税、增值税。

（2）计算该企业国内生产销售环节应缴纳的增值税、消费税。

4.露露酒厂（一般纳税人）生产白酒、啤酒，20×3年12月发生以下业务：

（1）销售自产白酒30吨，每吨售价4 000元（不含税）；负责送货，收取运输及装卸费1 000元，开具运输发票；另收取包装物押金1 000元。货物发出，款项已收到。

（2）特制一批葡萄酒发给本厂职工，生产成本总额40 000元。

（3）销售当月生产的啤酒100吨，每吨生产成本1 580元，出厂价3 200元（不含税），共取得销售收入320 000元，另收取包装物押金3 000元。

要求：计算该酒厂当月应缴纳的消费税。

第四章

关税与船舶吨税

【学习目标】

一、知识体系

1. 关税税制要素。

2. 关税的计税依据。

3. 关税的计算、申报与缴纳。

4. 船舶吨税。

二、价值塑造

1. 以马克思主义哲学为指导，理论与实践相结合，提高关税税收理论素养。

2. 以习近平新时代中国特色社会主义思想为指导，准确把握新时代关税的职能定位，培育经世济民、诚信服务、德法兼修的税务职业素养。

三、能力培养

1. 熟悉关税税制要素，理解关税的计税原理。

2. 掌握关税的计算方法。

3. 了解关税的申报与缴纳。

4. 了解船舶吨税。

第一节　关税概述

关税是海关依法对进出国境或关境的货物、物品征收的一种税，是一个国家主权的体现。关境是指海关征收关税的领域；国境是一个国家以边界为界线，全面行使主权的境域，包括领土、领海、领空。关境和国境的含义在一般情况下是一致的，但有时关境小于国境，比如当某一国在国境内设立了自由港、自由贸易区时，如中国香港和澳门；还有一些国家只对来自或运往其他国家的货物进出共同关境征收关税，这些国家的关境大于国境，如欧盟国家。

我们可以从三个方面加深对关税概念的理解：第一，关税是一种税收形式；第二，关税的征税对象是货物和物品；第三，关税的征税范围是进出关境的货物和物品。

我国现行关税的基本规范主要包括《中华人民共和国海关法》（以下简称《海关法》）、《中华人民共和国进出口关税条例》（以下简称《进出口关税条例》）和《中华人民共和国海关进出口税则》（以下简称《海关进出口税则》）。

一、关税的分类

依据不同的标准，关税可以划分为不同的种类。

1.按征税对象不同，可分为进口关税、出口关税和过境关税

（1）进口关税，是指海关对进口货物和物品征收的关税。进口关税有正税和附加税之分。附加税亦称特别关税，是因某种特定的目的而对进口的货物和物品征收的关税，如反倾销税、反补贴税、报复关税等。附加税不是一个独立的税种，是从属于进口正税的。

① 反倾销税，是针对实行商品倾销的进口商品而征收的一种进口附加税。

② 反补贴税，是对于直接或间接接受奖金或补贴的进口货物和物品征收的一种进口附加税。

我国政府规定，任何国家或地区对其进口的原产于我国的货物征收歧视性关税或者给予其他歧视性待遇的，我国海关对原产于该国家或地区的进口货物，可以征收特别关税。

（2）出口关税，是指海关对出口货物和物品征收的关税。发达国家一般都取消了出口关税，也有部分国家基于限制本国某些产品或自然资源输出等原因，对部分出口货物征收出口关税。

（3）过境关税，是对外国经过本国国境运往另一国的货物所征收的关税。目前，世界上大多数国家都不征收过境关税，我国也不征收。

2.按征收的标准，可以分为从价税、从量税、复合税、滑准税

（1）从价税，以货物的价格或者价值为征税标准，以应征税额占货物价格或者价值的百分比为税率，价格越高则税额越高。这是一种最常用的关税计税标准。目前，我国海关计征关税的标准主要是从价税。

（2）从量税，以货物的数量、重量、体积、容量等计量单位为计税标准，以每计量单位货物的应征税额为税率。我国目前对原油、啤酒和胶卷等进口商品征收从量税。

（3）复合税，又称混合税，即订立从价、从量两种税率，随着完税价格和进口数量而变化，征收时两种税率合并计征。这是对某些进口货物混合使用从价税和从量税的一种关税计征标准。我国目前仅对录像机、放像机、摄像机、数字照相机和摄录一体机等进口商品征收复合税。

（4）滑准税，是根据货物的不同价格适用不同税率的一类特殊的从价税。滑准税是一种关税税率随进口货物价格由高至低而由低至高设置计征关税的方法。我国目前仅对进口新闻纸实行滑准税。

3.按货物国别来源而区别对待的原则，可以分为最惠国关税、协定关税、特惠关税和普通关税

（1）最惠国关税适用于原产于与我国共同适用最惠国待遇条款的WTO成员国或地区的进口货物，或原产于与我国签订了相互给予最惠国待遇条款的双边贸易协定的国家或地

区的进口货物。

（2）协定关税适用于原产于我国参加的含有关税优惠条款的区域性贸易协定的有关缔约方的进口货物。

（3）特惠关税适用于原产于与我国签订了特殊优惠关税协定的国家或地区的进口货物。

（4）普通关税适用于原产于上述国家或地区以外的国家或地区的进口货物，或者原产地不明的国家或地区的进口货物。

二、征税对象

关税征税对象仅限于准许进出境的货物或物品。货物是指贸易性的进出口商品；物品是指非贸易性的进出口商品，包括入境旅客随身携带的行李物品，个人邮递进境的物品，各种运输工具上的服务人员携带的进口物品、馈赠物品以及以其他方式进境的个人物品。关税在货物或物品进出关境的环节一次性征收。

三、纳税人

进口货物的收货人、出口货物的发货人、进出境物品的所有人，是关税的纳税人。进出口货物的收、发货人是依法取得对外贸易经营权，并从事进口或者出口货物业务的法人或者其他社会团体。进出境物品的所有人包括该物品的所有人和推定为所有人的人。一般情况下，对携带进境的物品，推定其携带人为所有人；对分离运输的行李，推定相应的进出境旅客为所有人。对以邮递方式进境的物品，推定其收件人为所有人；对以邮递或其他运输方式出境的物品，推定其寄件人或托运人为所有人。

四、进出口税则与税率

（一）进出口税则

《中华人民共和国进出口税则》（简称《税则》）是《中华人民共和国进出口关税条例》（简称《条例》）的组成部分，主要包括进口税则、出口税则、规则与说明等。国务院关税税则委员会负责《税则》的税目、税率的调整和解释，负责编纂、发布《税则》。

关税的进出口税则是指一国政府制定并公布实施的进出口货物和物品应税的关税税率表。

进口税则包括税目税率表与归类总规则、类注、章注、子目注释、本国子目注释。税目税率表设置序号、税则号列、货品名称、最惠国税率、协定税率、特惠税率、普通税率、关税配额税率等栏目。

出口税则包括税目税率表与归类总规则、类注、章注、子目注释、本国子目注释。税目税率表设置序号、税则号列、货 品名称、出口税率等栏目。

关税税目以世界海关组织《商品名称及编码协调制度》（简称《协调制度》）为基础，由税则号列（简称税号）和目录条文等组成。其中，税号在税则号列栏中列示，目录条文在货品名称栏中列示。税号采用8位数字编码结构，前6位数字及对应的目录条文与《协调制度》保持一致；第7、8位数字及对应的目录条文是依据《协调制度》的分类原则和方法，根据我国实际需要而制定的。

关税税目适用规则包括归类规则等。进出口货物的商品归类，应当按照《税则》规定的目录条文和归类总规则、类注、章注、子目注释、本国子目注释，以及其他归类注释确定，并归入相应的税号。较之《税则（2022）》，《税则（2023）》增列了白茶、激光雷达等关税税目，关税税目数共计8 948个。

（二）关税税率

我国现行关税税率分为进口关税税率和出口关税税率两类。

1.进口关税税率

我国现行进口税则设有最惠国税率、协定税率、特惠税率、普通税率、关税配额税率等税率。

原产于共同适用最惠国待遇条款的世界贸易组织成员的进口货物，原产于与中华人民共和国签订含有相互给予最惠国待遇条款的双边贸易协定的国家或者地区的进口货物，以及原产于中华人民共和国境内的进口货物，适用最惠国税率。

原产于与中华人民共和国签订含有关税优惠条款的区域性贸易协定的国家或者地区的进口货物，适用协定税率。

原产于与中华人民共和国签订含有特殊关税优惠条款的贸易协定的国家或者地区的进口货物，适用特惠税率。2023年我国继续给予44个与我国建交并完成换文手续的最不发达国家零关税待遇，实施特惠税率，适用商品范围和税率维持不变。

原产于除适用最惠国税率、协定税率、特惠税率国家或者地区以外的国家或者地区的进口货物，以及原产地不明的进口货物，适用普通税率。

实行关税配额管理的进口货物，关税配额内的，适用关税配额税率，关税配额外的依照《进出口关税条例》有关规定执行。2023年我国继续对小麦等8类商品实施关税配额管理，税率不变。其中，对尿素、复合肥、磷酸氢铵3种化肥的配额税率继续实施1%的暂定税率。继续对配额外进口的一定数量棉花实施滑准税。

适用最惠国税率、协定税率、特惠税率、关税配额税率的进口货物在一定期限内可以实行暂定税率。2023年1月1日起，我国对1 020项商品实施低于最惠国税率的进口暂定税率。调整内容包括部分抗癌药原料、抗新型冠状病毒药原料、铌酸锂、燃料电池用氧化铱等。

当最惠国税率低于或等于协定税率时，协定有规定的，按相关协定的规定执行；协定无规定的，二者从低适用。适用最惠国税率的进口货物有暂定税率的，应当适用暂定税率；适用协定税率、特惠税率的进口货物有暂定税率的，应当从低适用税率；适用普通税率的进口货物，不适用暂定税率。

关税税率的适用应当符合相应的原产地规则。我国采用“全部产地生产标准”“实质性加工标准”两种国际通用的原产地标准。

全部产地生产标准是指进口货物“完全在一个国家（地区）内生产或制造”，生产或制造国即为该货物的原产地。

实质性加工标准是用于确定有两个或两个以上国家（地区）参与生产的产品的原产地标准，其基本含义是：经过几个国家（地区）加工、制造的进口货物，以最后一个对货物进行经济上可以视为实质性加工的国家（地区）作为有关货物的原产地。实质性加工是指产品加工后，在进出口税则中4位数税号一级的税则归类已经有了改变，或者加工增值部分所占新产品总值的比例已超过30%。

2.出口关税税率

我国出口税则为一栏税率，即出口税率。我国仅对少数资源性产品及易于竞相杀价、盲目出口、需要规范出口秩序的半制成品征收出口关税。根据《国务院关税税则委员会关于2023年关税调整方案的公告》，我国继续对铬铁等106项商品征收出口关税，提高铝和部分铝合金的出口关税。

（三）税率的适用

（1）进出口货物，应当适用海关接受该货物申报进口或者出口之日实施的税率。

（2）特殊进出口方式的货物或违规货物的税率规定如下：

①进口货物到达前，经海关核准先行申报的，应当适用装载该货物的运输工具申报进境之日实施的税率。转关运输货物税率的适用日期，由海关总署另行规定。

②进口转关运输货物，应当适用指运地海关接受该货物申报进口之日实施的税率，货物运抵指运地前，经海关核准先行申报的，应当适用装载该货物的运输工具抵达指运地之日实施的税率。

③出口转关运输货物，应当适用启运地海关接受该货物申报出口之日实施的税率。

④经海关批准，实行集中申报的进出口货物，应当适用每次货物进出口时海关接受该货物申报之日实施的税率。

⑤因超过规定期限未申报而由海关依法变卖的进口货物，应当适用装载该货物的运输工具申报进境之日实施的税率。

⑥因纳税义务人违反规定需要追征税款的，应当适用该行为发生之日实施的税率；行为发生之日不能确定的，适用海关发现该行为之日实施的税率。

（3）已申报进境并且放行的保税货物、减免税货物、租赁货物或者已申报进出境并且放行的暂时进出境货物，有下列情形之一需缴纳税款的，应当适用海关接受纳税义务人再次填写报关单申报办理纳税及有关手续之日实施的税率：

①保税货物经批准不复运出境的；

②保税仓储货物转入国内市场销售的；

③减免税货物经批准转让或者移作他用的；

④可以暂不缴纳税款的暂时进出境货物，经批准不复运出境或者进境的；

⑤租赁进口货物，分期缴纳税款的。

（4）纳税人补征和退还进出口货物税款，应当按照上述第（1）项至第（3）项的规定确定适用的税率。

五、减免税

关税减免分为法定减免、特定减免和临时减免。除法定减免外的其他减免税均由国务院决定。

（一）法定减免

法定减免是指根据《海关法》、《进出口关税条例》和《海关进出口税则》规定的减免，主要包括：

（1）关税税额在人民币50元以下的一票货物可以免税。

（2）无商业价值的广告品和货样可以免税。

（3）外国政府、国际组织无偿赠送的物资可以免税。

（4）进出境运输工具装载的途中必需的燃料、物料和饮食用品可以免税。

（5）经海关核准暂时进境或者暂时出境并在6个月内复运出境或者复运进境的货样、

展览品、施工机械、工程车辆、工程船舶、供安装设备时使用的仪器和工具、电视或者电影摄制器械、盛装货物的容器以及剧团服装道具，在货物收发人向海关缴纳相当于税款的保证金或者提供担保后，准予暂时免纳关税。

（6）在海关放行前遭受损坏的货物，可以根据海关认定的受损程度减征关税。

（7）我国缔结或者参加的国际条约规定减征、免征关税的货物、物品，从其规定。

（8）法律规定减免征税的其他货物，从其规定。

（二）特定减免

特定减免是指在法定减免之外，为了适应经济发展的需要，由海关总署、财政部根据国务院的政策规定的减免税，以及对某些情况经过特别批准实施的减免税，包括科教用品、残疾人专用品、扶贫慈善性捐赠物资、加工贸易产品、边境贸易进口物资、保税区进出口货物、出口加工区进出口货物、进口设备、特定行业或用途的减免税政策。

（三）临时减免

临时减免是指国务院运用一案一批原则，针对某个纳税人、某类商品、某个项目或某批货物的特殊情况，特别照顾，临时给予的减免。

第二节　关税的计算、申报与缴纳

一、计税依据

关税以进出口货物的完税价格为计税依据。完税价格是指海关计征关税的价格，由海关以该货物的成交价格为基础审查确定。成交价格不能确定时，完税价格由海关依法估定。

进口货物的完税价格以该货物的成交价格以及该货物运抵中华人民共和国境内输入地点起卸前的运输及其相关费用、保险费为基础审查确定。

出口货物的完税价格以该货物的成交价格以及该货物运至中华人民共和国境内输出地点装载前的运输及其相关费用、保险费为基础审查确定。

（一）一般进口货物的完税价格

进口货物以海关审定的以成交价格为基础的到岸价格为完税价格。实际成交价格是一般贸易项下进口或者出口货物的买方为购买该货物向卖方实付或应付的价格。到岸价格是指货物在采购地的正常批发价格，加上国外已征的出口税和运抵我国输入地点起卸前的包装费、运费、保险费、手续费等一切费用。用公式表示为：

$$\text{进口货物关税完税价格}=\text{货价}+\text{采购费用}\left(\begin{array}{c}\text{包括货物运抵中国关境内输入地}\\\text{起卸前的运输、保险和其他劳务等费用}\end{array}\right)$$

进口货物的成交价格，因有不同的成交条件而有不同的价格形式，常用的价格条款有FOB、CFR、CIF三种。

FOB是含义为“船上交货”的价格术语的简称，又称离岸价格。

CFR是含义为“成本加运费”的价格术语的简称，又称离岸加运费价格。

CIF是含义为“成本加运费、保险费”的价格术语的简称，又称到岸价格。

实付或应付价格调整规定如下：

（1）下列费用或者价值未包括在进口货物的实付或者应付价格中，应当计入完税价格：

① 由买方负担的除购货佣金以外的佣金和经纪费。购货佣金是指买方为购买进口货物向自己的采购代理人支付的劳务费用。经纪费是指买方为购买进口货物向代表买卖双方利益的经纪人支付的劳务费用。

② 由买方负担的与该货物视为一体的容器费用。

③ 由买方负担的包装材料和包装劳务费用。

④ 可以按照适当比例分摊的，由买方直接或间接免费提供或以低于成本价方式销售给卖方或有关方的货物或服务的价值。

⑤ 与该货物有关并作为卖方向我国销售该货物的一项条件，应当由买方直接或间接支付的特许权使用费。

⑥ 卖方直接或间接从买方对该货物进口后转售、处置或使用所得中获得的收益。

（2）下列费用，如能与该货物实付或者应付价格区分，不得计入完税价格：

① 厂房、机械、设备等货物进口后的基建、安装、装配、维修和技术服务的费用。

② 货物运抵境内输入地点之后的运输费用。

③ 进口关税及其他国内税。

（3）进口货物的价格不符合成交价格条件或者成交价格不能确定的，海关应当依下列顺序估定完税价格：

① 相同货物成交价格方法。

② 类似货物成交价格方法。

③ 倒扣价格方法。

④ 计算价格方法。

⑤ 以其他合理方法确定的价格为基础估定完税价格。

（二）特殊进口货物的完税价格

（1）加工贸易进口料件及其制成品：

① 进口时须征税的进料加工进口料件，以料件申报进口时的价格估定。

② 内销进料加工进口料件或其制成品，以料件原进口时的价格估定。

③ 内销来料加工进口料件或其制成品，以料件申报内销时的价格估定。

④ 出口加工区内企业内销的制成品，以制成品申报内销时的价格估定。

⑤ 保税区内加工企业内销进口料件或其制成品，分别以料件或制成品申报内销时的价格估定（制成品中扣除境内采购料件价格）。

⑥ 加工贸易过程中产生的边角料，以申报内销时的价格估定。

（2）保税区或出口加工区销往区外、保税仓库出库内销的进口货物（不含加工贸易进口料件及其制成品），以海关审定的价格估定（含区内、库内发生的仓储、运输及相关费用）。

（3）运往境外修理的货物，在规定期限内复运进境，以海关审定的境外修理费、料件费、复运进境运输及相关费用、保险费估定价格。

（4）运往境外加工的货物，以海关审定的境外加工费、料件费、复运进境运输及相关费用、保险费估定价格。

（5）暂时进境的货物，按一般进口货物估价办法估定价格。

（6）租赁方式进口货物：

① 以租金方式支付的，以海关审定的租金估定价格。

② 留购的租赁货物，以海关审定的留购价格估定价格。

③ 承租人一次缴纳税款，按一般进口货物估价办法估定价格。

（7）留购进口货样，以海关审定的留购价格估定。

（8）予以补税的减免税货物，原进口时价格扣除折旧，即原进口价格×［1-实际使用时间（月）÷（监管年限×12）］。

（9）其他方式进口货物，按一般进口货物估价办法估定价格。

（三）进口货物完税价格中运输及相关费用、保险费的计算

1.以一般海运、陆运、空运方式进口的货物

在进口货物的运输及相关费用、保险费计算中，海运进口货物可计算至货物运抵境内的卸货口岸（包括内江、内河口岸）。陆运进口货物可计算至该货物境内的第一口岸；如果运输及相关费用、保险费支付至目的地口岸，则计算至目的地口岸。空运进口货物计算至该货物境内的第一口岸；如果该货物的目的地为境内的第一口岸外的其他口岸，则计算至目的地口岸。

陆运、空运、海运进口货物的运费、保险费应当按照实际支付的费用计算。如果进口货物的运费无法确定或未实际发生，应当按照该货物进口同期运输行业公布的运费率（额）计算运费，按照“货价+运费”两者总额的3‰计算保险费。

2.以其他方式进口的货物

邮运的进口货物，应当以邮费作为运输及相关费用、保险费；以境外边境口岸价格条件成交的铁路或公路运输进口货物，应当按照货价的1%计算运输及相关费用、保险费；作为进口货物的自驾进口的运输工具，可以不另行计算运费。

（四）出口货物的完税价格

1.以成交价格为基础的完税价格

出口货物的完税价格，以该货物向境外销售的成交价格为基础审查确定，并应包括货物运至我国境内输出地点装卸前的运输及相关费用、保险费，但不含出口关税和支付给境外能单独列明的佣金。

2.出口货物海关估价方法

出口货物的成交价格不能确定时，完税价格由海关依次使用下列方法估定：

（1）同时或大约同时向同一国家或地区出口的相同货物的成交价格。

（2）同时或大约同时向同一国家或地区出口的类似货物的成交价格。

（3）根据境内生产相同或类似货物的成本、利润和一般费用，境内发生的运输费用及相关费用、保险费计算所得的价格。

（4）按照合理方法估定的价格。

二、应纳关税的计算

（一）应纳进口关税的计算

1.从价税的计算公式

应纳关税税额=应税进口货物数量×单位完税价格×税率

=完税价格×税率

2.从量税的计算公式

应纳关税税额=应税进口货物数量×单位货物税额

3.复合税的计算公式

应纳关税税额=应税进口货物数量×单位货物税额+完税价格×税率

4.滑准税的计算公式

应纳关税税额=完税价格×滑准税税率

【例4-1】某商贸公司具有进出口经营权，20×3年11月相关经营业务如下：

（1）进口高档化妆品一批，支付国外买价220万元、境内复制权费6万元、购货佣金4万元；支付运抵我国海关地前的运输费用20万元、装卸费用和保险费用11万元；支付海关地再运往商贸公司的运输费用8万元、装卸费用和保险费用3万元；关税税率为20%。

（2）将一台设备运往境外修理，出境时向海关报明价值100 000美元，支付境外修理费4 000美元、料件费1 000美元；支付复运进境运输费2 000美元和保险费500美元。当期汇率1：6.20，关税税率为7%。

（3）20×1年11月1日，经批准进口一台符合国家特定免征关税的科研设备用于研发项目，设备进口时经海关审定的完税价格折合人民币800万元（关税税率为10%），海关规定的监管年限为5年；20×3年11月1日，该公司研发项目完成后，将已计提折旧200万元的免税设备出售给国内另一家企业。

要求：（1）计算业务（1）应缴纳的关税、消费税、增值税；

（2）计算业务（2）应缴纳的关税、增值税；

（3）计算业务（3）应补缴的关税。

解：（1）进口货物在境内的复制权费不得计入完税价格，购货佣金不计入完税价格，支付运抵我国海关地前的费用应计入完税价格。

关税=（220+20+11）×20%=50.20（万元）

进口高档化妆品组成计税价格=（220+20+11+50.20）÷（1−15%）=354.35（万元）

进口高档化妆品的消费税=354.35×15%=53.15（万元）

进口高档化妆品的增值税=354.35×13%=40.06（万元）

（2）通过报明海关运往境外修理的设备复运进境，以海关审定的境外修理费和料件费估定完税价格。

完税价格=（4 000+1 000）×6.20=31 000（元）

应纳关税=31 000×7% =2 170（元）

应纳增值税=（31 000+2 170）×13%=4 312.1（元）

（3）完税价格=800×（1−2÷5）=480（万元）

应补缴关税=480×10%=48（万元）

（二）应纳出口关税的计算

我国出口关税有从价和从量两种计征标准。

1.实行从价计征标准的出口关税的计算方法

（1）计算公式：

应征出口关税税额=完税价格×出口关税税率

完税价格=成交价格÷（1+出口关税税率）

（2）计算程序：

① 按照归类原则确定税则归类，将应税货物归入恰当的税目税号；

② 根据完税价格审定办法、规定，确定应税货物的完税价格；

③ 根据汇率使用原则和税率使用原则，将外币折算成人民币；

④ 按照计算公式正确计算应征出口关税税额。

【例4-2】某外贸企业20×3年3月从某钢铁厂购进钢铁废料1 000吨，直接报关离境出口。钢铁废料出厂价每吨4 800元，离岸价格每吨720美元（汇率1∶6.20），假设出口关税税率为10%。

要求：计算该批钢铁废料应缴的出口关税。

解：（1）完税价格=1 000×720×6.20÷（1+10%）=4 058 181.82（元）

（2）出口关税税额=4 058 181.82×10%=405 818.18（元）

2.实行从量计征标准的出口关税的计算方法

（1）计算公式：

应征出口关税税额=货品数量×单位税额

（2）计算程序：

① 按照归类原则确定税则归类，将应税货物归入恰当的税目税号；

② 根据原产地规则和税率使用原则，确定应税货物所适用的税率；

③ 确定实际出口量；

④ 按照计算公式正确计算应征出口关税税额。

【例4-3】某纺织品进出口集团公司20×3年6月从山东威海出口棉质女式大衣2 000件、毛制男式长裤2 250条，成交总价（FOB）分别为6 000美元、7 875美元。

棉质女式大衣归入税目税号6202.1290，税率为4元/件；毛制男式长裤归入税目税号6 203.4100，税率为3元/条。

要求：计算应征出口关税。

解：应征从量出口关税税额=2 000×4+2 250×3=14 750（元）

三、进境物品的进口税

进境物品的关税以及进口环节海关代征税（增值税、消费税）合并为进口税。

海关总署规定数额以内的个人自用进境物品，免征进口税。超过规定数额但仍在合理数量以内的个人自用进境物品，由进境物品的纳税义务人在进境物品放行前按照规定缴纳进口税。超过合理、自用数量的进境物品应当按照进口货物依法办理相关手续。国务院关税税则委员会规定按货物征税的进境物品，按照进口货物相关规定征收关税。

进境物品进口税应当按照《中华人民共和国进境物品进口税税率表》（见表4-1）确定适用税率。国务院关税税则委员会 责本税目、税率的调整和解释。

表4-1　　　　　　　　　**中华人民共和国进境物品进口税税率表**

税目序号	物品名称	税率（%）
1	书报、刊物、教育用影视资料；计算机、视频摄录一体机、数字照相机等信息技术产品；食品、饮料；金银；家具；玩具，游戏品、节日或其他娱乐用品；药品（注1）	13
2	运动用品（不含高尔夫球及球具）、钓鱼用品；纺织品及其制成品；电视摄像机及其他电器用具；自行车；税目1、3中未包含的其他商品	20
3	烟、酒；贵重首饰及珠宝玉石；高尔夫球及球具；高档手表；高档化妆品	50

注：（1）对国家规定减按3%征收进口环节增值税的进口药品，按照货物税率征税。（2）税目3所列商品的具体范围与消费税征收范围一致。

进口税实行从价计征，计税依据为完税价格。由于个人物品来自世界各地，数量零星，品种繁杂，同样物品的价格并不完全相同，甚至同一品种物品的价格在同一地区也有差异，因而海关一般参照国际市场平均零售价格确定完税价格。计算公式为：

进口税税额=完税价格×进口税税率

进境物品适用海关填发税款缴款书之日实施的税率和完税价格。

纳税义务人应当在海关放行应税个人自用物品之前缴纳税款。

进境物品放行后，海关发现少征或者漏征税款，自纳税义务人缴纳税款或者物品放行之日起1年内，向纳税义务人补征。因纳税义务人违反规定而造成的少征或者漏征税款，海关在3年以内可以追征。海关多征的税款，海关发现后应当立即退还；纳税义务人亦可要求海关退还，但应在缴纳税款之日起1年内申请退还，逾期不予办理。

【例4-4】某回国人员20×3年4月4日从境外带入境内一台数码相机，完税价格折合人民币4 000元，进口税适用税率为13%。

要求：计算该回国人员应纳的关税。

解：应纳税额=4 000×13%=520（元）

四、申报与纳税期限

进口货物的纳税义务人应当自运输工具申报进境之日起14日内，出口货物的纳税义务人除海关特准外，应当在货物运抵海关监管区后、装货24小时以前，向货物的进出境地海关申报。

纳税人应当在海关填发税款缴款书之日起15日内向指定银行缴纳税款。逾期缴纳税款的，海关应当自缴款期限届满之日起至缴清税款之日止，按日加收滞纳税款5‰的滞纳金。如果纳税人自海关填发税款缴款书之日起3个月仍未缴纳税款，经海关关长批准，海关可以采取强制扣缴、变价抵缴等强制措施。

关税纳税义务人因不可抗力或在国家税收政策调整的情况下，不能按期纳税的，经海关总署批准，可以延期纳税，但最长不得超过6个月。

五、纳税地点

关税的缴纳地点应根据纳税人申报及进出口货物的具体情况确定。

（1）关境地征收，即口岸征收。这是一种进出口货物在哪里通关，纳税人即在哪里纳税的常见方式。

（2）主管地征收，即集中征收。这是一种由纳税人所在地的海关（主管地海关）监管其通关，关税也在纳税人所在地缴纳的方式。该方式只适用于集装箱运输。

六、追征与退还

（1）关税补征，是因非纳税人违反海关规定造成少征或漏征关税，关税补征期为缴纳税款或货物放行之日起1年内。

（2）关税追征，是因纳税人违反海关规定造成少征或漏征关税，关税追征期为进出口货物完税之日或货物放行之日起3年内。

（3）如遇下列情况之一，可自缴纳税款之日起1年内，书面声明理由，连同原纳税收据向海关申请退税，逾期不予受理：

① 因海关误征，多纳税款的。

② 核准免验进口的货物，在完税后，发现有短缺情况，经审查认可的。

③ 已征出口关税的货物，因故未装运出口，申报退关，经海关查验属实的。对已征出口关税的出口货物和已征进口关税的进口货物，因货物品种或规格原因原状复运进境或出境的，才能退税；属于其他原因且不能以原状复运进境或出境的，不能退税。

第三节　船舶吨税

船舶吨税也称吨税，是对从境外港口进入我国境内港口的应税船舶征收的一种税。我国现行船舶吨税的基本规范是2017年12月27日第十二届全国人民代表大会常务委员会第三十一次会议通过的《中华人民共和国船舶吨税法》（以下简称《船舶吨税法》）。

一、征税对象

自境外港口进入我国境内港口的应税船舶，应当缴纳船舶吨税。

二、税率

船舶吨税设置了优惠税率和普通税率。

中华人民共和国籍的应税船舶、船籍国（地区）与我国签订含有相互给予船舶税费最惠国待遇条款的条约或者协定的应税船舶，适用优惠税率。

其他应税船舶，适用普通税率。

船舶吨税的税目、税率依照《船舶吨税法》所附的船舶吨税税目税率表（见表4-2）执行。

三、应纳税额的计算

船舶吨税按照船舶净吨位和船舶吨税执照期限征收。应纳税额按照船舶净吨位乘以适用税率计算。计算公式为：

应纳税额=船舶净吨位×定额税率（元）

表 4-2　　　　船舶吨税税目税率表

<table>
<tr><th rowspan="3">税目
（按船舶净吨位划分）</th><th colspan="6">税率（元/净吨）</th><th rowspan="3">备　注</th></tr>
<tr><th colspan="3">普通税率
（按执照期限划分）</th><th colspan="3">优惠税率
（按执照期限划分）</th></tr>
<tr><th>1年</th><th>90日</th><th>30日</th><th>1年</th><th>90日</th><th>30日</th></tr>
<tr><td>不超过2 000净吨</td><td>12.6</td><td>4.2</td><td>2.1</td><td>9.0</td><td>3.0</td><td>1.5</td><td rowspan="4">1. 拖船按照发动机功率每1千瓦折合净吨位0.67吨。
2. 无法提供净吨位证明文件的游艇，按照发动机功率每千瓦折合净吨位0.05吨。
3. 拖船和非机动驳船分别按相同净吨位船舶税率的50%计征税款</td></tr>
<tr><td>超过2 000净吨，但不超过10 000净吨</td><td>24.0</td><td>8.0</td><td>4.0</td><td>17.4</td><td>5.8</td><td>2.9</td></tr>
<tr><td>超过10 000净吨，但不超过50 000净吨</td><td>27.6</td><td>9.2</td><td>4.6</td><td>19.8</td><td>6.6</td><td>3.3</td></tr>
<tr><td>超过50 000净吨</td><td>31.8</td><td>10.6</td><td>5.3</td><td>22.8</td><td>7.6</td><td>3.8</td></tr>
</table>

净吨位，是指由船籍国（地区）政府授权签发的船舶吨位证明书上标明的净吨位。应税船舶负责人在每次申报纳税时，可以按照船舶吨税税目税率表选择申领一种期限的船舶吨税执照。

应税船舶在进入港口办理入境手续时，应当向海关申报纳税领取船舶吨税执照，或者交验船舶吨税执照。应税船舶在离开港口办理出境手续时，应当交验船舶吨税执照。

应税船舶负责人申领船舶吨税执照时，应当向海关提供下列文件：

（1）船舶国籍证书或者海事部门签发的船舶国籍证书收存证明；

（2）船舶吨位证明。

【例 4-5】20×3 年 9 月 20 日，B 国某运输公司一艘货轮驶入我国某港口，该货轮净吨位 30 000 吨，货轮负责人已向我国当地海关领取了船舶吨税执照，在港口停留期为 30 天。B 国与我国签订了相互给予船舶税费最惠国待遇条款。

要求：计算应缴纳的船舶吨税。

解：根据船舶吨税的相关规定，该货轮应享受优惠税率，每净吨位为 3.3 元。

应缴纳的船舶吨税=30 000×3.3=99 000（元）

四、减免税和延期优惠

（一）减免税

下列船舶免征船舶吨税：

（1）应纳税额在人民币50元以下的船舶；

（2）自境外以购买、受赠、继承等方式取得船舶所有权的初次进口到港的空载船舶；

（3）船舶吨税执照期满后24小时内不上下客货的船舶；

（4）非机动船舶（不包括非机动驳船）；

（5）捕捞、养殖渔船；

（6）避难、防疫隔离、修理、终止运营或者拆解，并不上下客货的船舶；

（7）军队、武装警察部队专用或者征用的船舶；

（8）依照法律规定应当予以免税的外国驻华使领馆、国际组织驻华代表机构及其有关人员的船舶；

（9）国务院规定的其他船舶。

上述1～8项优惠，应当提供海事部门、渔业船舶管理部门或者卫生检疫部门等部门、机构出具的具有法律效力的证明文件或者使用关系证明文件，申明免税理由。

（二）延期优惠

如前所述，应税船舶在进入港口办理入境手续时，应当向海关申报纳税领取船舶吨税执照，或者交验船舶吨税执照。在船舶吨税执照期限内，应税船舶发生下列情形之一的，海关按照实际发生的天数批注延长船舶吨税执照期限：

（1）避难、防疫隔离、修理，并不上下客货。

（2）军队、武装警察部队征用。

（3）应税船舶因不可抗力在未设立海关地点停泊的，船舶负责人应当立即向附近海关报告，并在不可抗力原因消除后，向海关申报纳税。

上述船舶应当提供海事部门、渔业船舶管理部门或者卫生检疫部门等部门、机构出具的具有法律效力的证明文件或者使用关系证明文件，申明延长船舶吨税执照期限的依据和理由。

五、申报与缴纳

（1）船舶吨税由海关负责征收。海关征收船舶吨税应制发缴款凭证。

（2）船舶吨税纳税义务发生时间为应税船舶进入港口的当日。

（3）应税船舶在船舶吨税执照期满后尚未离开港口的，应当申领新的船舶吨税执照，自上一次执照期满的次日起续缴船舶吨税。

（4）应税船舶负责人应当自海关填发船舶吨税缴款凭证之日起15日内向指定银行缴清税款。未按期缴清税款的，自滞纳税款之日起，按日加收滞纳税款5‰的滞纳金。

（5）应税船舶到达港口前，经海关核准先行申报并办结出入境手续的，应税船舶负责人应当向海关提供与其依法履行船舶吨税缴纳义务相适应的担保；应税船舶到达港口后，依照规定向海关申报纳税。

思政小园地

海关总署2022年9月7日公布的数据显示，2022年前8个月，中国进出口总值27.3万亿元人民币，比去年同期增长10.1%。其中，出口15.48万亿元，比去年同期增长14.2%；进口11.82万亿元，比去年同期增长5.2%；贸易顺差3.66万亿元，比去年同期扩大58.2%。

2022年前8个月，中国对东盟、欧盟和美国等主要贸易伙伴进出口实现增长。其中，东盟为中国第一大贸易伙伴，中国与东盟贸易总值为4.09万亿元，比去年同期增长14%，占外贸总值的15%；欧盟为我国第二大贸易伙伴，中国与欧盟贸易总值为3.75万亿元，比去年同期增长9.5%，占13.7%；中美贸易总值为3.35万亿元，比去年同期增长10.1%，占12.3%。

2022年1月1日起，RCEP正式生效，为广大外贸企业和消费者带来红利。从2022年前8个月的外贸表现看，中国对“一带一路”沿线国家进出口同比增长20.2%，与RCEP其他14个成员国之间的贸易总值同比增长7.5%。中国贸促会数据显示，1—8月，中国向RCEP区域国家出口的中小微外贸企业数同比增长36.4%；同期，中小微外贸企业出口RCEP区域的收款量占比提升2.79%，RCEP对于中小微外贸企业的贸易促进效应正快速显现。①

习　题

一、即测即评

第四章单选题　　第四章多选题　　第四章判断题

二、实务题

1. 某商场20×3年10月进口货物一批，买价40万元，运抵我国海关前发生的包装费、运输费、保险费等20万元。货物报关后，该商场按规定缴纳了进口环节的增值税并取得了海关开具的完税证。假定该批货物在国内全部销售，取得不含税销售额80万元。

其他相关资料：适用关税税率为15%，增值税税率为13%。

要求：（1）计算关税的组成计税价格；

（2）计算进口环节应纳的进口关税；

（3）计算进口环节增值税的组成计税价格；

（4）计算进口环节应纳的增值税；

（5）计算国内销售环节的销项税额；

（6）计算国内销售环节应纳的增值税。

2. 某企业20×3年6月将一批半成品运往境外加工成产成品，出口时已向海关报明，同年8月在海关规定的期限内复运进境。经海关审定支付给境外公司的加工费和料件费折合人民币350万元；产成品复运进境时，运抵我国境内输入地点起卸前发生运费30万元、保险费40万元，支付从海关运往企业所在地的运费10万元，取得了增值税专用发票。假定关税税率为10%。

要求：计算该企业应纳的关税。

3. 我国某公司20×3年2月从国内甲港口出口一批锌锭到国外，成交价格170万元（不含出口关税），其中包括货物运抵甲港口装载前的运输费10万元、单独列明支付给境外的佣金12万元。甲港口到国外目的地港口之间的运输保险费20万元。锌锭出口关税税率为15%。

---

① 廖睿灵．稳大盘、扩优势、增活力，前8月中国外贸实现稳定增长［N］．人民日报海外版，2022-09-09（03）．

要求：计算该公司出口锌锭应纳的出口关税。

4. 20×3年12月10日，A国某运输公司的一艘货轮驶入我国某港口，该货轮净吨位8万吨，货轮负责人已向停靠口岸海关领取了船舶吨税执照，在港口停留期限为30天。A国与我国签订了相互给予船舶税费最惠国待遇条款。

依照船舶吨税的规定，该货轮执照期限为30日的普通税率为4.6元/净吨、优惠税率为3.8元/净吨。

要求：计算应缴纳的船舶吨税。

第五章

城市维护建设税、教育费附加和烟叶税

【学习目标】

一、知识体系

1. 城市维护建设税税制要素与计算。

2. 教育费附加的计算。

3. 烟叶税税制要素与计算。

二、价值塑造

1. 以马克思主义哲学为指导，理论与实践相结合，提高税收理论素养。

2. 以习近平新时代中国特色社会主义思想为指导，准确把握新时代城市维护建设税、教育费附加和烟叶税的职能定位，培育经世济民、诚信服务、德法兼修的税务职业素养。

三、能力培养

1. 熟悉城市维护建设税、教育费附加和烟叶税税制要素，理解它们的计税原理。

2. 掌握城市维护建设税、教育费附加和烟叶税的计算方法。

3. 了解城市维护建设税、教育费附加和烟叶税的申报与缴纳。

第一节　城市维护建设税

城市维护建设税（以下简称城建税）是对我国境内缴纳增值税、消费税的单位和个人征收的一种附加税。

我国现行城建税的基本规范是2020年8月11日第十三届全国人民代表大会常务委员会第二十一次会议表决通过的、自2021年9月1日起施行的《中华人民共和国城市维护建设税法》（以下简称《城建税法》）。

城建税的征税目的在于加强城市的维护建设，扩大和稳定城市维护建设资金来源。

一、纳税人

在我国境内缴纳增值税、消费税的单位和个人，为城建税的纳税人。

城建税的扣缴义务人为负有增值税、消费税扣缴义务的单位和个人，在扣缴增值税、消费税的同时扣缴城建税。

二、税率

城建税以纳税人所在地确定具体适用税率。

纳税人所在地是指纳税人住所地或者与纳税人生产经营活动相关的其他地点，具体地点由省、自治区、直辖市确定。

（1）纳税人所在地在市区的，税率为7%；

（2）纳税人所在地在县城、镇的，税率为5%；

（3）纳税人所在地不在市区、县城、镇的，税率为1%。

三、减免税

税法规定对纳税人减免增值税和消费税时，相应也减免了城市维护建设税。

（1）自2023年1月1日至2027年12月31日，对增值税小规模纳税人、小型微利企业和个体工商户减半征收城市维护建设税和教育费附加、地方教育附加。

（2）对国家重大水利工程建设基金免征城市维护建设税。

（3）对上海期货交易所会员和客户通过上海期货交易所销售且发生实物交割并已出库的标准黄金，免征城市维护建设税。

（4）对黄金交易所会员单位通过黄金交易所销售且发生实物交割的标准黄金，免征城市维护建设税。

四、应纳税额的计算

（一）计税依据

城建税的计税依据为纳税人依法实际缴纳的增值税税额与消费税税额。

城建税的计税依据应当按照规定扣除期末留抵退税退还的增值税税额。

$$\text{依法实际缴纳的增值税税额}=\text{纳税人依照增值税相关法律法规和税收政策规定计算应当缴纳的增值税税额}+\text{增值税免抵税额}-\text{直接减免的增值税税额}-\text{留抵退税额}$$

$$\text{依法实际缴纳的消费税税额}=\text{纳税人依照消费税相关法律法规和税收政策规定计算应当缴纳的消费税税额}-\text{直接减免的消费税税额}$$

对进口货物或者境外单位和个人向境内销售劳务、服务和无形资产所缴纳的增值税和消费税，不征收城建税。

（二）应纳税额的计算

城建税的应纳税额按照计税依据乘以具体适用税率计算。计算公式为：

应纳税额=实际缴纳的增值税、消费税税额×适用税率

预缴增值税的纳税人在其机构所在地申报缴纳增值税时，以其实际缴纳的增值税税额为计税依据，并按机构所在地的城建税适用税率和教育费附加征收率就地计算缴纳城建税和教育费附加。

【例5-1】位于某市市区的甲企业（城建税适用税率为7%）20×3年10月申报期享受直接减免增值税优惠（不包含先征后退、即征即退，下同）后申报缴纳增值税50万元，9月已核准增值税免抵税额10万元（其中涉及出口货物6万元、涉及增值税零税率应税服务

4万元)，9月收到增值税留抵退税额5万元。

要求：计算该企业10月应缴纳的城建税。

解：该企业10月应缴纳的城建税=（50+6+4−5）×7%=3.85（万元）

【例5-2】位于某县县城的乙企业（城建税适用税率为5%）20×3年10月申报期享受直接减免增值税优惠后申报缴纳增值税90万元，享受直接减免消费税优惠后申报缴纳消费税30万元。

要求：计算该企业10月应缴纳的城建税。

解：该企业10月应缴纳的城建税=（90＋30）×5%=6（万元）

【例5-3】位于某市市区的甲企业（城建税适用税率为7%）20×3年10月申报期申报缴纳增值税100万元，其中50万元增值税是进口货物产生的。

要求：计算该企业10月应缴纳的城建税。

解：该企业10月应缴纳的城建税=（100−50）×7%=3.5（万元）

【例5-4】位于某市的甲地板厂20×3年11月购进一批原材料，取得增值税普通发票注明价款800 000元；当月委托位于县城的乙工厂加工成实木地板，取得的乙工厂开具的增值税专用发票上注明加工费140 000元、辅料费10 000元。乙工厂当月交付50%的实木地板，12月交付剩余部分。

要求：计算乙工厂11月应代收代缴甲地板厂的城建税（实木地板消费税税率为5%）。

解：应代收代缴城建税=（800 000+140 000+10 000）×50%÷（1−5%）×5%×5%=1 250（元）

五、申报与缴纳

城建税的纳税义务发生时间与增值税、消费税的纳税义务发生时间一致，分别与增值税、消费税同时缴纳。

城建税由税务机关依照《城建税法》和《税收征收管理法》的规定征收管理。

第二节　教育费附加

教育费附加是以单位和个人缴纳的增值税、消费税税额为计算依据征收的一种附加费(政府性基金)。

我国现行教育费附加的基本规范是《国务院关于修改〈征收教育费附加的暂行规定〉的决定》，自2005年10月1日起施行，还有2010年10月18日国务院发布的《关于统一内外资企业和个人城市维护建设税和教育费附加制度的通知》。

教育费附加作为专项收入，由教育部门统筹安排使用。此外，一些地方政府为发展地方教育事业，还根据教育法的规定，开征了地方教育附加。

凡实际缴纳增值税、消费税的单位和个人（包括外商投资企业、外国企业及外籍个人)，都应当依照规定缴纳教育费附加和地方教育附加。教育费附加、地方教育附加与增值税、消费税的征收范围相同。

一、缴纳义务人

实际缴纳增值税、消费税税额的单位和个人，为教育费附加的缴纳义务人。

代扣代缴增值税、消费税的单位和个人，亦为教育费附加的扣缴义务人，应在代扣增值税、消费税的同时，代扣教育费附加。

二、征收率

教育费附加的征收率为3%，地方教育附加征收率为2%。

三、教育费附加的计算

教育费附加以我国境内纳税人实际缴纳的增值税、消费税税额为计费依据。计算公式为：

应纳教育费附加=实际缴纳的增值税、消费税税额×3%

对海关进口产品征收的增值税、消费税，不征收教育费附加。

对由于减免增值税、消费税而发生的退税，可同时退还已征收的教育费附加。但对出口产品退还增值税、消费税的，不退还已征的教育费附加。

自2023年1月1日至2027年12月31日，对增值税小规模纳税人、小型微利企业和个体工商户减半征收资源税（不含水资源税）、城市维护建设税、房产税、城镇土地使用税、印花税（不含证券交易印花税）、耕地占用税和教育费附加、地方教育附加（简称“六税两费”）。

【例5-5】某县城一家食品加工企业为增值税小规模纳税人，20×3年7月购进货物取得增值税普通发票，销售额合计5万元；销售货物开具普通发票，销售额合计72.1万元；出租设备，取得收入10.3万元。

要求：计算当期应纳的城建税、教育费附加和地方教育附加。

解：应纳城建税=（72.1+10.3）÷（1+3%）×3%×5%=0.120（万元）

应纳教育费附加=（72.1+10.3）÷（1+3%）×3%×3%=0.072（万元）

应纳地方教育附加=（72.1+10.3）÷（1+3%）×3%×2%=0.048（万元）

四、申报与缴纳

纳税人申报缴纳增值税、消费税的同时，申报、缴纳教育费附加。

教育费附加由税务机关负责征收。

第三节　烟叶税

烟叶税是以纳税人收购烟叶的收购金额为计税依据征收的一种税。烟叶税的诞生是税制改革的结果，也是国家对烟草实行“寓禁于征”政策的继续，标志着由消费税、增值税及烟叶税形成的烟草税收调控体系已经形成。

我国现行烟叶税的基本规范是2017年12月27日第十二届全国人民代表大会常务委员会第三十一次会议通过的、自2018年7月1日起施行的《中华人民共和国烟叶税法》（以下简称《烟叶税法》）。

一、征税对象

烟叶税以烟叶为征税对象。

所称烟叶，是指烤烟叶、晾晒烟叶。

二、纳税人

在我国境内收购烟叶的单位为烟叶税的纳税人。

收购烟叶的单位，是指依照《中华人民共和国烟草专卖法》的规定有权收购烟叶的烟草公司或者受其委托收购烟叶的单位。

依照《中华人民共和国烟草专卖法》的规定查处没收的违法收购的烟叶，由收购罚没烟叶的单位按照购买金额计算缴纳烟叶税。

烟叶税不得委托其他单位代征。

三、税率

烟叶税实行比例税率，税率为20%。

烟叶税税率的调整由国务院决定。

四、应纳税额的计算

（一）计税依据

烟叶税的计税依据为纳税人收购烟叶实际支付的价款总额。纳税人收购烟叶实际支付的价款总额包括纳税人支付给烟叶生产销售单位和个人的烟叶收购价款和价外补贴。其中，价外补贴统一按烟叶收购价款的10%计算。

（二）应纳税额的计算

烟叶税的应纳税额按照纳税人收购烟叶的价款总额和规定的税率计算。计算公式为：

应纳税额=收购金额×（1+10%）×税率

【例5-6】某烟草公司（增值税一般纳税人）20×3年7月收购烟叶一批，支付烟叶生产者价款总额44 000元，货款全部付清。

要求：计算应纳的烟叶税。

解：应纳税额=44 000×20%=8 800（元）

【例5-7】某卷烟厂6月从农业生产者手中收购烟叶，收购凭证上注明收购价款40 000元。

要求：计算应纳的烟叶税和允许抵扣的进项税额。

解：应纳烟叶税税额=收购金额×（1+10%）×20%

=40 000×（1+10%）×20%= 8 800（元）

允许抵扣的进项税额=［40 000×（1+10%）+8 800］×9%=4 752（元）

五、申报与缴纳

烟叶税的征收管理按照《税收征收管理法》和《烟叶税法》的有关规定执行。

烟叶税的纳税义务发生时间为纳税人收购烟叶的当天（指纳税人向烟叶销售者付讫收购烟叶款项或者开具收购烟叶凭据的当天）。

纳税人应当自纳税义务发生之日起15日内申报纳税，具体纳税期限由主管税务机关核定。

纳税人收购烟叶，应当向烟叶收购地的主管税务机关申报纳税。

思政小园地

为贯彻落实中办、国办印发的《关于进一步深化税收征管改革的意见》，2021年5月1日，国家税务总局在部分地区试行增值税、消费税与附加税费申报表整合（以下简称申报表整合），在成功试点经验基础上，8月1日推广至全国，为《城建税法》顺利实施提供了支持。申报表整合实现了两税和附加税费“一表申报、同征同管”，附加税费附表从两税申报表主表自动获取信息，建立留抵退税额使用台账自动获取增值税留抵退税额，按《国家税务总局关于城市维护建设税征收管理有关事项的公告》的规则自动计算税款，避免纳税人填写错误。申报表整合还实现了两税更正申报与附加税费关联，进一步完善了附加税费与两税的同征同管。

《城建税法》施行后，申报表整合内容不变。

习　题

一、即测即评

第五章单选题　　第五章多选题　　第五章判断题

二、实务题

1.位于市区的某生产企业（增值税一般纳税人）20×3年4月取得出口退税款15万元，出口货物经批准免抵增值税20万元；当月内销应税消费品缴纳消费税1.5万元。

要求：计算该企业应缴纳的城建税和教育费附加。

2.某市区一家生产企业为增值税一般纳税人，20×3年4月缴纳进口环节增值税30万元、进口环节消费税52.94万元；当月向税务机关实际缴纳增值税72万元、消费税160万元。在税务检查中发现，该企业上月隐瞒销售废旧的包装物收入100万元（含税），本月被查补相关税金，并缴纳有关罚款和滞纳金共8万元。

要求：计算该企业4月份应纳城建税、教育费附加和地方教育附加。

3.位于市区的某具有出口经营权的高尔夫球具厂，出口货物增值税实行“免、抵、退”税办法。20×3年11月，期初增值税留抵税额为0.38万元，当月还发生如下业务：

（1）从境内购买原材料，取得的增值税专用发票上注明增值税22万元。

（2）从境外购买原材料，关税完税价格为80万元，关税税率为20%，海关已经代征进口环节增值税。

（3）将自产的一批成本价为60万元的高尔夫球具移送下设的非独立核算门市部（位于本市），当月门市部将其中的70%销售，取得价税合计81.9万元。

（4）将一批成本价为80万元的高尔夫球具抵顶上月欠某原材料供应商的材料款。同类高尔夫球具平均不含税售价为93.33万元，最高不含税售价为95万元。

（5）将自产的一批高尔夫球具销往美国，出口离岸价格折合人民币100万元。

高尔夫球具适用的消费税税率为10%，成本利润率为10%。增值税出口退税率为11%，增值税税率为13%。企业取得的相关发票均在当月抵扣。

要求：（1）计算该高尔夫球具厂当月应缴纳或退还的增值税。

（2）计算该高尔夫球具厂当月应缴纳的消费税。

（3）计算该高尔夫球具厂当月应缴纳的城建税。

（4）计算该高尔夫球具厂当月应缴纳的教育费附加。

4.某烟草公司20×3年10月向烟农收购一批晾晒烟叶，收购价款为127万元，实际支付的价外补贴是10万元。

要求：计算应纳的烟叶税。

第六章

资源税和环境保护税

【学习目标】

一、知识体系

1. 资源税税制要素与计算。

2. 环境保护税税制要素与计算。

二、价值塑造

1. 以马克思主义哲学为指导，理论与实践相结合，提高税收理论素养。

2. 以习近平新时代中国特色社会主义思想为指导，准确把握新时代资源税、环境保护税的职能定位，培育经世济民、诚信服务、德法兼修的税务职业素养。

三、能力培养

1. 熟悉资源税、环境保护税税制要素，理解它们的计税原理。

2. 掌握资源税、环境保护税的计算方法。

3. 了解资源税、环境保护税的申报与缴纳。

第一节　资源税

资源税是以各种自然资源为对象征收的一种税。自然资源是指天然存在的自然物质资源，一般包括土地资源、海洋资源、森林资源、草原资源、水力资源、生物资源、矿藏资源及阳光、空气等资源。目前我国开征的资源税以部分自然资源为征税对象，对在我国境内开采应税矿产品及生产盐的单位和个人征收。

我国现行资源税的基本规范是2019年8月26日第十三届全国人民代表大会常务委员会第十二次会议通过的《中华人民共和国资源税法》（以下简称《资源税法》）以及财政部和国家税务总局修订通过的《中华人民共和国资源税暂行条例实施细则》（以下简称《资源税暂行条例实施细则》）。

一、征税对象

资源税以应税资源为征税对象，目前仅对在我国境内开发应税资源的单位和个人征收，对进口的应税资源不征收资源税，对出口的应税资源产品不免征或退还已纳资源税。应税资源的具体范围由《资源税法》所附资源税税目税率表确定。

纳税人以自采原矿（经过采矿过程采出后未进行选矿或者加工的矿石）直接销售，或者自用于应当缴纳资源税情形的，按照原矿计征资源税。

纳税人以自采原矿洗选加工为选矿产品（通过破碎、切割、洗选、筛分、磨矿、分级、提纯、脱水、干燥等过程形成的产品，包括富集的精矿和研磨成粉、粒级成型、切割成型的原矿加工品）销售，或者将选矿产品自用于应当缴纳资源税情形的，按照选矿产品计征资源税，在原矿移送环节不缴纳资源税。对于无法区分原生岩石矿种的粒级成型砂石颗粒，按照砂石税目征收资源税。

在水资源税试点地区利用取水工程或者设施直接从江河、湖泊（含水库）和地下取用地表水、地下水的单位和个人，应当依照规定缴纳水资源税。

二、纳税人

在我国领域和管辖的其他海域开发应税资源的单位和个人，为资源税的纳税人。

单位，是指企业、行政单位、事业单位、军事单位、社会团体及其他单位。

个人，是指个体工商户和其他个人。

中外合作开采陆上、海上石油资源的企业应依法缴纳资源税。

纳税人自用应税产品，如果属于应缴纳资源税的情形，应按规定缴纳资源税。纳税人自用应税产品应当缴纳资源税的情形包括纳税人以应税产品用于非货币性资产交换、捐赠、偿债、赞助、集资、投资、广告、样品、职工福利、利润分配或者连续生产非应税产品等。纳税人开采或者生产应税产品自用于连续生产应税产品的，不缴纳资源税。如铁原矿用于继续生产铁精粉的，在移送铁原矿时不缴纳资源税；但对于生产非应税产品的，如将铁精粉继续用于冶炼的，应当在移送环节缴纳资源税。

三、税率

资源税实行从价计征或者从量计征。实行幅度税率的，其具体适用税率由省、自治区、直辖市人民政府统筹考虑该应税资源的品位、开采条件以及对生态环境的影响等情况，在资源税税目税率表规定的税率幅度内提出，报同级人民代表大会常务委员会决定，并报全国人民代表大会常务委员会和国务院备案。

应税产品为矿产品的，包括原矿和选矿产品，应当分别确定具体适用税率。

资源税税目税率表见表6-1。

纳税人开采或者生产不同税目应税产品的，应当分别核算不同税目应税产品的销售额或者销售数量；未分别核算或者不能准确提供不同税目应税产品的销售额或者销售数量的，从高适用税率。

纳税人开采或者生产同一税目下适用不同税率应税产品的，应当分别核算不同税率应税产品的销售额或者销售数量；未分别核算或者不能准确提供不同税率应税产品的销售额或者销售数量的，从高适用税率。

表6-1　　　　　　　　　**资源税税目税率表**

税目			征税对象	税率
能源矿产	原油		原矿	6%
	天然气、页岩气、天然气水合物		原矿	6%
	煤		原矿或者选矿	2%~10%
	煤成（层）气		原矿	1%~2%
	铀、钍		原矿	4%
	油页岩、油砂、天然沥青、石煤		原矿或者选矿	1%~4%
	地热		原矿	1%~20%或者每立方米1~30元
金属矿产	黑色金属	铁、锰、铬、钒、钛	原矿或者选矿	1% ~ 9%
	有色金属	铜、铅、锌、锡、镍、锑、镁、钴、铋、汞	原矿或者选矿	2% ~ 10%
		铝土矿	原矿或者选矿	2% ~ 9%
		钨	选矿	6.5%
		钼	选矿	8%
		金、银	原矿或者选矿	2% ~ 6%
		铂、钯、钌、锇、铱、铑	原矿或者选矿	5% ~ 10%
		轻稀土	选矿	7% ~ 12%
		中重稀土	选矿	20%
		铍、锂、锆、锶、铷、铯、铌、钽、锗、镓、铟、铊、铪、铼、镉、硒、碲	原矿或者选矿	2%~10%
非金属矿产	矿物类	高岭土	原矿或者选矿	1% ~ 6%
		石灰岩	原矿或者选矿	1%~6%或者每吨（或者每立方米）1~10元
		磷	原矿或者选矿	3%~8%
		石墨	原矿或者选矿	3%~12%
		萤石、硫铁矿、自然硫	原矿或者选矿	1%~8%

续表

税目			征税对象	税率
非金属矿产	矿物类	天然石英砂、脉石英、粉石英、水晶、工业用金刚石、冰洲石、蓝晶石、硅线石（矽线石）、长石、滑石、刚玉、菱镁矿、颜料矿物、天然碱、芒硝、钠硝石、明矾石、砷、硼、碘、溴、膨润土、硅藻土、陶瓷土、耐火黏土、铁矾土、凹凸棒石黏土、海泡石黏土、伊利石黏土、累托石黏土	原矿或者选矿	1%~12%
		叶蜡石、硅灰石、透辉石、珍珠岩、云母、沸石、重晶石、毒重石、方解石、蛭石、透闪石、工业用电气石、白垩、石棉、蓝石棉、红柱石、石榴子石、石膏	原矿或者选矿	2% ~ 12%
		其他黏土（铸型用黏土、砖瓦用黏土、陶粒用黏土、水泥配料用黏土、水泥配料用红土、水泥配料用黄土、水泥配料用泥岩、保温材料用黏土）	原矿或者选矿	1%~5% 或者每吨（或者每立方米）0.1~5元
	岩石类	大理岩、花岗岩、白云岩、石英岩、砂岩、辉绿岩、安山岩、闪长岩、板岩、玄武岩、片麻岩、角闪岩、页岩、浮石、凝灰岩、黑曜岩、霞石正长岩、蛇纹岩、麦饭石、泥灰岩、含钾岩石、含钾砂页岩、天燃油石、橄榄岩、松脂岩、粗面岩、辉长岩、辉石岩、正长岩、火山灰、火山渣、泥炭	原矿或者选矿	1% ~ 10%
		砂石	原矿或者选矿	1% ~ 5% 或者每吨（或者每立方米）0.1~5元
	宝玉石类	宝石、玉石、宝石级金刚石、玛瑙、黄玉、碧玺	原矿或者选矿	4% ~ 20%
水气矿产	二氧化碳气、硫化氢气、氦气、氡气		原矿	2% ~ 5%
	矿泉水		原矿	1% ~ 20% 或者每立方米1~30元
盐	钠盐、钾盐、镁盐、锂盐		选矿	3% ~ 15%
	天然卤水		原矿	3% ~ 15% 或者每吨（或者每立方米）1 ~ 10元
	海盐			2% ~ 5%

四、减免税

（一）免征资源税的情形

（1）开采原油以及在油田范围内运输原油过程中用于加热的原油、天然气；

（2）煤炭开采企业因安全生产需要抽采的煤成（层）气。

（二）减征资源税的情形

（1）从低丰度油气田开采的原油、天然气，减征20%资源税；

（2）高含硫天然气、三次采油和从深水油气田开采的原油、天然气，减征30%资源税；

（3）稠油、高凝油减征40%资源税；

（4）从衰竭期矿山开采的矿产品，减征30%资源税；

（5）对青藏铁路公司及其所属单位运营期间自采自用的砂、石等材料免征资源税；

（6）为促进页岩气开发利用，有效增加天然气供给，在2027年12月31日之前，继续对页岩气资源税（按6%的规定税率）减征30%；

（7）为了鼓励煤炭资源集约开采利用，自2023年9月1日至2027年12月31日，对充填开采置换出来的煤炭，资源税减征50%；

（8）自2023年1月1日至2027年12月31日，对增值税小规模纳税人、小型微利企业和个体工商户减半征收资源税（不含水资源税）。

（三）省、自治区、直辖市可以决定免征或者减征资源税的情形

（1）纳税人开采或者生产应税产品过程中，因意外事故或者自然灾害等原因遭受重大损失；

（2）纳税人开采共伴生矿、低品位矿、尾矿。

纳税人的免税、减税项目应当单独核算销售额或者销售数量；未单独核算或者不能准确提供销售额或者销售数量的，不予免税或者减税。

纳税人开采或者生产同一应税产品同时符合两项或者两项以上减征资源税优惠政策的，除另有规定外，只能选择其中一项执行。

纳税人享受资源税优惠政策，实行“自行判别、申报享受、有关资料留存备查”的办理方式。

五、资源税的计算

（一）计税依据

资源税的计税依据为应税产品的销售额或销售数量，各税目的征税对象包括原矿、精矿等。资源税适用从价计征为主、从量计征为辅的征税方式。根据资源税税目税率表，地热、砂石、矿泉水和天然卤水可采用从价计征或从量计征方式，其他应税产品一律适用从价定率征收方式。

1.从价定率征收的计税依据

资源税应税产品的销售额，按照纳税人销售应税产品向购买方收取的全部价款确定，不包括增值税税款。

计入销售额中的相关运杂费用，凡取得增值税发票或者其他合法有效凭据的，准予从销售额中扣除。相关运杂费用是指应税产品从坑口或者洗选（加工）地到车站、码头或者购买方指定地点的运输费用、建设基金以及随运销产生的装卸、仓储、港杂费用。

关于特殊情形下销售额的确定：

（1）纳税人申报的应税产品销售额明显偏低且无正当理由的，或者有自用应税产品行为而无销售额的，主管税务机关可以按下列方法和顺序确定其应税产品销售额：

①按纳税人最近时期同类产品的平均销售价格确定。

②按其他纳税人最近时期同类产品的平均销售价格确定。

③按后续加工非应税产品销售价格，减去后续加工环节的成本利润后确定。

④按应税产品组成计税价格确定。

组成计税价格=成本×（1+成本利润率）÷（1−资源税税率）

公式中的成本利润率由省、自治区、直辖市税务机关确定。

⑤按其他合理方法确定。

（2）外购应税产品购进金额、购进数量的扣减。纳税人外购应税产品与自采应税产品混合销售或者混合加工为应税产品销售的，在计算应税产品销售额或者销售数量时，准予扣减外购应税产品的购进金额或者购进数量；当期不足扣减的，可结转下期扣减。纳税人应当准确核算外购应税产品的购进金额或者购进数量，未准确核算的，一并计算缴纳资源税。

纳税人核算并扣减当期外购应税产品购进金额、购进数量，应当依据外购应税产品的增值税发票、海关进口增值税专用缴款书或者其他合法有效凭据。

纳税人外购应税产品与自采应税产品混合销售，或者以外购应税产品与自采应税产品混合加工为选矿产品销售的，在计算应税产品销售额或者销售数量时，准予扣减外购原矿或者外购选矿产品的购进金额或者购进数量。

纳税人以外购原矿与自采原矿混合洗选加工为选矿产品销售的，在计算应税产品销售额或者销售数量时，按照下列方法进行扣减：

$$\text{准予扣减的外购应税产品购进金额（数量）}=\text{外购原矿购进金额（数量）}\times\left(\text{本地区原矿适用税率}\div\text{本地区选矿产品适用税率}\right)$$

不能按照上述方法计算扣减的，按照主管税务机关确定的其他合理方法进行扣减。

2.从量定额征收的计税依据

实行从量定额征收的，以销售数量为计税依据。应税产品的销售数量包括纳税人开采或者生产应税产品的实际销售数量和自用于应当缴纳资源税情形的应税产品数量。

纳税人以自产的液体盐加工固体盐，按固体盐税额征税，以加工的固体盐数量为课税数量。纳税人以外购的液体盐加工成固体盐，其加工固体盐所耗用液体盐的已纳税额准予抵扣。

（二）应纳税额的计算

（1）实行从价定率计征的，应纳税额按照应税资源产品的销售额乘以具体适用税率计算。计算公式为：

应纳税额=销售额×税率

（2）实行从量定额计征的，应纳税额按照应税产品的课税数量乘以单位税额计算。计算公式为：

应纳税额=课税数量×单位税额

【例6-1】某石化企业为增值税一般纳税人，20×3年10月发生以下业务：

（1）从国外某石化公司进口原油50 000吨，支付不含税价款折合人民币9 000万元，其中包含包装费及保险费折合人民币10万元。

(2) 开采原油10 000吨，被将开采的原油对外销售6 000吨，取得含税销售收入2 260万元，同时向购买方收取延期付款利息2.26万元、包装费1.13万元，另外支付运输费用7.02万元。

(3) 用开采的原油2 000吨加工生产汽油1 300吨。

原油的资源税税率为6%。

要求：计算当月应纳的资源税

解：(1) 进口原油不征资源税。

业务 (2) 应纳资源税=(2 260+2.26+1.13)÷(1+13%)×6%=120.18(万元)

业务 (3) 应纳资源税=2 260÷6 000×2 000÷(1+13%)×6%=40(万元)

该石化公司当月应纳资源税=120.18+40=160.18(万元)

【例6-2】某油田是增值税一般纳税人，20×3年11月生产原油20万吨、高凝油3万吨，伴采天然气1 000万立方米。当月用于生产过程加热使用原油2万吨，将其余的原油销售，取得销售额(不含增值税)180万元；将伴采的天然气全部销售，取得销售额(不含增值税)50万元。为邻省某油田进行油田基本建设，在劳务发生地预缴了0.6万元税款后实际取得款项19.4万元；当月购入生产用水电，取得增值税专用发票，标明增值税9万元；从小规模纳税人处外购办公用品，取得税务机关代开的增值税专用发票，税款1万元。当地原油、天然气资源税税率均为6%。

要求：(1) 计算该油田原油、高凝油、天然气应纳的资源税；

(2) 计算该油田可抵扣的增值税进项税额；

(3) 计算该油田应纳的增值税。

解：开采原油过程中用于加热、修井的原油免征资源税，高凝油未销售不缴纳资源税，与开采石油伴采的天然气征税。

(1) 该油田原油应纳的资源税=180×6%=10.8(万元)

该油田天然气应纳的资源税=50×6%=3(万元)

(2) 该油田可抵扣的增值税进项税额=9+1=10(万元)

(3) 该油田应纳的增值税=180×13%+50×9%+(19.4+0.6)÷(1+13%)×13%-10-0.6

=19.6(万元)

原油增值税税率调整为13%，天然气增值税适用9%的低税率。油田基本建设收入征收增值税，在劳务发生地预缴的税款可从其应纳增值税中抵扣。

【例6-3】某煤炭开采企业20×3年8月将外购增值税专用发票上注明的金额为200万元的原煤与自采原煤混合洗选加工为选煤销售，选煤不含税销售额为650万元。当地原煤税率为3%，选煤税率为2%。

要求：计算当月应纳的资源税。

解：准予扣减的外购应税产品购进金额=外购原煤购进金额×(本地区原煤适用税率÷本地区选煤适用税率)

=200×(3%÷2%)=300(万元)

应纳资源税=(650-300)×2%=7(万元)

六、申报与缴纳

(一) 纳税义务发生时间

纳税人销售应税产品，纳税义务发生时间为收讫销售款或者取得索取销售款凭据的当日；自用应税产品的，纳税义务发生时间为移送应税产品的当日。

符合税收优惠条件的纳税人，在减税、免税期间，应按规定办理纳税申报。

（二）纳税期限

资源税按月或者按季申报缴纳；不能按固定期限计算缴纳的，可以按次申报缴纳。

纳税人按月或者按季申报缴纳的，应当自月度或者季度终了之日起15日内，向税务机关办理纳税申报并缴纳税款。

按次申报缴纳的，应当自纳税义务发生之日起15日内，向税务机关办理纳税申报并缴纳税款。

（三）纳税地点

纳税人开采或者生产资源税应税产品，应当依法向开采地或者生产地主管税务机关申报缴纳资源税。

海上开采的原油和天然气资源税由海洋石油税务管理机构征收管理。

扣缴义务人代扣代缴的资源税应向收购地主管税务机关缴纳。

第二节 环境保护税

环境保护税是对我国领域以及管辖的其他海域，直接向环境排放应税污染物的企业、事业单位和其他生产经营者征收的一种税。它由英国经济学家庇古最先提出，荷兰是征收环境保护税比较早的国家。我国环境保护税由排污费改革而来。

我国现行环境保护税的基本规范是2016年12月25日第十二届全国人民代表大会常务委员会第二十五次会议通过的《中华人民共和国环境保护税法》（以下简称《环境保护税法》）和2017年12月30日国务院公布的《中华人民共和国环境保护税法实施条例》。

一、征税对象

环境保护税针对应税污染物征税，是指《环境保护税法》所附环境保护税税目税额表、应税污染物和当量值表规定的大气污染物、水污染物、固体废物和噪声。

大气污染物是指向大气排放，导致大气污染的物质，包括二氧化硫、氮氧化物、粉尘等。

水污染物是指直接或者间接向水体排放，能导致水体污染的物质，包括重金属、悬浮物、动植物油等。

固体废物是指在生产、生活和其他活动中产生的丧失原有利用价值或者虽未丧失利用价值但被抛弃或者放弃的固态、半固态和置于容器中的气态的物品、物质以及法律和行政法规规定纳入固体废物管理的物品、物质，包括煤矸石、尾矿等。

噪声是指工业噪声，即在工业生产活动中使用固定的设备时产生的超过国家规定的环境噪声排放标准的、干扰周围生活环境的声音。

依法设立的城乡污水集中处理、生活垃圾集中处理场所超过国家和地方规定的排放标准向环境排放应税污染物的，应当缴纳环境保护税。

企业、事业单位和其他生产经营者贮存或者处置固体废物不符合国家和地方环境保护标准的，应当缴纳环境保护税。

有下列情形之一的，不属于直接向环境排放污染物，不缴纳相应污染物的环境保护税：

（1）企业、事业单位和其他生产经营者向依法设立的污水集中处理、生活垃圾集中处理场所排放应税污染物的；

（2）企业、事业单位和其他生产经营者在符合国家和地方环境保护标准的设施、场所贮存或者处置固体废物的。

对为社会公众提供生活污水处理服务的城乡污水集中处理场所，在达标排放的情况下给予免征环境保护税的优惠，但服务工业园区企业的污水处理厂需要缴纳环境保护税。

根据《环境保护税法》的规定，目前未将建筑施工噪声和交通噪声纳入征收范围。

二、纳税人

在我国领域和管辖的其他海域，直接向环境排放应税污染物的企业、事业单位和其他生产经营者为环境保护税的纳税人。

居民个人不属于税法规定的企业、事业单位和其他生产经营者，不缴纳环境保护税。

三、税率

环境保护税采用定额税率。应税大气污染物和水污染物的具体适用税额的确定和调整，由省、自治区、直辖市人民政府统筹考虑本地区环境承载能力、污染物排放现状和经济社会生态发展目标要求，在规定的税额幅度内提出，报同级人民代表大会常务委员会决定，并报全国人民代表大会常务委员会和国务院备案。环境保护税税目税额表见表6-2。

表6-2 **环境保护税税目税额表**

税目		计税单位	税额	备注
大气污染物		每污染当量	1.2~12元	
水污染物		每污染当量	1.4~14元	
固体废物	煤矸石	每吨	5元	
	尾矿	每吨	15元	
	危险废物	每吨	1 000元	
	冶炼渣、粉煤灰、炉渣、其他固体废物（含半固态、液态废物）	每吨	25元	
噪声	工业噪声	超标1~3分贝	每月350元	1.一个单位边界上有多处噪声超标，根据最高一处超标声级计算应纳税额；若沿边界长度超过100米有两处以上噪声超标，按照两个单位计算应纳税额。 2.一个单位有不同地点作业场所的，应当分别计算应纳税额，合并计征。 3.昼、夜均超标的环境噪声，昼、夜分别计算应纳税额，累计计征。 4.声源一个月内超标不足15天的，减半计算应纳税额。 5.夜间频繁突发和夜间偶然突发厂界超标噪声，按等效声级和峰值噪声两种指标中超标分贝值高的一项计算应纳税额
		超标4~6分贝	每月700元	
		超标7~9分贝	每月1 400元	
		超标10~12分贝	每月2 800元	
		超标13~15分贝	每月5 600元	
		超标16分贝以上	每月11 200元	

四、减免税

（一）暂免征税项目

（1）农业生产（不包括规模化养殖）排放应税污染物的；

（2）机动车、铁路机车、非道路移动机械、船舶和航空器等流动污染源排放应税污染物的；

（3）依法设立的城乡污水集中处理、生活垃圾集中处理场所排放相应应税污染物，不超过国家和地方规定的排放标准的；

（4）纳税人综合利用的固体废物，符合国家和地方环境保护标准的；

（5）国务院批准免税的其他情形。

（二）减征税额项目

（1）纳税人排放应税大气污染物或者水污染物的浓度值低于国家和地方规定的污染物排放标准30%的，减按75%征收环境保护税；低于国家和地方规定的污染物排放标准50%的，减按50%征收环境保护税。

（2）声源一个月内超标不足15天的，减半计算应纳税额。

五、应纳税额的计算

环境保护税主要按照污染物排放量计征，但污染物排放量的计量较为复杂，大气、水、固体废物、噪声等计量标准不尽相同。

应税固体废物的计税依据，按照固体废物的排放量确定。固体废物的排放量为当期应税固体废物的产生量减去当期应税固体废物的贮存量、处置量、综合利用量的余额。

应税大气污染物、水污染物的计税依据，按照污染物排放量折合的污染当量数确定。

从两个以上排放口排放应税污染物的，对每一排放口排放的应税污染物分别计算征收环境保护税；纳税人持有排污许可证的，其污染物排放口按照排污许可证载明的污染物排放口确定。

（一）计税依据确定的基本方法

1.应税大气污染物、水污染物，按照污染物排放量折合的污染当量数确定

污染当量数，以该污染物的排放量除以该污染物的污染当量值计算。每种应税大气污染物、水污染物对应的污染当量值，依照税法所附应税污染物和当量值表执行。

污染当量是根据各种污染物或污染排放活动对环境的有害程度以及处理的技术经济性，衡量不同污染物对环境污染的一个综合性指标或计量单位。相同污染当量的不同污染物，其污染程度基本相当。

每一排放口或者没有排放口的应税大气污染物，按照污染当量数从大到小排序，对前三项污染物征税。

每一排放口的应税水污染物，按照应税污染物和当量值表，区分第一类水污染物和其他类水污染物，按照污染当量数从大到小排序，对第一类水污染物按照前五项征税，对其他类水污染物按照前三项征税。

省、自治区、直辖市人民政府根据本地区污染物减排的特殊需要，可以增加同一排放口征收环境保护税的应税污染物项目数，报同级人民代表大会常务委员会决定，并报全国人民代表大会常务委员会和国务院备案。

对于纳税人自行对污染物进行监测所获取的监测数据，符合国家有关规定和监测规范

的，在计算环境保护税时视同监测机构出具的监测数据。

纳税人有下列情形之一的，以其当期应纳税大气污染物、水污染物的产生量作为污染物的排放量：

（1）未安装使用污染物自动监测设备或者未将污染物自动监测设备与环境保护主管部门的监控设备联网。

（2）损毁或擅自移动、改变污染物自动监测设备。

（3）篡改、伪造污染物监测数据。

（4）通过暗管、渗井、渗坑、灌注或者稀释排放以及不正常运行防治污染设施等方式违法排放应税污染物。

（5）进行虚假纳税申报。

2.应税固体废物，按照固体废物的排放量确定

固体废物的排放量是指不符合国家和地方环境保护标准贮存或者处置的固体废物的数量。计算公式为：

固体废物的排放量=当期应税固体废物的产生量-当期应税固体废物的贮存量、处置量、综合利用量的余额

固体废物的贮存量、处置量是指在符合国家和地方环境保护标准的设施、场所贮存或者处置的固体废物数量；固体废物的综合利用量是指按照国务院发展改革、工业和信息化主管部门关于资源综合利用要求以及国家和地方环境保护标准进行综合利用的固体废物数量。

纳税人有下列情形之一的，以其当期应税固体废物的产生量作为固体废物的排放量：

（1）非法倾倒应税固体废物；

（2）进行虚假纳税申报。

3.应税噪声，按照超过国家规定标准的分贝数确定

工业噪声按超过国家规定标准的分贝数确定每月应纳税额。超过国家规定标准的分贝数是指实际生产的工业噪声与国家规定的工业噪声排放标准限值之间的差值。

（二）应税大气污染物、水污染物、固体废物的排放量和噪声分贝数确定方法

应税大气污染物、水污染物、固体废物的排放量和噪声的分贝数，按照下列方法和顺序计算：

（1）纳税人安装使用符合国家规定和监测规范的污染物自动监测设备的，按照污染物自动监测数据计算；

（2）纳税人未安装使用污染物自动监测设备的，按照监测机构出具的符合国家有关规定和监测规范的监测数据计算；

（3）因排放污染物种类多等原因不具备监测条件的，按照国务院环境保护主管部门规定的排污系数、物料衡算方法计算；

（4）不能按照上述（1）~（3）项规定的方法计算的，按照省、自治区、直辖市人民政府环境保护主管部门规定的抽样测算的方法核定计算。

（三）应纳税额的计算

1.应税大气污染物应纳税额的计算

应税大气污染物应纳税额为污染当量数乘以具体适用税额。计算公式为：

应税大气污染物应纳税额=污染当量数×适用税额

【例6-4】某企业20×3年9月向大气直接排放二氧化硫、氟化物各100千克，一氧化碳200千克，氯化氢80千克。假定该企业只有一个排放口，该省应税污染物的污染当量值分别为0.95、0.87、16.7、10.75（单位：千克），大气污染物适用税额为1.2元/污染当量。

要求：计算该企业9月应纳的环境保护税。

解：（1）计算各污染物的污染当量数：

二氧化硫污染当量数=100÷0.95=105.26（千克）

氟化物污染当量数=100÷0.87=114.94（千克）

一氧化碳污染当量数=200÷16.7=11.98（千克）

氯化氢污染当量数=80÷10.75=7.44（千克）

（2）按污染物的污染当量数排序：

氟化物（114.94）＞二氧化硫（105.26）＞一氧化碳（11.98）＞氯化氢（7.44）

该企业只有一个排放口，排序选取计税前三项污染物为：氟化物、二氧化硫、一氧化碳。

（3）计算应纳税额：

应纳税额=（114.94+105.26+11.98）×1.2=278.62（元）

2.应税水污染物应纳税额的计算

应税水污染物应纳税额为污染当量数乘以具体适用税额。计算公式为：

应税水污染物应纳税额=污染当量数×适用税额

【例6-5】某企业20×3年9月向水体直接排放水污染物总汞、总镉、总铅、总银各10千克。假定该企业只有一个排放口，该省水污染物的污染当量值分别为0.0005、0.005、0.025、0.02（单位：千克），水污染物适用税额为1.4元/污染当量。

要求：计算该企业9月应纳的环境保护税。

解：（1）计算水污染物的污染当量数：

总汞的污染当量数=10÷0.0005=20 000（千克）

总镉的污染当量数=10÷0.005=2 000（千克）

总铅的污染当量数=10÷0.025=400（千克）

总银的污染当量数=10÷0.02=500（千克）

（2）对水污染物污染当量数排序：

总汞（20 000）＞总镉（2 000）＞总银（500）＞总铅（400）

该企业只有一个排放口，排序选取计税前三项污染物为：总汞、总镉、总银。

（3）计算第一类水污染物应纳税额：

应纳税额=（20 000+2 000+500）×1.4=31 500（元）

3.应税固体废物应纳税额的计算

应税固体废物应纳税额为固体废物排放量乘以具体适用税额。计算公式为：

应税固体废物应纳税额=固体废物排放量×适用税额

【例6-6】某企业20×3年9月产生尾矿1 000吨，其中综合利用尾矿300吨（符合国家和地方环境保护标准）、在符合国家和地方环境保护标准的设施贮存200吨。假定尾矿适用税额为15元/吨。

要求：计算该企业9月应纳的环境保护税。

解：应纳税额=（1 000−300−200）×15=7 500（元）

4.应税噪声应纳税额的计算

应税噪声应纳税额为超过国家规定标准的分贝数乘以具体适用税额。计算公式为：

应税噪声应纳税额=超过国家规定标准的分贝数×适用税额

【例6-7】假设某工业企业只有一个生产场所，只在昼间生产，边界处声环境功能区类型为1类，生产时产生的噪声为60分贝。工业企业厂界环境噪声排放标准规定，1类功能区昼间的噪声排放限值为55分贝。该企业沿边界长度超100米只有一处噪声超标，当月生产21天。

要求：计算该企业当月应纳的环境保护税。

解：超标分贝数=60-55=5（分贝）

根据环境保护税税目税额表，该企业当月噪声污染应缴纳环境保护税700元。

六、申报与缴纳

（一）纳税义务发生时间

环境保护税纳税义务发生时间为纳税人排放应税污染物的当日。

税务机关依法履行环境保护税纳税申报受理、涉税信息比对、组织税款入库等职责。

纳税人申报缴纳时，应当向税务机关报送所排放应税污染物的种类、数量，大气污染物、水污染物的浓度值，以及税务机关根据实际需要要求纳税人报送的其他纳税资料。纳税人应当依法如实办理纳税申报，对申报的真实性和完整性承担责任。

环境保护主管部门依法负责应税污染物的监测管理，制定和完善污染物监测规范。

（二）纳税期限

环境保护税按月计算，按季申报缴纳；不能按固定期限计算缴纳的，可以按次申报缴纳。纳税人按季申报缴纳的，应当自季度终了之日起15日内，向税务机关办理纳税申报并缴纳税款。纳税人按次申报缴纳的，应当自纳税义务发生之日起15日内，向税务机关办理纳税申报并缴纳税款。

（三）纳税地点

纳税人应当向应税污染物排放地的税务机关申报缴纳环境保护税。应税污染物排放地是指应税大气污染物、水污染物排放口所在地，应税固体废物产生地、应税噪声产生地。

思政小园地

党的十八大以来，以习近平同志为核心的党中央坚定不移全面深化改革，财税体制改革是其中的重要内容。“绿水青山就是金山银山”的理念深入人心，与之相适应的绿色税收制度也在不断发展完善。税务部门稳步推进政策落实，取得良好效果。“多税共治”，促进节能减排。2016年，全面实施资源税清费立税、从价计征改革，在河北省试点开征水资源税；2017年年底，在北京等9个省市扩大水资源税改革试点，倒逼超采地区企业减少地下水取用量。2018年1月1日，开征环境保护税，有力引导和激励企业加大环保投入、主动治污、节能减排。

2018年12月29日，耕地占用税法表决通过，筑牢耕地保护“防护网”，推动国土空间开发格局的持续优化。2020年9月1日，资源税法正式施行，进一步促进资源合理利用，推动资源和社会协调发展。“多策组合”，引导绿色发展。①

习　题

一、即测即评

第六章单选题　　第六章多选题　　第六章判断题

二、实务题

1.某油气田原油价格每吨6 000元（不含增值税），天然气每立方米2元（不含增值税）。20×3年11月发生以下业务：

（1）开采原油30 000吨，同时内部用于开采原油过程中加热的原油为5 000吨，将10 000吨自产原油用于对外投资，当月销售原油10 000吨。

（2）当月与原油同时开采的天然气为600 000立方米，储存500 000立方米，当月销售100 000立方米。

原油、天然气适用的资源税税率为6%。

要求：计算该油田11月应纳的资源税。

2.某生产企业20×3年8月购入铜原矿并取得增值税专用发票，注明金额为310万元，当月将外购铜原矿与自采铜原矿混合洗选加工为铜选矿进行销售，取得不含税销售额1 000万元。已知当地铜原矿税率为7%，铜选矿税率为5%。

要求：计算当月应纳的资源税。

3.某化工厂只有一个污水排放口且直接向河流排放污水。20×3年9月该厂自动监测仪器读数显示，当月排放硫化物、氟化物各200千克，甲醛、总铜各180千克，总锌400千克，总锰240千克。已知硫化物、甲醛污染当量值为0.125千克，氟化物污染当量值为0.5千克，总铜污染当量值为0.1千克，总锌、总锰污染当量值为0.2千克。这些污染物属于第二类水污染物，假定当地水污染物适用的当量税额为3元。

要求：计算该化工厂9月应纳的环境保护税。

① 国家税务总局税收宣传中心．构建现代税收制度　服务经济社会发展——党的十八大以来税务部门落实税制改革举措综述［EB/OL］.（2022-09-13）［2022-12-01］. https://baijiahao.baidu.com/s?id=1743840050780595624&wfr=spider&for=pc.

第七章

城镇土地使用税和耕地占用税

【学习目标】

一、知识体系

1. 城镇土地使用税税制要素与计算。

2. 耕地占用税税制要素与计算。

二、价值塑造

1. 以马克思主义哲学为指导，理论与实践相结合，提高税收理论素养。

2. 以习近平新时代中国特色社会主义思想为指导，准确把握新时代城镇土地使用税、耕地占用税的职能定位，培育经世济民、诚信服务、德法兼修的税务职业素养。

三、能力培养

1. 熟悉城镇土地使用税、耕地占用税税制要素，理解它们的计税原理。

2. 掌握城镇土地使用税、耕地占用税的计算方法。

3. 了解城镇土地使用税、耕地占用税的申报与缴纳。

第一节　城镇土地使用税

城镇土地使用税是以城镇土地为征税对象，对在城镇范围内拥有土地使用权的单位和个人征收的一种税。国家对土地征税的历史很悠久，早在古希腊时代，对土地征税就已出现；我国早在周朝就开始对土地征税，规定“民耕百亩者，彻取十亩以为赋”。

我国现行城镇土地使用税的基本规范是2013年12月4日国务院第32次常务会议修改的《中华人民共和国城镇土地使用税暂行条例》（简称《城镇土地使用税暂行条例》）。

一、征税范围

城镇土地使用税的征税范围包括城市、县城、建制镇和工矿区内的国家所有和集体所有的土地。具体标准如下：

（1）城市，按市行政区域（含郊区）的范围征收。

（2）县城，按县城行政区域（含镇郊）的范围征收。

（3）建制镇，按镇人民政府所在地的镇区范围征收，不包括所辖行政村。

（4）工矿区为工商业比较发达，非农业人口达2 000人以上，尚未设立建制镇的大中型工矿企业所在地的区域范围（各地在城市、县城、建制镇、工矿区以外设立的开发区、加工区、工业区，凡符合工矿区条件的，按工矿区征收城镇土地使用税）。

在城镇土地使用税征收范围内，利用林场土地兴建度假村等休闲娱乐场所的，其经营、办公和生活用地，应按规定征收城镇土地使用税。

公园、名胜古迹内的索道公司经营用地，应按规定缴纳城镇土地使用税。

二、纳税人

在城市、县城、建制镇、工矿区范围内使用土地的单位和个人，为城镇土地使用税的纳税人。

单位，包括国有企业、集体企业、私营企业、股份制企业、外商投资企业、外国企业以及其他企业和事业单位、社会团体、国家机关、军队以及其他单位。

个人，包括个体工商户以及其他个人。

城镇土地使用税的纳税人通常包括以下几类：

（1）拥有土地使用权的单位或个人。

（2）拥有土地使用权的纳税人不在土地所在地的，由代管人或实际使用人纳税。

（3）土地使用权未确定或权属纠纷未解决的，由实际使用人纳税。

（4）土地使用权共有的，由共有各方分别纳税。①

（5）在城镇土地使用税征税范围内，承租集体所有建设用地的，由直接从集体经济组织承租土地的单位和个人缴纳城镇土地使用税。

三、税率

城镇土地使用税实行分级幅度定额税率，每个幅度税额的差距为20倍，从量定额计征，按大、中、小城市和县城、建制镇、工矿区分别规定每平方米城镇土地使用税年应纳税额。具体规定如下：

（1）大城市1.5~30元。

（2）中等城市1.2~24元。

（3）小城市0.9~18元。

（4）县城、建制镇、工矿区0.6~12元。

经省、自治区、直辖市人民政府批准，经济落后地区的城镇土地使用税适用税额标准可以适当降低，但降低额不得超过规定的最低税额的30%。经济发达地区城镇土地使用税适用税额标准可以适当提高，但须报经财政部批准。

四、减免税

（一）法定免缴城镇土地使用税的优惠

（1）国家机关、人民团体、军队自用的土地（指自身的办公用地和公务用地）。

（2）由国家财政部门拨付事业经费的单位自用的土地（指自身的业务用地）。

① 几个人或几个单位共同拥有一块土地的使用权，城镇土地使用税的纳税人应是对该土地拥有使用权的每一个人或每一个单位，以其实际使用的土地面积占总面积的比例，分别计算缴纳城镇土地使用税。

（3）宗教寺庙、公园、名胜古迹自用的土地。

（4）市政街道、广场、绿化地带等公共用地。

（5）直接用于农、林、牧、渔业的生产用地。

（6）经批准开山填海整治的土地和改造的废弃土地，从使用的月份起免缴城镇土地使用税5～10年。

（7）非营利性医疗机构、疾病控制机构和妇幼保健机构等卫生机构及非营利性科研机构自用的土地。

（8）国家拨付事业经费和企业办的各类学校、托儿所、幼儿园自用的房产、土地。

（9）免税单位无偿使用纳税单位的土地（如公安、海关等单位使用铁路、民航等单位的土地）

纳税单位无偿使用免税单位的土地，纳税单位应照章缴纳城镇土地使用税。纳税单位与免税单位共同使用、共有使用权土地上的多层建筑，对纳税单位可按其占用的建筑面积占建筑总面积的比例计征城镇土地使用税。

（10）保障性住房建设用地。

（11）新征用的耕地自批准征用之日起1年内免征土地使用税。

（12）在城镇土地使用税征收范围内经营采摘、观光农业的单位和个人，其直接用于采摘、观光的种植、养殖、饲养的土地。

（13）自2023年1月1日至2027年12月31日，对增值税小规模纳税人、小型微利企业和个体工商户减半征收镇土地使用税。

（14）至2027年12月31日前，对城市公交站场、道路客运站场、城市轨道交通系统运营用地，免征城镇土地使用税，对物流企业自有（包括自用和出租）或承租的大宗商品仓储设施用地，减按所属土地等级适用税额标准的50%计征城镇土地使用税。

（二）省、自治区、直辖市税务局确定的城镇土地使用税减免优惠

（1）个人所有的居住房屋及院落用地；

（2）房产管理部门在房租调整改革前经租的居民住房用地；

（3）免税单位职工家属宿舍用地；

（4）集体和个人举办学校、医院、托儿所、幼儿园用地。

（三）对重点产业的税收优惠

为了体现国家产业政策，支持重点产业的发展，对石油、电力、煤炭等能源用地，民用港口、铁路等交通用地和水利设施用地，三线调整企业、盐业、采石场、邮电等一些特殊用地划分了征免税界限和给予政策性减免税照顾，具体规定如下：

（1）对企业的铁路专用线、公路等用地，在厂区以外、与社会公用地段未加隔离的，暂免征收城镇土地使用税。

（2）对企业厂区以外的公共绿化用地和向社会开放的公园用地一律暂免征收城镇土地使用税。

（3）对火电厂厂区围墙外的灰场、输灰管、输油（气）管道、铁路专用线用地、水源用地以及热电厂供热管道用地免征城镇土地使用税；厂区围墙外的其他用地，应照章征税。电力项目建设期间纳税有困难的，由省、自治区、直辖市税务局审核后，报国家税务总局批准减免。对供电部门的输电线路用地、变电站用地，免征城镇土地使用税。

（4）水利设施及其管护用地（如水库库区、大坝、堤防、灌渠、泵站等用地）免征土地使用税；其他用地，如生产、办公、生活用地，应照章征收城镇土地使用税。对兼有发电的水利设施用地免征城镇土地使用税问题，比照电力行业免征土地使用税的有关规定办理。

五、应纳税额的计算

（一）计税依据

城镇土地使用税以纳税人实际占用的土地面积为计税依据，土地面积计量标准为平方米。纳税人实际占用的土地面积按下列办法确定：

（1）凡由省、自治区、直辖市人民政府确定的单位组织测定土地面积的，以测定的面积为准。

（2）尚未组织测量，但纳税人持有政府部门核发的土地使用证书的，以证书确认的土地面积为准。

（3）尚未核发土地使用证书的，应由纳税人申报土地面积，据以纳税，待核发土地使用证书以后再做调整。

（4）对在城镇土地使用税征税范围内单独建造的地下建筑用地，暂按应征税款的50%征收城镇土地使用税。其中，已取得地下土地使用权证的，按土地使用权证确认的土地面积计算应征税款；未取得地下土地使用权证或地下土地使用权证上未标明土地面积的，按地下建筑垂直投影面积计算应征税款，并暂按50%征收城镇土地使用税。

（二）应纳税额的计算

城镇土地使用税应纳税额按纳税人实际占用的土地面积和规定的税额标准计征。计算公式为：

全年应纳税额=实际占用的应税土地面积（平方米）×适用税额

按照公式计算出来的应纳税额是全年应纳税额，城镇土地使用税规定的纳税期限是按年计算、分期缴纳。若纳税人占用土地不到1年，则需要进行分摊计算。

【例7-1】某供热企业20×3年度占地面积80 000平方米，其中厂房63 000平方米（有一间3 000平方米的车间无偿提供给公安消防队使用）、行政办公楼5 000平方米、厂办子弟学校5 000平方米、厂办招待所2 000平方米、厂办医院和幼儿园各1 000平方米、厂区内绿化用地3 000平方米。城镇土地使用税单位税额为每平方米3元。

要求：计算该企业应纳城镇土地使用税。

解：应纳城镇土地使用税=（80 000−3 000−5 000−1 000−1 000）×3=210 000（元）

六、申报与缴纳

（一）纳税义务发生时间

（1）购置新建商品房，自房屋交付使用之次月起。

（2）购置存量房，自办理房屋权属转移、变更登记手续，房地产权属登记机关签发房屋权属证书之次月起。

（3）出租、出借房产，自交付出租、出借房产之次月起。

（4）以出让或转让方式有偿取得土地使用权的，应由受让方从合同约定交付土地时间的次月起；合同未约定交付土地时间的，由受让方从合同签订的次月起。

（5）新征用耕地，自批准征用之日起满1年时。

（6）新征用非耕地，自批准征用次月起。

（二）纳税期限

城镇土地使用税实行按年计算、分期缴纳的征收方法，具体纳税期限由省、自治区、直辖市人民政府确定。

（三）纳税地点

城镇土地使用税在土地所在地缴纳。纳税人使用的土地不属于同一省、自治区、直辖市管辖的，由纳税人分别向土地所在地的税务机关缴纳；在同一省、自治区、直辖市管辖范围内，纳税人跨地区使用的土地，其纳税地点由各省、自治区、直辖市税务机关确定。

第二节　耕地占用税

耕地占用税是国家对占用耕地建房或从事其他非农业建设的单位和个人，就其实际占用的耕地面积征收的一种税，属于对特定土地资源占用课税，实行一次性课征。

我国现行耕地占用税的基本规范是2018年12月29日第十三届全国人民代表大会常务委员会第七次会议通过的《中华人民共和国耕地占用税法》，以及2019年8月29日财政部、国家税务总局、自然资源部、农业农村部、生态环境部发布的《中华人民共和国耕地占用税法实施办法》。

一、征税对象与范围

耕地占用税的征税对象，是指占用耕地建房或从事其他非农业建设的行为。决定耕地占用税征税对象的要素有两个：一是建设行为；二是被占耕地。

占用园地、林地、草地、农田水利用地、养殖水面、渔业水域滩涂以及其他农用地建设建筑物、构筑物或者从事非农业建设的，依法缴纳耕地占用税。

占用耕地建设农田水利设施以及占用农用地建设直接为农业生产服务的生产设施的，不缴纳耕地占用税。因建设项目施工或者地质勘查临时占用耕地，应依法缴纳耕地占用税。

二、纳税人

在我国境内占用耕地建设建筑物、构筑物或者从事非农业建设的单位和个人，为耕地占用税的纳税人。

经批准占用耕地的，纳税人为农用地转用审批文件中标明的建设用地人；农用地转用审批文件中未标明建设用地人的，纳税人为用地申请人，其中用地申请人为各级人民政府的，由同级土地储备中心、自然资源主管部门或政府委托的其他部门、单位履行耕地占用税申报纳税义务。

未经批准占用耕地的，纳税人为实际用地人。

三、税率

耕地占用税实行四级地区差别幅度定额税率。具体税额（年税额）规定如下：

（1）人均耕地不超过1亩的地区（以县级行政区域为单位，下同），每平方米为10~50元；

（2）人均耕地超过1亩但不超过2亩的地区，每平方米为8~40元；

（3）人均耕地超过2亩但不超过3亩的地区，每平方米为6~30元；

（4）人均耕地超过3亩的地区，每平方米为5~25元。

人均耕地面积越少，单位税额越高。

各地区耕地占用税的适用税额，由省、自治区、直辖市人民政府根据人均耕地面积和经济发展等情况，在上述规定的税额幅度内提出，报同级人民代表大会常务委员会决定，并报全国人民代表大会常务委员会和国务院备案。各省、自治区、直辖市耕地占用税适用税额的平均水平不得低于各省、自治区、直辖市耕地占用税平均税额表（见表7-1）规定的平均税额。

表7-1　**各省、自治区、直辖市耕地占用税平均税额表**

省、自治区、直辖市	平均税额（元/平方米）
上海	45
北京	40
天津	35
江苏、浙江、福建、广东	30
辽宁、湖北、湖南	25
河北、安徽、江西、山东、河南、重庆、四川	22.5
广西、海南、贵州、云南、陕西	20
山西、吉林、黑龙江	17.5
内蒙古、西藏、甘肃、青海、宁夏、新疆	12.5

在人均耕地低于0.5亩的地区，省、自治区、直辖市可以根据当地经济发展情况，适当提高耕地占用税的适用税额，但提高的部分不得超过每平方米为8~40元适用税额的50%。

占用基本农田的，应当按照每平方米为8~40元适用税额或者当地适用税额，加按150%征收。

四、减免税

（一）免征耕地占用税

（1）军事设施占用耕地。

（2）学校、幼儿园、社会福利机构、医疗机构占用耕地。

（3）农村烈士遗属、因公牺牲军人遗属、残疾军人以及符合农村最低生活保障条件的农村居民，在规定用地标准以内新建自用住宅。

（二）减征耕地占用税

（1）铁路线路、公路线路、飞机场跑道、停机坪、港口、航道、水利工程占用耕地，减按每平方米2元的税额征收耕地占用税。

（2）农村居民在规定用地标准以内占用耕地新建自用住宅，按照当地适用税额减半征收耕地占用税，其中农村居民经批准搬迁，新建自用住宅占用耕地不超过原宅基地面积的部分，免征耕地占用税。

（3）自2023年1月1日至2027年12月31日，对增值税小规模纳税人、小型微利企业和个体工商户减半征收耕地占用税。

按规定免征或者减征耕地占用税后，纳税人改变原占地用途，不再属于免征或者减征耕地占用税情形的，应当按照当地适用税额补缴耕地占用税。

五、应纳税额的计算

耕地占用税以纳税人实际占用的属于耕地占用税征税范围的土地（以下简称“应税土地”）面积为计税依据，按应税土地当地适用税额计税，实行一次性征收。计算公式为：

应纳税额=应税土地面积×适用税额

应税土地面积包括经批准占用面积和未经批准占用面积，以平方米为单位。

当地适用税额，是指省、自治区、直辖市人民代表大会常务委员会决定的应税土地所在地县级行政区的现行适用税额。

【例7-2】20×3年4月某市一家企业新占用19 800平方米耕地用于工业建设，所占耕地适用的定额税率为20元/平方米。

要求：计算该企业应纳的耕地占用税。

解：应纳税额=19 800×20=396 000（元）

六、申报与缴纳

耕地占用税的纳税义务发生时间为纳税人收到自然资源主管部门办理占用耕地手续的书面通知的当日。

纳税人应当自纳税义务发生之日起30日内申报缴纳耕地占用税。

纳税人改变原占地用途，需要补缴耕地占用税的，其纳税义务发生时间为改变用途当日，具体为：经批准改变用途的，纳税义务发生时间为纳税人收到批准文件的当日；未经批准改变用途的，纳税义务发生时间为自然资源主管部门认定纳税人改变原占地用途的当日。

未经批准占用应税土地的纳税人，其纳税义务发生时间为自然资源主管部门认定其实际占地的当日。

自然资源主管部门凭耕地占用税完税凭证或者免税凭证和其他有关文件发放建设用地批准书。

思政小园地

2022年6月25日是第32个“全国土地日”。重庆税务部门严格落实耕地占用税及相关税费政策，助力耕地数量、质量、生态“三位一体”保护的作用日益显现。

在耕地占用税的征收过程中，通过税收导向和调节作用，形成良性循环，达到合理利用土地资源、加强土地管理、保护耕地的目的。同时，加强与规划和自然资源等相关部门协作，建立起耕地占用税涉税信息共享机制和工作配合机制，既从严征收，又从细落实各项优惠政策，为守护耕地红线和粮食安全“生命线”贡献税务力量，为粮食稳产增产打牢耕地基础。①

---

① 国家税务总局，重庆市税务局.重庆：发挥“税力量”，守护耕地红线［EB/OL］.（2022-06-30）［2022-12-01］.http：//www.chinatax.gov.cn/chinatax/n810219/n810739/c5176960/content.html.

习　题

一、即测即评

第七章单选题　　第七章多选题　　第七章判断题

二、实务题

1. 某外商投资企业20×3年年初实际占地面积为50 000平方米，其中企业自办幼儿园占地2 000平方米、职工医院占地2 000平方米、企业绿化占地5 000平方米、无偿向某部队提供训练用地1 000平方米。20×3年4月该企业为扩大生产，根据有关部门的批准，新征用非耕地8 000平方米。该企业所处地段适用年税额3元/平方米。

要求：计算当年该企业应纳的城镇土地使用税。

2.A公司为位于某城市郊区的一家国有企业，20×3年土地使用的相关资料如下：

（1）该公司提供的政府部门核发的土地使用证书显示，A公司实际占用的土地面积中，该公司内部托儿所和医院共占地1 000平方米，厂区以外的公用绿化用地为2 000平方米。

（2）1月1日将一块100平方米的土地无偿借给某国家机关作为公务用途使用。

（3）1月1日从某公园无偿借到一块50平方米的土地作为办公室。

（4）与某外商投资企业共同拥有一栋办公楼。该办公楼建筑面积5 000平方米，A公司实际使用2 000平方米，其余归外商投资企业使用。该办公楼占用土地3 000平方米。

（5）除上述土地外，其余土地为10 000平方米，均为A公司生产经营用地。

当地城镇土地使用税每年征收一次，年税额1元/平方米。

要求：计算A公司当年应纳的城镇土地使用税。

3. 20×3年5月某企业兴建厂房，经批准占用耕地50亩（1亩≈667平方米），该地区耕地占用税为7元/平方米。

要求：计算其应纳的耕地占用税。

第八章

房产税和契税

【学习目标】

一、知识体系

1. 房产税税制要素与计算。

2. 契税税制要素与计算。

二、价值塑造

1. 以马克思主义哲学为指导，理论与实践相结合，提高税收理论素养。

2. 以习近平新时代中国特色社会主义思想为指导，准确把握新时代房产税、契税的职能定位，培育经世济民、诚信服务、德法兼修的税务职业素养。

三、能力培养

1. 熟悉房产税、契税税制要素，理解它们的计税原理。

2. 掌握房产税、契税的计算方法。

3. 了解房产税、契税的申报与缴纳。

第一节　房产税

房产税是以房屋为征税对象，以房屋的计税余值或租金收入为计税依据，向房产所有人或经营人征收的一种财产税。

我国现行房产税的基本规范是1986年9月15日国务院颁布的《中华人民共和国房产税暂行条例》（以下简称《房产税暂行条例》）。

一、征税对象和范围

房产税的征税对象是房产。与房屋不可分割的各种附属设施或不单独计价的配套设施，也属于房屋，应一并征收房产税。独立于房屋之外的建筑物（如水塔、围墙、加油站罩棚等）不属于房屋，不征房产税。所谓房产，是以房屋形态表现的财产，是指有屋面和围护结构（有墙或两边有柱），能遮风避雨，可供人们在其中生产、工作、学习、娱乐、居住或储藏物资的场所。房产不等于建筑物。

房产税的征税范围为位于城市、县城、建制镇和工矿区的房屋，对坐落在农村的房屋暂不征收房产税。

（1）城市，是指国务院批准设立的市，包括市区、郊区和市辖县县城，但不包括农村。

（2）县城，是指未设立建制镇的县人民政府所在地。

（3）建制镇，是指经省、自治区、直辖市人民政府批准设立的建制镇，但不包括所辖的行政村。

（4）工矿区，是指工商业比较发达、人口比较集中，符合国务院规定的建制镇标准，但尚未设立镇建制的大中型工矿企业所在地。开征房产税的工矿区须经省、自治区、直辖市人民政府批准。

二、纳税人

房产税以在征税范围内的房屋产权所有人为纳税人。产权属于全民的，由经营管理单位缴纳；产权出典的，由承典人缴纳；产权所有人、承典人不在房产所在地的，或者产权未确定及租典纠纷未解决的，由房产代管人或者使用人缴纳。

自2009年1月1日起，废止《中华人民共和国城市房地产税暂行条例》，外商投资企业、外国企业和组织以及外籍个人（包括中国港澳台资企业和组织以及华侨、港澳台同胞，统称外资企业及外籍个人）一并依照《房产税暂行条例》缴纳房产税，属于房产税纳税人。

纳税单位和个人无租使用房产管理部门、免税单位及纳税单位的房产，如企业无租使用政府机构办公楼办公，应由使用人代为缴纳房产税。

三、税率

我国现行房产税采用比例税率。根据其计税依据不同，税率分为：

（1）以房产原值一次减除10%~30%后的房产余值为计税依据的，年税率为1.2%。

（2）以房产租金收入为计税依据的，税率为12%，但对个人出租住房，不区分用途，按4%的税率征收房产税。

四、减免税

（1）国家机关、人民团体、军队自用的房产免纳房产税。这是指这些单位本身的办公用房和公务用房，但上述免税单位的出租房产不属于免税范围。

（2）由国家财政部门拨付事业经费的单位（包括实行差额预算管理的事业单位）自用的房产免纳房产税。这是指这些单位本身的业务用房，但学校的工厂、商店、招待所等应按照规定纳税。

（3）宗教寺庙、公园、名胜古迹自用的房产免纳房产税。宗教寺庙自用的房产，是指举行宗教仪式等的房屋和宗教人员使用的生活房屋。公园、名胜古迹自用的房产，是指提供参观游览的房屋及管理单位的办公用房。

上述享受免税单位出租的房产以及非本身业务用的生产、营业用房，不属于免税范围，应征收房产税。

（4）个人所有的非营业用房产免征房产税，但个人拥有的营业用房或出租的房产，应按照规定纳税。

（5）对行使国家行政管理职能的中国人民银行总行所属分支机构自用的房地产，免征房产税。

（6）基建工地的临时性房屋，在施工期间免征房产税。

（7）对公租房免征房产税。对经营公租房所取得的租金收入，免征增值税。公租房经营管理单位应单独核算公租房租金收入，未单独核算的，不得享受免征增值税、房产税优惠政策。

（8）对于营业用的人防设施暂不征收房产税。

（9）至2027年12月31日前，对增值税小规模纳税人、小型微利企业和个体工商户减半征收房产税，对高校学生公寓免征房产税。

（10）至2027年12月31日前，对向居民供热收取采暖费的供热企业，为居民供热所使用的厂房及土地免征房产税、城镇土地使用税。

五、应纳税额的计算

（一）计税依据

房产税的计税依据是房产的计税余值或房产的租金收入。按照房产计税余值征税的，称为从价计征；按照房产租金收入征税的，称为从租计征。

1.从价计征

从价计征就是以房产原值一次减除10%~30%后的余值为计税依据，具体减除幅度由省、自治区、直辖市人民政府确定。

房产原值是指纳税人按照会计制度的规定，在会计账簿“固定资产”科目中记载的房屋原价。

对依照房产原值计税的房产，不论是否记载在会计账簿“固定资产”科目中，均应按照房屋原价计算缴纳房产税。房屋原价应根据国家有关会计制度的规定进行核算。对纳税人未按国家会计制度的规定核算并记载的，应按规定予以调整或重新评估。

（1）对按照房产原值计税的房产，无论会计如何核算，房产原值均应包含地价，包括为取得土地使用权支付的价款、开发土地发生的成本费用等。宗地容积率低于0.5的，按房产建筑面积的2倍计算土地面积并据此确定计入房产原值的地价。容积率的计算式为：

容积率=总建筑面积÷土地面积

（2）房产原值应包括与房屋不可分割的各种附属设备或一般不单独计算价值的配套设施。

① 以房屋为载体，不可随意移动的附属设备和配套设施，如给排水、采暖、消防、中央空调、电气及智能化楼宇设备等，无论在会计核算中是否单独记账与核算，都应计入房产原值，计征房产税。

② 对于更换房屋附属设备和配套设施的，在其价值计入房产原值时，可扣减原来相应设施的价值。

③ 对附属设备和配套设施中易损坏、需要经常更换零配件的，更新后不再计入房产原值。

（3）纳税人对原有房屋进行改建、扩建，要相应增加房产原值。

（4）投资联营房产的计税依据。

① 对于以房产投资联营，投资者参与投资利润分红、共担风险的，以房产的计税余值作为计税依据计征房产税（被投资方是纳税人）。

② 对以房产投资，收取固定收入、不承担联营风险的，实际上是以联营的名义取得房产租金，应由出租方按租金收入计算缴纳房产税。

③ 融资租赁的房产，由承租人自租赁合同约定开始日的次月起依照房产余值缴纳房产税。合同未约定开始日的，由承租人自合同签订的次月起依照房产余值缴纳房产税。

（5）对居民住宅区内业主共有的经营性房产，由实际经营（包括自营和出租）的代管人或使用人缴纳房产税。其中，自营的，依照房产原值减除10%～30%后的余值计征；没有房产原值或不能将业主共有房产与其他房产的原值准确划分开的，由房产所在地税务机关参照同类房产核定房产原值。出租的，依照租金收入计征。

（6）无租使用其他单位房产的应税单位和个人，依照房产余值代缴房产税；产权出典的房产，由承典人依照房产余值缴纳房产税。

（7）凡在房产税征收范围内的具备房屋功能的地下建筑，包括与地上房屋相连的地下建筑以及完全建在地面以下的建筑、地下人防设施等，均应当依照有关规定征收房产税。

对于与地上房屋相连的地下建筑，如房屋的地下室、地下停车场、商场的地下部分等，应将地下部分与地上房屋视为一个整体，按照地上房屋建筑的有关规定计算征收房产税。

2.从租计征

从租计征就是以取得的租金收入为计税依据。租金收入是房屋产权所有人出租房产使用权所取得的报酬，包括货币收入、实物收入及其他形式的收入。

（1）对出租房产，租赁双方签订的租赁合同约定有出租的地下建筑的，按照出租地上房屋建筑的有关规定计算征收房产税。

（2）如果是以劳务或者其他形式为报酬抵付房租收入的，应根据当地同类房产的租金水平，确定一个标准租金数额从租计征。

（3）合同约定免收租金期限的，免收租金期间由产权所有人按照房产原值缴纳房产税（区别于无租使用房产的规定）。

（二）应纳税额的计算

房产税应纳税额的计算方法有以下两种：

1.按房产余值从价计征的计算公式

应纳税额=房产原值×（1-减除比例）×税率

2.按租金收入从租计征的计算公式

应纳税额=房产租金收入×税率

以人民币以外的货币为记账本位币的外资企业及外籍个人在缴纳房产税时，均应将其根据记账本位币计算的税款按照缴款上月最后一日的人民币汇率中间价折合成人民币。

【例8-1】位于建制镇的某公司主要经营农产品采摘、销售、观光业务，占地3万平方米。其中，采摘、观光的种植用地2.5万平方米，职工宿舍和办公用地0.5万平方米。房产原值300万元。该公司20×3年发生以下业务：

（1）全年取得旅游观光收入150万元、农产品零售收入180万元；

（2）6月30日签订房屋租赁合同一份，将价值50万元的办公室从7月1日起出租给他人使用，租期12个月，月租0.2万元，每月收租金1次；

（3）8月与保险公司签订农业保险合同一份，支付保险费3万元；

（4）9月与租赁公司签订融资租赁合同一份，租赁价值30万元的鲜果拣选机一台，租期5年，租金共计40万元，每年支付8万元。

该公司适用的城镇土地使用税税率为每平方米5元，当地规定计算房产余值的扣除比例为30%。

要求：计算该公司20×3年应缴纳的城镇土地使用税和房产税。

解：（1）应缴纳城镇土地使用税=（3−2.5）×5×10 000＝25 000（元）

（2）应缴纳房产税=300×（1−30%）×1.2%×50%×10 000+（300−50）×（1−30%）×1.2%×50%×10 000+0.2×6×12%×10 000

=24 540（元）

六、申报与缴纳

（一）纳税义务发生时间

（1）纳税人将原有房产用于生产经营，从生产经营之次月起，缴纳房产税。

（2）纳税人自行新建房屋用于生产经营，自建成之次月起，缴纳房产税。

（3）纳税人委托施工企业建设的房屋，从办理验收手续之次月起，缴纳房产税。

（4）纳税人购置新建商品房，自房屋交付使用之次月起，缴纳房产税。

（5）纳税人购置存量房，自办理房屋权属转移、变更登记手续，房地产权属登记机关签发房屋权属证书之次月起，缴纳房产税。

（6）纳税人出租、出借房产，自交付出租、出借房产之次月起，缴纳房产税。

（7）房地产开发企业自用、出租、出借本企业建造的商品房，自房屋使用或交付之次月起，缴纳房产税。

（8）纳税人因房产的实物或权利状态发生变化而依法终止房产税的纳税义务的，其应纳税款的计算应截止到房产的实物或权利发生变化的当月末。

（二）纳税期限

房产税实行按年计算、分期缴纳的征收方法，具体纳税期限由省、自治区、直辖市人民政府规定。

（三）纳税地点

房产税由纳税人向房产所在地税务机关缴纳。房产不在同一地方的纳税人，应按房产的坐落地点分别向房产所在地税务机关缴纳。

第二节　契　税

契税是在土地、房屋权属转移时，向产权承受人征收的一种财产税。我国现行契税的基本规范是2020年8月11日第十三届全国人民代表大会常务委员会第二十一次会议表决通过的、自2021年9月1日起施行的《中华人民共和国契税法》（以下简称《契税法》）。

一、征税范围

契税的征税对象是我国境内发生土地使用权和房屋所有权权属转移的土地和房屋。具体征税范围包括：

（1）土地使用权出让，是指土地使用者向国家交付土地使用权出让费用，国家将国有土地使用权在一定年限内让予土地使用者的行为。国有土地使用权出让不得因减免土地出让金而减免契税。

（2）土地使用权转让，是指土地使用者以出售、赠与、互换或者其他方式将土地使用权转移给其他单位和个人的行为。

土地使用权出售，是指土地使用者以土地使用权作为交易条件，取得货币、实物、无形资产或者其他经济利益的行为。土地使用权赠与，是指土地使用者将土地使用权无偿转让给受赠者的行为。土地使用权互换，是指土地使用者之间相互交换土地使用权的行为。土地使用权转让不包括农村集体土地承包经营权的转移。

（3）房屋买卖，是指房屋所有者将其房屋出售，由承受者交付货币、实物、无形资产或者其他经济利益的行为。

（4）房屋赠与，是指房屋所有者将其房屋无偿转让给受赠者的行为。非法定继承人根据遗嘱承受继承死者生前的土地、房屋权属，属于遗赠，也属于赠与行为，应征收契税。

（5）房屋互换，是指房屋所有者之间相互交换房屋所有权的行为。

（6）以作价投资入股、偿还债务、划转、奖励等方式转移土地、房屋权属的，属于契税的征收范围。

二、纳税人

契税的纳税人是指在我国境内转移土地、房屋权属过程中，承受土地使用权或房屋所有权的单位和个人。承受，是指以受让、购买、受赠、交换等方式取得土地、房屋权属的行为。

国有土地使用权出让，土地使用权转让，房屋买卖、赠与和互换，以土地和房屋权属作价投资、入股以及抵偿债务，以获奖方式承受土地和房屋权属，以预购或集资建房方式承受土地房屋权属的承受人，均为契税的纳税人。

三、税率

契税实行3%~5%的幅度比例税率。

对个人购买保障性住房，减按1%的税率征收契税。

契税的具体适用税率由省、自治区、直辖市人民政府在规定的税率幅度内提出，报同级人民代表大会常务委员会决定，并报全国人民代表大会常务委员会和国务院备案。

省、自治区、直辖市可以依照规定的程序对不同主体、不同地区、不同类型住房的权属转移确定差别税率。

自2010年10月1日起，对个人购买家庭唯一住房（家庭成员范围包括购房人、配偶以及未成年子女），面积为90平方米及以下的，减按1%的税率征收契税；面积为90平方米以上的，减按1.5%的税率征收契税。对个人购买家庭第二套改善性住房，面积为90平方米及以下的，减按1%的税率征收契税；面积为90平方米以上的，减按2%的税率征收契税（北上广深除外）。

四、减免税

（一）免征契税的情形

（1）国家机关、事业单位、社会团体、军事单位承受土地、房屋权属用于办公、教学、医疗、科研、军事设施；

（2）非营利性的学校、医疗机构、社会福利机构承受土地、房屋权属用于办公、教学、医疗、科研、养老、救助；

（3）承受荒山、荒地、荒滩土地使用权用于农、林、牧、渔业生产；

（4）婚姻关系存续期间夫妻之间变更土地、房屋权属；

（5）法定继承人通过继承承受土地、房屋权属；

（6）依照法律规定应当予以免税的外国驻华使馆、领事馆和国际组织驻华代表机构承受土地、房屋权属。

纳税人改变有关土地、房屋的用途，或者有其他不再属于规定的免征、减征契税情形的，应当缴纳已经免征、减征的税款。

（二）省、自治区、直辖市可以决定免征或者减征契税的情形

（1）因土地、房屋被县级以上人民政府征收、征用，重新承受土地、房屋权属；

（2）因不可抗力灭失住房，重新承受住房权属。

（三）其他优惠规定

对符合相关条件的企业改制、事业单位改制、公司合并、公司分立、资产划转、债权转股权、公司股权（股份）转让，以及符合相关条件的企业破产涉及的契税优惠政策行期限为2024年1月1日至2027年12月31日。

1.企业改制

企业按照《中华人民共和国公司法》有关规定整体改制，包括非公司制企业改制为有限责任公司或股份有限公司、有限责任公司变更为股份有限公司、股份有限公司变更为有限责任公司，原企业投资主体存续并在改制（变更）后的公司中所持股权（股份）比例超过75%，且改制（变更）后公司承继原企业权利、义务的，对改制（变更）后公司承受原企业土地、房屋权属的，免征契税。

2.事业单位改制

事业单位按照国家有关规定改制为企业，原投资主体存续并在改制后的企业中出资（股权、股份）比例超过50%的，对改制后企业承受原事业单位土地、房屋权属的，免征契税。

3.公司合并

两个或两个以上公司依据法律规定、合同规定，合并为一个公司，且原投资主体存续的，对其合并后的公司承受原合并方的土地、房屋权属的，免征契税。

4.公司分立

公司依照法律规定、合同约定分设为两个或两个以上与原公司投资主体相同的公司，对派生方、新设方承受原公司的土地、房屋权属的，免征契税。

5.企业破产

企业依照有关法律法规规定实施破产，债权人（包括破产企业职工）承受破产企业抵偿债务的土地、房屋权属，免征契税；对非债权人承受破产企业土地、房屋权属，凡按照《中华人民共和国劳动法》等国家有关法律法规政策妥善安置原企业全部职工规定，与原企业全部职工签订服务年限不少于三年的劳动用工合同的，对其承受所购企业土地、房屋权属，免征契税；与原企业超过30%的职工签订服务年限不少于三年的劳动用工合同的，

减半征收契税。

6.资产划转

对承受县级以上人民政府或国有资产管理部门按规定进行行政性调整、划转国有土地、房屋权属的单位，免征契税。

同一投资主体内部所属企业之间土地、房屋权属的划转，包括母公司与其全资子公司之间，同一公司所属全资子公司之间，同一自然人与其设立的个人独资企业、一人有限公司之间土地、房屋权属的划转，免征契税。

7.债权转股权

经国务院批准实施债权转股权的企业，对债权转股权后新设立的公司承受原企业的土地、房屋权属，免征契税。

8.划拨用地出让或作价出资

以出让方式或国家作价出资（入股）方式承受原改制重组企业、事业单位划拨用地的，不属上述规定的免税范围，对承受方应按规定征收契税。

9.公司股权（股份）转让

在股权（股份）转让中，单位、个人承受公司股权（股份），公司土地、房屋权属不发生转移，不征收契税。

对保障性住房经营管理单位回购保障性住房继续作为保障性住房房源的，免征契税。

五、应纳税额的计算

（一）计税依据

契税的计税依据为不动产的价格。

（1）土地使用权出让、出售，房屋买卖，为土地、房屋权属转移合同确定的成交价格，包括应交付的货币以及实物、其他经济利益对应的价款；

（2）土地使用权互换、房屋互换，为所互换的土地使用权、房屋价格的差额；

（3）土地使用权赠与、房屋赠与以及其他没有价格的转移土地、房屋权属行为，为税务机关参照土地使用权出售、房屋买卖的市场价格依法核定的价格。

房屋买卖的契税计税价格为房屋买卖合同的总价款；买卖装修的房屋，装修费用应包括在内。

纳税人申报的成交价格、互换价格差额明显偏低且无正当理由的，由税务机关依照《税收征收管理法》的规定核定。

（二）应纳税额的计算

契税采用比例税率，应纳税额的基本计算公式为：

应纳税额=计税依据×适用税率

【例8-2】王某有两套房屋，他将一套房屋出售给李某，成交价格为150 000元；将另一套房屋与谢某交换，王某的房屋价值为180 000元，谢某的房屋价值为150 000元，谢某支付30 000元差价给王某。当地政府规定的契税税率为3%。

要求：计算王某、李某、谢某各自应缴纳的契税。

解：王某不缴纳契税。

李某应纳税额=150 000×3%=4 500（元）

谢某应纳税额=（180 000−150 000）×3%=900（元）

六、申报与缴纳

契税由土地、房屋所在地的税务机关依照《契税法》和《税收征收管理法》的规定征收管理。

（一）纳税义务发生时间

（1）契税的纳税义务发生时间是纳税人签订土地、房屋权属转移合同的当天，或者纳税人取得其他具有土地、房屋权属转移合同性质凭证的当天。

（2）纳税人因改变土地、房屋用途应当补缴已经减征、免征契税的，其纳税义务发生时间为改变有关土地、房屋用途的当天。

（二）纳税期限

纳税人应当在依法办理土地、房屋权属登记手续前申报缴纳契税。办理纳税事宜后，税务机关应当开具契税完税凭证。纳税人办理土地、房屋权属登记，不动产登记机构应当查验契税完税、减免税凭证或者有关信息。未按照规定缴纳契税的，不动产登记机构不予办理土地、房屋权属登记。

在依法办理土地、房屋权属登记前，权属转移合同、权属转移合同性质凭证不生效、无效、被撤销或者被解除的，纳税人可以向税务机关申请退还已缴纳的税款，税务机关应当依法办理。

（三）纳税地点

契税的纳税地点为土地、房屋所在地的税务机关，不得委托代征。

思政小园地

2021年6月，河北省首家5G智慧办税服务厅在雄安新区投入运行，通过搭载和运用多项前端先进技术，实现了智慧化办税服务、无感化办税体验、一体化税务服务管理和智能化全息导税等功能，实现了95%以上的涉税业务“全程网上办”、100%的涉税项目“全区通办”，跨区域经营建筑业报验登记和预缴税款业务网上办理率在80%以上。

在2022年“我为纳税人缴费人办实事暨便民办税春风行动”中，河北省税务部门在告知承诺制的基础上，推出一项“升级版”减证便民举措——“两免”即办业务。在雄安新区范围内，对税务机关可以通过政府信息共享取得并可即时查验的营业执照、残疾证明、出生医学证明3项税务证明事项，在新区企业和群众办理相关税费业务时试行免提交证明、免书面承诺，最大程度方便纳税人缴费人。①

习　题

一、即测即评

第八章单选题　　第八章多选题　　第八章判断题

① 陈军，田东波，王紫岩. 优化税收服务，建好未来之城［N］. 河北日报，2022-04-12（07）.

二、实务题

1. 某企业20×3年年初账面共有房产原值4 000万元，当年房产使用情况如下：

（1）1月1日将一栋原值800万元的办公楼用于投资联营（收取固定收入，不承担联营风险），投资期为5年。已知该企业当年取得固定收入50万元（不含增值税）。

（2）7月1日将原值200万元、占地面积400平方米的一栋仓库出租给某商场存放货物，7月1日起计租，租期1年，每月租金收入1.5万元。

（3）其余房产为经营自用。

（4）年初委托施工单位修建物资仓库，8月22日办理验收手续，工程结算支出50万元，并按此成本计入固定资产。

当地规定，房产税计算余值的扣除比例为20%。

要求：计算该企业20×3年度应缴纳的房产税。

2. 甲企业20×3年发生以下转移土地、房屋权属业务：

（1）取得一块土地的使用权，支付出让金200万元；

（2）某单位因无力偿还甲企业债务，经双方协商，该单位以自有原值为50万元的房产抵偿甲企业60万元的债务；

（3）因生产经营需要，甲企业用价值100万元的房屋与另一企业价值170万元的房屋互换，支付差价款70万元；

（4）购买房屋一幢，成交价格为800万元；

（5）接受某国有企业以房产投资入股，房产市场价值为140万元。

当地政府规定，契税适用税率为4%。

要求：计算该企业应纳的契税。

第九章

车辆购置税和车船税

【学习目标】

一、知识体系

1. 车辆购置税税制要素与计算。

2. 车船税税制要素与计算。

二、价值塑造

1. 以马克思主义哲学为指导，理论与实践相结合，提高税收理论素养。

2. 以习近平新时代中国特色社会主义思想为指导，准确把握新时代车辆购置税、车船税的职能定位，培育经世济民、诚信服务、德法兼修的税务职业素养。

三、能力培养

1. 熟悉车辆购置税、车船税税制要素，理解它们的计税原理。

2. 掌握车辆购置税、车船税的计算方法。

3. 了解车辆购置税、车船税的申报与缴纳。

第一节　车辆购置税

车辆购置税是对购置应税车辆的单位和个人征收的一种税。它是在原交通部门收取的车辆购置税附加费的基础上，通过“费改税”方式改革而来的。我国现行车辆购置税的基本规范是2018年12月29日第十三届全国人民代表大会常务委员会第七次会议通过的、自2019年7月1日起施行的《中华人民共和国车辆购置税法》。

车辆购置税具有以下三个特点：一是在购置应税车辆的特定环节实行一次课征，购置已征车辆购置税的车辆，不再征收车辆购置税；二是征税具有特定用途，即用于交通建设；三是实行价外征收，纳税人即是负税人，税负不转嫁。

一、征税对象

车辆购置税以列举的应税车辆为征税对象，未列举的车辆不纳税。

应税车辆包括汽车、有轨电车、汽车挂车、排气量超过150毫升的摩托车。

车辆购置包括纳税人购买、进口、自产、受赠、获奖或者以其他方式取得并自用应税车辆的行为。

二、纳税人

车辆购置税的纳税人是在我国境内购置应税车辆的单位和个人。

三、税率

车辆购置税实行比例税率，税率为10%。

四、减免税

（一）法定减免税

下列车辆免征车辆购置税：

（1）依照法律规定应当予以免税的外国驻华使馆、领事馆和国际组织驻华机构及其有关人员自用的车辆。

（2）中国人民解放军和中国人民武装警察部队列入装备订货计划的车辆。

（3）悬挂应急救援专用号牌的国家综合性消防救援车辆（指采用焊接、铆接或者螺栓连接等方式固定安装专用设备或者器具，不以载运人员或者货物为主要目的，在设计和制造上用于专项作业的车辆）。

（4）设有固定装置的非运输专用作业车辆。

（5）城市公交企业购置的公共汽电车辆。

（二）临时减免税

对利用国债资金购置的农村巡回医疗车，免征车辆购置税；对中国妇女发展基金会申请的“母亲健康快车”项目的流动医疗车，免征车辆购置税；对购置挂车减半征收车辆购置税，推行至2027年12月31日。

五、应纳税额的计算

（一）计税依据

车辆购置税实行从价定率、价外征收的方法，计税依据为购置应税车辆的计税价格。

应税车辆的计税价格，按照下列规定确定：

（1）纳税人购买自用应税车辆的计税价格，为纳税人实际支付给销售者的全部价款，不包括增值税税款。

（2）纳税人进口自用应税车辆的计税价格，为关税完税价格加上关税和消费税。计算公式为：

计税价格=关税完税价格+关税+消费税

=关税完税价格×（1+关税税率）÷（1-消费税税率）

（3）纳税人自产自用应税车辆的计税价格，按照纳税人生产的同类应税车辆的销售价格确定，不包括增值税税款。

（4）纳税人以受赠、获奖或者其他方式取得自用应税车辆的计税价格，按照购置应税车辆时相关凭证载明的价格确定，不包括增值税税款。

（5）纳税人申报的应税车辆计税价格明显偏低，又无正当理由的，由税务机关依照

《税收征收管理法》的规定核定其应纳税额。

（6）免税、减税车辆因转让、改变用途等原因不再属于免税、减税范围的，纳税人应当在办理车辆转移登记或者变更登记前缴纳车辆购置税。计税价格以免税、减税车辆初次办理纳税申报时确定的计税价格为基准，每满1年扣减10%。

（7）纳税人将已征车辆购置税的车辆退回车辆生产企业或者销售企业的，可以向主管税务机关申请退还车辆购置税。退税额以已缴税款为基准，自缴纳税款之日至申请退税之日，每满1年扣减10%。

（二）应纳税额的计算

车辆购置税的应纳税额按照应税车辆的计税价格乘以税率计算。计算公式为：

应纳税额=计税价格×适用税率

纳税人以外汇结算应税车辆价款的，按照申报纳税之日的人民币汇率中间价折合成人民币计算缴纳税款。

【例9-1】红星建设有限责任公司20×3年6月12日开出转账支票1张，从某汽车市场购入小汽车1辆，价款169 500元（含增值税）。

要求：计算应纳的车辆购置税。

解：计税价格=169 500÷（1＋13%）=150 000（元）

应纳车辆购置税=150 000×10%=15 000（元）

【例9-2】东方融资租赁公司20×3年5月经批准从美国进口小轿车2辆，每辆到岸价格为2.5万美元，海关征收20%的进口关税，消费税税率为9%。该公司进行车辆购置税纳税申报当日中国人民银行公布的基准汇价为1美元=6.20元人民币。

要求：计算该公司应纳的车辆购置税。

解：计税价格=25 000×6.20×（1+20%）÷（1-9%）=204 395.60（元）

应纳车辆购置税=204 395.60×10%×2=40 879.12（元）

【例9-3】某外国驻华使馆的外交官员汤姆于20×3年6月3日从某公司购入小轿车1辆，发票金额为169 500元。假定因工作需要，汤姆决定于次年6月底回国，回国前将小轿车转让给我国的外交官员靳某，转让价156 000元，手续已办理完毕。

要求：汤姆购入小轿车自用是否缴纳车辆购置税？靳某向汤姆购入的小轿车应如何缴纳车辆购置税？

解：外国驻华使馆、领事馆和国际组织驻华机构及其外交人员自用的车辆属于车辆购置税的免税、减税范围，汤姆购入小轿车自用免征车辆购置税。

免税、减税车辆因转让、改变用途等原因不再属于免税、减税范围的，应当在办理车辆过户手续前或者办理变更车辆登记注册手续前缴纳车辆购置税。

靳某应纳税额=169 500÷（1+13%）×90%×10%=13 500（元）

【例9-4】张某于20×3年11月购买福利彩票中奖，获得小汽车1辆，假定计税价格为200 000元。试计算张某应纳的车辆购置税。如果张某缴纳车辆购置税后，将该汽车转让给王某，转让价175 000元，那么王某是否还应缴纳车辆购置税？

解：张某应纳税额=200 000×10%=20 000（元）

车辆购置税实行一次课征，购置已税车辆不再征收车辆购置税。王某不再缴纳车辆购置税。

六、申报与缴纳

（一）纳税义务发生时间

车辆购置税的纳税义务发生时间为纳税人购置应税车辆的当日。

车辆购置税的征税环节为使用环节，纳税人应在办理车辆登记注册手续前缴纳车辆购置税。

车辆购置税实行一车一申报制度。完税证明分正本和副本，按车核发，每车一证。正本由车主保管，副本用于办理车辆登记注册，应纳税款于纳税人办理纳税申报时一次性交清。购买二手车时，购买者应当向原车主索要完税证明。

公安机关交通管理部门办理车辆注册登记，应当根据税务机关提供的应税车辆完税或者免税电子信息对纳税人申请登记的车辆信息进行核对，核对无误后依法办理车辆注册登记。

纳税人应当在向公安机关交通管理部门办理车辆注册登记前，缴纳车辆购置税。

税务机关与公安、商务、海关、工业和信息化等部门应当建立应税车辆信息共享和工作配合机制，及时交换应税车辆和纳税信息资料。

（二）纳税期限

纳税人应当自纳税义务发生之日起60日内申报纳税。

（1）购买自用应税车辆的，应当自购买之日（指机动车销售统一发票或者其他有效凭证的开具日期）起60日内申报纳税。

（2）进口自用应税车辆的，应当自进口之日（指海关进口增值税专用缴款书或者其他有效凭证的开具日期）起60日内申报纳税。

（3）自产、受赠、获奖或者以其他方式取得并自用应税车辆的，应当自取得之日（指合同、法律文书或者其他有效凭证的生效或者开具日期）起60日内申报纳税。

（4）免税车辆因转让、改变用途等原因，免税条件消失的，纳税人应在免税条件消失之日起60日内到主管税务机关重新申报纳税。

（三）纳税地点

纳税人购置应税车辆，应当向车辆登记地的主管税务机关申报缴纳车辆购置税；购置不需要办理车辆登记的应税车辆的，应当向纳税人所在地的主管税务机关申报缴纳车辆购置税。

登记地具体是指：军队、武警车辆的登记地为军队、武警车辆管理部门所在地，部分农用运输车辆的登记地为地、市或县农机车管部门所在地，摩托车的登记地为县（市）公安车管部门所在地，上述车辆以外的各种应税车辆的登记地为地、市或地、市以上公安车管部门所在地。

（四）退税办理

已缴纳车辆购置税的车辆，发生下列情形之一的，准予纳税人申请退税：

（1）车辆退回生产企业或者经销商的，纳税人申请退税时，主管税务机关自纳税人办理纳税申报之日起，按已缴纳税款每满1年扣减10%计算退税额；未满1年的，按已缴纳税款全额退税。

（2）符合免税条件的设有固定装置的非运输车辆但已征税的。

（3）其他依据法律、法规的规定应予退税的情形。

其他退税情形，纳税人申请退税时，主管税务机关依据有关规定计算退税额。

第二节　车船税

车船税是对在我国境内依法应当到公安、交通、农业、渔业、军事等管理部门办理登记的车辆、船舶，根据其种类，按照规定的计税单位和年税额标准计算征收的一种财产税。

我国现行车船税的基本规范是2011年2月25日第十一届全国人民代表大会常务委员会第十九次会议通过的《中华人民共和国车船税法》(以下简称《车船税法》，根据2019年4月23日第十三届全国人民代表大会常务委员会第十次会议《关于修改〈中华人民共和国建筑法〉等八部法律的决定》修正）和2011年11月23日国务院第182次常务会议通过的《中华人民共和国车船税法实施条例》(根据2019年3月2日《国务院关于修改部分行政法规的决定》修订)。

一、征税对象

车船税的征税对象是依法应当在车船登记管理部门登记的机动车辆和船舶，或依法不需要在车船登记管理部门登记的在单位内部场所行驶或者作业的机动车辆和船舶。

车辆为机动车，包括载客汽车、载货汽车、三轮汽车、低速货车、摩托车、专项作业车和轮式专用机械车。

船舶为机动船和非机动船。机动船是指依靠燃料等能源为动力运行的船舶；非机动船是指自身没有动力装置，依靠外力驱动的船舶，包括畜力驳船、木船、帆船、舢板及各种人力驾驶船。

临时入境的外国车船和中国香港特别行政区、澳门特别行政区、台湾地区的车船，不征收车船税。

境内单位和个人租入外国籍船舶的，不征收车船税。境内单位和个人将船舶出租到境外的，应依法征收车船税。

纯电动汽车、燃料电池汽车不属于车船税的征收范围，其他混合动力汽车按照同类车辆适用税额减半征税。

二、纳税人

在我国境内属于《车船税法》所附车船税税目税额表规定的车辆、船舶的所有人或者管理人，为车船税的纳税人，应当缴纳车船税。

管理人，是指对车船具有管理使用权而不具有所有权的单位；车船管理部门，是指公安、交通、农业、渔业、军事等依法具有车船管理职能的部门。

目前，在我国对车船进行登记、核发牌证的工作中，载客汽车、载货汽车、三轮汽车、低速货车由公安部门负责，拖拉机由农业（农业机械）部门负责，普通船舶由交通部门负责，渔船由渔业部门负责，军用车船由军队、武警自行管理。

从事机动车交通事故责任强制保险业务的保险机构为机动车车船税的扣缴义务人，应依法代收代缴车船税。

三、税率

车辆采取幅度税额，由省、自治区、直辖市人民政府在规定的幅度税额内，确定本地区的适用固定税额；船舶采用固定税额。

车船税确定税额的总原则是：排气量小的车辆税负轻于排气量大的车辆，载人少的车辆税负轻于载人多的车辆，自重小的车辆税负轻于自重大的车辆，小吨位船舶的税负轻于大吨位船舶。车船税税目税额表见表9–1。

表9–1 **车船税税目税额表**

税目		计税单位	年基准税额	备注
乘用车（按发动机汽缸容量（排气量）分档）	1.0升（含）以下的	每辆	60~360元	核定载客人数9人（含）以下
	1.0升以上至1.6升（含）的		300~540元	
	1.6升以上至2.0升（含）的		360~660元	
	2.0升以上至2.5升（含）的		660~1 200元	
	2.5升以上至3.0升（含）的		1 200~2 400元	
	3.0升以上至4.0升（含）的		2 400~3 600元	
	4.0升以上的		3 600~5 400元	
商用车	客车	每辆	480~1 440元	核定载客人数9人以上，包括电车
	货车	整备质量每吨	16~120元	包括半挂牵引车、三轮汽车和低速载货汽车等
挂车		整备质量每吨	按照货车税额的50%计算	
其他车辆	专用作业车	整备质量每吨	16~120元	不包括拖拉机
	轮式专用机械车		16~120元	
摩托车		每辆	36~180元	
船舶	机动船舶	净吨位每吨	3~6元	拖船、非机动驳船分别按照机动船舶税额的50%计算
	游艇	艇身长度每米	600~2 000元	

注：1.机动船舶，具体适用税额为：（1）净吨位小于或等于200吨的，每吨3元；（2）净吨位201~2 000吨的，每吨4元；（3）净吨位2 001~10 000吨的，每吨5元；（4）净吨位10 001吨及以上的，每吨6元；（5）拖船按照发动机功率每2马力折合净吨位1吨计算征收车船税。

2.游艇，具体适用税额为：（1）艇身长度不超过10米的，每米600元；（2）艇身长度超过10米但不超过18米的，每米900元；（3）艇身长度超过18米但不超过30米的，每米1 300元；（4）艇身长度超过30米的，每米2 000元；（5）辅助动力帆艇，每米600元。

3.《车船税法》及其涉及的整备质量、净吨位、艇身长度等计税单位，有尾数的，一律按照含尾数的计税单位据实计算车船税应纳税额。计算得出的应纳税额小数点后超过两位的，可四舍五入保留两位小数。

四、减免税

（一）法定减免

（1）捕捞、养殖渔船。这是指在渔业船舶管理部门登记为捕捞船或者养殖船的船舶。

（2）军队、武装警察部队专用的车船。这是指按照规定在军队、武装警察部队车船管理部门登记，并领取军队、武警牌照的车船。

（3）警用车船。这是指公安机关、国家安全机关、监狱和人民法院、人民检察院领取警用牌照的车辆和执行警务的专用船舶。

（4）依照法律规定应当予以免税的外国驻华使领馆、国际组织驻华代表机构及其有关人员的车船。

（5）对节约能源的车辆，减半征收车船税；对使用新能源的车辆，免征车船税。

（6）省、自治区、直辖市人民政府根据当地实际情况，可以对公共交通车船，农村居民拥有并主要在农村地区使用的摩托车、三轮汽车和低速载货汽车定期减征或者免征车船税。

（二）特定减免

经批准临时入境的外国车船和我国香港特别行政区、澳门特别行政区、台湾地区的车船，不征车船税。

五、车船税的计算

（一）计税依据

车船税的计税依据，按车船的种类和性能，分别确定为每辆、整备质量每吨、净吨位每吨和艇身长度每米。

（1）乘用车、客车、摩托车以每辆为计税依据。

（2）商用货车、专用作业车和轮式专用机械车，以整备质量每吨（自重吨位）为计税依据。

自重吨位是指机动车的整备质量，即总质量减去核定载质量的差额。

（3）机动船舶、非机动驳船、拖船，以净吨位每吨为计税依据。

对机动船舶来说，净吨位一般是指额定装运货物和载运旅客的船舱所占用的空间容积，即船舶各个部位的总容积扣除按税法规定的非营业用容积后的余数。非营业用容积包括驾驶室、轮机间、业务办公室、船员生活用房等。

（4）游艇以艇身长度每米为计税依据。

（二）应纳税额的计算

车船税的应纳税额，根据不同类型的车船及适用的计税标准分别计算。计算公式为：

应纳税额=计税依据×适用的年税额

购置的新车船，购置当年的应纳税额自纳税义务发生的当月起按月计算。应纳税额为年应纳税额除以12再乘以应纳税月份数。

已缴纳车船税的车船在同一纳税年度内办理转让过户的，不另纳税，也不退税。

1.车辆应纳车船税的计算

车辆采取幅度税额，由省、自治区、直辖市人民政府在规定的幅度税额内，确定本地区的适用固定税额。

（1）载客汽车年应纳税额=辆数×适用的年税额

（2）载货汽车年应纳税额=整备质量吨位数×适用的年税额

（3）客货两用汽车应纳税额=整备质量吨位数×适用的年税额

（4）三轮汽车和低速货车应纳税额=整备质量吨位数×适用的年税额

（5）摩托车应纳税额=辆数×适用的年税额

购置当年的应纳税额自纳税义务发生的当月起按月计算。计算公式为：

车辆应纳税额=年应纳税额÷12×应纳税月份数

2.船舶应纳车船税的计算

船舶采用固定税额，应纳税额计算公式为：

船舶年应纳税额=机动船的净吨位×适用的年税额

3.游艇应纳车船税的计算

游艇采用固定税额，应纳税额计算公式为：

游艇应纳税额=艇身长度×适用的年税额

【例9-5】某运输公司20×3年拥有并使用以下车辆和船舶：从事运输用的整备质量为2吨的三轮汽车5辆；整备质量为5吨的载货卡车10辆；净吨位为4吨的拖船5艘；2辆客车，载客量为20人。

当地政府规定，载货汽车的税额为60元/吨，乘坐20人的客车税额为500元/辆，船舶的税额为6元/吨。

要求：计算该公司应纳的车船税。

解：三轮汽车应纳车船税=2×60×5=600（元）

卡车应纳车船税=5×60×10=3 000（元）

拖船应纳车船税=4×6×50%×5=60（元）

客车应纳车船税=500×2=1 000（元）

该公司应纳车船税=600+3 000+60+1 000=4 660（元）

【例9-6】某外资运输公司20×3年1月拥有8吨载重货车10辆、4.36吨载重货车5辆、大轿车9辆、中型面包车4辆、乘人小轿车2辆；机动船15艘，其中净吨位1万吨的机动船5艘、净吨位1.5万吨的机动船6艘、净吨位2万吨的机动船4艘。8月购进新大轿车3辆、500.25吨小型机动船12艘、450吨非机动驳船10艘，当月取得有关部门核发的登记证并投入使用。

当地车船税年税额分别为：载货汽车每吨60元，大轿车每辆250元，中型面包车每辆200元，小轿车每辆150元；船舶2 000~10 000吨的每吨5元，10 001吨及以上的每吨6元。

要求：（1）计算该运输公司8月外购车辆、船舶当年应缴纳的车船税；

（2）计算该运输公司所拥有的车辆当年应缴纳的车船税；

（3）计算该运输公司所拥有的船舶当年应缴纳的车船税。

解：（1）外购车辆、船舶当年应纳车船税=3×250×5÷12+12×500.25×5×5÷12+10×450×5×5÷12=22 193.75（元）

（2）当年拥有的车辆应纳车船税=10×8×60+5×4.5×60+9×250+4×200+2×150=9 500（元）

（3）当年拥有的船舶应纳车船税=5×10 000×5+6×15 000×6+4×20 000×6=1 270 000（元）

六、申报与缴纳

车船税的征收管理依照《车船税法》和《税收征收管理法》的规定执行。车辆的所有人或者管理人在申请办理车辆相关登记、定期检验手续时，应向公安机关交通管理部门提交依法纳税或者免税证明，公安机关交通管理部门核查后予以办理相关手续。

（一）纳税义务发生时间

车船税纳税义务发生时间为取得车船所有权或者管理权的当月，以购买车船的发票或者其他证明文件所载日期的当月为准。对无法提供车船购置发票的，主管税务机关有权核定其纳税义务发生时间。

已办理退税的被盗抢车船失而复得的，纳税人应当从公安机关出具相关证明的当月起计算缴纳车船税。

新购置的车船自纳税义务发生的当月起按月计算缴纳车船税。

（二）纳税期限

车船税按年申报，分月计算，一次性缴纳。具体申报纳税期限由各省、自治区、直辖市人民政府规定。纳税年度为公历1月1日至12月31日。

纳税人在购买“交强险”时，由扣缴义务人代收代缴车船税的，凭注明已收税款信息的“交强险”保险单，车辆登记地的主管税务机关不再征收该纳税年度的车船税。再次征收的，车辆登记地的主管税务机关应予以退还。

（三）纳税地点

车船税实行源泉控制，纳税地点为车船的登记地；由保险机构代收代缴车船税的，纳税地点为保险机构所在地；依法不需要办理登记的车船，车船税的纳税地点为车船的所有人或者管理人所在地。

思政小园地

新华社记者2022年9月13日报道，作为国民经济重要支柱产业，汽车产业链条长、涉及就业面广、拉动消费作用大。为稳住宏观经济大盘，促进汽车市场发展，拉动汽车消费，我国部署稳经济一揽子措施，提出阶段性减征部分乘用车购置税，对购置日期在2022年6月1日至2022年12月31日期间内且单车价格（不含增值税）不超过30万元的2.0升及以下排量乘用车，减半征收车购税。

在一系列政策助力下，我国汽车市场逐渐回暖。中国汽车工业协会数据显示，8月我国汽车产销量分别达到239.5万辆和238.3万辆，同比增长38.3%和32.1%，增速均高于上月。

习　　题

一、即测即评

第九章单选题　　第九章多选题　　第九章判断题

二、实务题

1. 东方外贸进出口公司20×3年6月经批准从国外进口10辆宝马小轿车，该公司报关进口该批小轿车时，核定关税完税价格为300 000元/辆，适用关税税率为28%，消费税税率为9%。当月该公司售出7辆，取得含税销售收入200万元；2辆企业自用，1辆赠送给员工。

要求：计算该公司应纳的车辆购置税。

2. 20×3年某运输公司拥有载客人数9人以下的小汽车20辆、载客人数9人以上的客车30辆、载货汽车15辆（每辆整备质量8吨），另有纯电动小汽车8辆。小汽车每辆年税额800元、客车每辆年税额1 200元、货车每吨年税额60元。

要求：计算该公司当年应纳的车船税。

3. 某船舶公司20×3年拥有非机动驳船4艘，每艘净吨位3 000吨；拖船2艘，每艘发动机功率2 600马力。其所在地机动船舶的车船税计税标准为：净吨位2 000吨以下的，每吨4元；净吨位2 001~10 000吨的，每吨5元。

要求：计算该公司当年应纳的车船税。

第十章

印花税

【学习目标】

一、知识体系

1. 印花税税制要素。

2. 印花税的计税依据。

3. 印花税的计算。

4. 印花税的申报与缴纳。

二、价值塑造

1. 以马克思主义哲学为指导，理论与实践相结合，提高印花税税收理论素养。

2. 以习近平新时代中国特色社会主义思想为指导，准确把握新时代印花税的职能定位，培育经世济民、诚信服务、德法兼修的税务职业素养。

三、能力培养

1. 熟悉印花税税制要素，理解印花税的计税原理。

2. 掌握印花税的计算方法。

3. 了解印花税的申报与缴纳。

第一节　印花税概述

印花税是对经济活动和经济交往中书立的应税凭证征收的一种税。它始创于荷兰，是一个比较古老的税种，因在凭证上粘贴印花税票作为完税的标志而得名，是一种具有行为税性质的凭证税。

我国现行印花税法主要是2021年6月10日第十三届全国人民代表大会常务委员会第二十九次会议通过的、自2022年7月1日起施行的《中华人民共和国印花税法》（以下简称《印花税法》）。

一、征税范围

印花税的征税范围包括应税凭证和证券交易。这里所称应税凭证，是指《印花税税目税率表》列明的合同、产权转移书据和营业账簿。印花税采用列举的方式，凡列举的项目都征税，未列入范围的不征税。具体征税范围包括合同、产权转移书据、营业账簿、证券交易4大类、17个税目。需要特别注意以下几种情况：

（1）在我国境外书立在境内使用的应税凭证，应当按规定缴纳印花税。这包括以下几种情形：

① 应税凭证的标的为不动产的，该不动产在境内；

② 应税凭证的标的为股权的，该股权为中国居民企业的股权；

③ 应税凭证的标的为动产或者商标专用权、著作权、专利权、专有技术使用权的，其销售方或者购买方在境内，但不包括境外单位或者个人向境内单位或者个人销售完全在境外使用的动产或者商标专用权、著作权、专利权、专有技术使用权；

④ 应税凭证的标的为服务的，其提供方或者接受方在境内，但不包括境外单位或者个人向境内单位或者个人提供完全在境外发生的服务。

（2）企业之间书立的确定买卖关系、明确买卖双方权利义务的订单、要货单等单据，且未另外书立买卖合同的，应当按规定缴纳印花税。

（3）发电厂与电网之间、电网与电网之间书立的购售电合同，应当按买卖合同税目缴纳印花税。

下列凭证，不属于印花税征收范围：

① 人民法院的生效法律文书、仲裁机构的仲裁文书、监察机关的监察文书。

② 县级以上人民政府及其所属部门按照行政管理权限征收、收回或者补偿安置房地产书立的合同、协议或者行政类文书。

③ 总公司与分公司、分公司与分公司之间书立的作为执行计划使用的凭证。

二、纳税人

在我国境内书立应税凭证、进行证券交易的单位和个人为印花税的纳税人。对于在我国境外书立在境内使用应税凭证的单位和个人，应按照税法的规定缴纳印花税。

同一应税凭证由两方以上当事人书立的，按照各自涉及的金额分别履行纳税义务。

证券交易印花税对证券交易的出让方征收，不对受让方征收。证券登记结算机构为证券交易印花税的扣缴义务人，应当向其机构所在地的主管税务机关申报解缴税款以及银行结算的利息。

关于纳税人的具体情形，主要有以下规定：

（1）书立应税凭证的纳税人，为对应税凭证有直接权利义务关系的单位和个人。

（2）采用委托贷款方式书立的借款合同纳税人，为受托人和借款人，不包括委托人。

（3）按买卖合同或者产权转移书据税目缴纳印花税的拍卖成交确认书纳税人，为拍卖标的的产权人和买受人，不包括拍卖人。

（4）纳税人为境外单位或个人，在境内有代理人的，以其境内代理人为扣缴义务人；在境内无代理人的，由纳税人自行申报缴纳印花税。

三、税率

印花税采用比例税率，有0.5‰、2.5‰、3‰、5‰和1‰共5档，见表10-1。

表10-1　　　　　　　　**印花税税目税率表**

税目		税率	备注
合同（指书面合同）	借款合同	借款金额的0.5‰	指银行业金融机构、经国务院银行业监督管理机构批准设立的其他金融机构与借款人（不包括同业拆借）的借款合同
	融资租赁合同	租金的0.5‰	
	买卖合同	价款的3‰	指动产买卖合同（不包括个人书立的动产买卖合同）
	承揽合同	报酬的3‰	
	建设工程合同	价款的3‰	
	运输合同	运输费用的3‰	指货运合同和多式联运合同（不包括管道运输合同）
	技术合同	价款、报酬或者使用费的3‰	不包括专利权、专有技术使用权转让书据
	租赁合同	租金的1‰	
	保管合同	保管费的1‰	
	仓储合同	仓储费的1‰	
	财产保险合同	保险费的1‰	不包括再保险合同
产权转移书据	土地使用权出让书据	价款的5‰	转让包括买卖（出售）、继承、赠与、互换、分割
	土地使用权、房屋等建筑物和构筑物所有权转让书据（不包括土地承包经营权和土地经营权转移）	价款的5‰	
	股权转让书据（不包括应缴纳证券交易印花税的）	价款的5‰	
	商标专用权、著作权、专利权、专有技术使用权转让书据	价款的3‰	
营业账簿		实收资本（股本）、资本公积合计金额的2.5‰	
证券交易		成交金额的1‰	为活跃资本市场、提振投资者信心，自2023年8月28日起，证券交易印花税实施减半征收

同一应税凭证载有两个以上税目事项并分别列明金额的，按照各自适用的税目税率分别计算应纳税额；未分别列明金额的，从高适用税率。

自2023年8月28日起，证券交易印花税实施减半征收。

第二节　印花税的计算

一、计税依据

印花税以应税凭证所载的不含增值税金额为计税依据，但签的合同是含税价，且没有单独列明增值税的，应全额计算缴纳印花税。

（1）应税合同的计税依据为合同所列的金额，不包括列明的增值税税款。

（2）应税产权转移书据的计税依据为产权转移书据所列的金额，不包括列明的增值税税款。

（3）应税营业账簿的计税依据为账簿记载的实收资本（股本）、资本公积合计金额。

（4）证券交易的计税依据为成交金额。

（5）印花税计税依据的其他情形：

① 同一应税合同、应税产权转移书据中涉及两方以上纳税人，且未列明纳税人各自涉及金额的，以纳税人平均分摊的应税凭证所列金额（不包括列明的增值税税款）确定计税依据。

② 应税合同、应税产权转移书据所列的金额与实际结算金额不一致，不变更应税凭证所列金额的，以所列金额为计税依据；变更应税凭证所列金额的，以变更后的所列金额为计税依据。已缴纳印花税的应税凭证，变更后所列金额增加的，纳税人应当就增加部分的金额补缴印花税；变更后所列金额减少的，纳税人可以就减少部分的金额向税务机关申请退还或者抵缴印花税。

③ 纳税人因应税凭证列明的增值税税款计算错误导致应税凭证的计税依据减少或者增加的，纳税人应当按规定调整应税凭证列明的增值税税款，重新确定应税凭证计税依据。已缴纳印花税的应税凭证，调整后计税依据增加的，纳税人应当就增加部分的金额补缴印花税；调整后计税依据减少的，纳税人可以就减少部分的金额向税务机关申请退还或者抵缴印花税。

④ 纳税人转让股权的印花税计税依据，按照产权转移书据所列的金额（不包括列明的认缴后尚未实际出资权益部分）确定。

⑤ 应税凭证金额为人民币以外的货币的，应当按照凭证书立当日的人民币汇率中间价折合人民币确定计税依据。

⑥ 境内的货物多式联运，采用在起运地统一结算全程运费的，以全程运费作为运输合同的计税依据，由起运地运费结算双方缴纳印花税；采用分程结算运费的，以分程的运费作为计税依据，分别由办理运费结算的各方缴纳印花税。

⑦ 未履行的应税合同、产权转移书据，已缴纳的印花税不予退还及抵缴税款。

⑧ 纳税人多贴的印花税票，不予退税及抵缴税款。

二、应纳税额的计算

印花税的应纳税额按照计税依据乘以适用税率计算。计算公式为：

应纳税额=计税依据×适用税率

【例 10-1】某高新技术企业20×3年9月开业，注册资本220万元，假定当年发生经济活动如下：

（1）领受营业执照、房屋产权证、土地使用证各1份；

（2）建账时共设8个账簿，其中资金账簿中记载实收资本220万元；

（3）签订购销合同4份，共记载金额280万元；

（4）签订借款合同1份，记载金额50万元，当年取得借款利息0.8万元；

（5）与广告公司签订广告制作合同1份，记载加工费3万元，该公司提供的原材料7万元；

（6）签订技术服务合同1份，记载金额60万元；

（7）签订租赁合同1份，记载租赁费50万元；

（8）签订转让专有技术使用权合同1份，记载金额150万元。

要求：（1）计算领受权利、许可证照应缴纳的印花税；

（2）计算设置账簿应缴纳的印花税；

（3）计算签订购销合同应缴纳的印花税；

（4）计算签订借款合同应缴纳的印花税；

（5）计算签订广告制作合同应缴纳的印花税；

（6）计算签订技术服务合同应缴纳的印花税；

（7）计算签订租赁合同应缴纳的印花税；

（8）计算签订专有技术使用权转让合同应缴纳的印花税。

（9）计算当年应纳印花税税额。

解：（1）权利、许可证照不征印花税。

（2）账簿应缴纳的印花税=2 200 000×2.5‰=550（元）

（3）购销合同应缴纳的印花税=2 800 000×3‰=840（元）

（4）借款合同应缴纳的印花税=500 000×0.5‰=25（元）

（5）广告制作合同应缴纳的印花税=（30 000+70 000）×3‰=30（元）

（6）技术服务合同应缴纳的印花税=600 000×3‰=180（元）

（7）租赁合同应缴纳的印花税=500 000×1‰=500（元）

（8）专有技术使用权转让合同应缴纳的印花税=1 500 000×3‰=450（元）

（9）当年应纳印花税税额=550+840+25+30+180+500+450=2 575（元）

第三节　印花税的申报与缴纳

一、减免税

下列凭证免征印花税：

（1）应税凭证的副本或者抄本；

（2）依照法律规定应当予以免税的外国驻华使馆、领事馆和国际组织驻华代表机构为获得馆舍书立的应税凭证；

（3）中国人民解放军、中国人民武装警察部队书立的应税凭证；

（4）农民、家庭农场、农民专业合作社、农村集体经济组织、村民委员会购买农业生产资料或者销售农产品书立的买卖合同和农业保险合同；

（5）无息或者贴息借款合同、国际金融组织向中国提供优惠贷款书立的借款合同；

（6）财产所有权人将财产赠与政府、学校、社会福利机构、慈善组织书立的产权转移书据；

（7）非营利性医疗卫生机构采购药品或者卫生材料书立的买卖合同；

（8）个人与电子商务经营者订立的电子订单。

（9）至2027年12月31日前，对增值税小规模纳税人、小型微利企业和个体工商户减半征收房产税，对与高校学生签订的高校学生公寓租赁合同，免征印花税；

（10）对保障性住房经营管理单位与保障性住房相关的印花税，以及保障性住房购买人涉及的印花税予以免征；

（11）个人购买安置住房免征印花税，个人销售或购买住房免征印花税。

纳税人享受印花税优惠政策，实行“自行判别、申报享受、有关资料留存备查”的办理方式。纳税人对留存备查资料的真实性、完整性和合法性承担法律责任。

二、纳税义务发生时间

印花税的纳税义务发生时间为纳税人书立应税凭证或者完成证券交易的当日。

证券交易印花税扣缴义务发生时间为证券交易完成的当日。

三、纳税期限

印花税按季、按年或者按次计征。实行按季、按年计征的，纳税人应当自季度、年度终了之日起15日内申报缴纳税款；实行按次计征的，纳税人应当自纳税义务发生之日起15日内申报缴纳税款。

证券交易印花税按周解缴。证券交易印花税扣缴义务人应当自每周终了之日起5日内申报解缴税款以及银行结算的利息。

印花税可以采用粘贴印花税票或者由税务机关依法开具其他完税凭证的方式缴纳。

印花税票粘贴在应税凭证上的，由纳税人在每枚税票的骑缝处盖戳注销或者画销。

未履行的应税合同、产权转移书据，已缴纳的印花税不予退还及抵缴税款。

纳税人多贴的印花税票，不予退税及抵缴税款。

四、纳税地点

纳税人为单位的，应当向其机构所在地的主管税务机关申报缴纳印花税；纳税人为个人的，应当向应税凭证书立地或者纳税人居住地的主管税务机关申报缴纳印花税。

不动产产权发生转移的，纳税人应当向不动产所在地的主管税务机关申报缴纳印花税。

纳税人为境外单位或者个人，在境内有代理人的，以其境内代理人为扣缴义务人；在境内没有代理人的，由纳税人自行申报缴纳印花税，具体办法由国务院税务主管部门规定。

思政小园地

徽州是我国最早使用印花税票的地区之一，此次展出的名为《徽州古村落》的印花税票，全景式展现了徽州古建筑独特的样式风貌。在座谈中，黄山悦榕旅游发展有限公司财务负责人曹科昌说：“每个时代的印花税票都是历史的缩影，每张印花税票背后都有一段难忘的税收故事。通过印花税票回顾历史，思考税收，有着特别的意义。”

“这个‘国’字下面怎么少了一点，‘民’字上面又多了一点？”在中国徽州税文化博物馆，前来参观的黄山市青年企业家协会代表看到“国泰民安钟”上篆刻“错误”的铭文时，疑惑不解地问。解说员答道：“这不是古人刻字时的疏忽大意，而是别有寓意，是指要实现真正意义上的‘国泰民安’，国家就应少收一点儿，让百姓多得一点儿，这和如今减税降费的理念是一脉相承的。”①

习　　题

一、即测即评

第十章单选题　　第十章多选题　　第十章判断题

二、实务题

1. 某企业20×3年3月开业，假定当年发生以下有关业务：领受房屋产权证、营业执照、土地使用证各1份；与其他企业订立转移专用技术使用权书据1份，所载金额100万元；订立产品购销合同1份，所载金额200万元；订立借款合同1份，所载金额400万元；企业有记载资金的账簿，实收资本、资本公积为800万元；其他营业账簿共10本。

要求：计算该企业当年应纳的印花税。

2. 某企业20×3年度有关资料如下：实收资本比20×2年增加100万元；与银行签订1年期借款合同，借款金额300万元，年利率5%；与甲公司签订以货换货合同，本企业的货物价值350万元，甲公司的货物价值450万元；与乙公司签订受托加工合同，乙公司提供价值80万元的原材料，本企业提供价值15万元的辅助材料并收加工费20万元；与货运公司签订运输合同，载明运输费用8万元（其中含装卸费0.5万元）；与铁路部门签订运输合同，载明运输费及保管费共计20万元。

要求：逐项计算该企业当年应纳的印花税。

① 佚名.安徽：黄山税宣月，满是“文化味”［N］.中国税务报，2022-05-16.

第十一章

土地增值税

【学习目标】

一、知识体系

1. 土地增值税税制要素。

2. 土地增值税的计税依据。

3. 土地增值税的计算。

4. 土地增值税的申报与缴纳。

二、价值塑造

1. 以马克思主义哲学为指导，理论与实践相结合，提高土地增值税税收理论素养。

2. 以习近平新时代中国特色社会主义思想为指导，准确把握新时代土地增值税的职能定位，培育经世济民、诚信服务、德法兼修的税务职业素养。

三、能力培养

1. 熟悉土地增值税税制要素，理解土地增值税的计税原理。

2. 掌握土地增值税的计算方法。

3. 了解土地增值税的申报与缴纳。

第一节　土地增值税概述

土地增值税是对转让国有土地使用权、地上建筑物及其附着物（简称转让房地产）并取得收入的单位和个人，就其转让房地产所取得的增值额征收的一种税。它是1994年1月1日开征的一个税种。

我国现行土地增值税的基本规范是1993年12月13日国务院颁布的《中华人民共和国土地增值税暂行条例》（以下简称《土地增值税暂行条例》，2011年1月8日《国务院关于废止和修改部分行政法规的决定》对其作出修改）和1995年财政部发布的《中华人民共和国土地增值税暂行条例实施细则》。

土地增值税具有以转让房地产取得的增值额为征税对象、征税面比较广、采用扣除法和评估法计算增值额、实行超率累进税率、按次征收的特点。

一、征税对象与范围

土地增值税的征税对象是有偿转让国有土地使用权、地上建筑物及其附着物产权所取得的增值额。土地增值税的征税范围包括：

1.国有土地使用权转让

国有土地是指国家法律规定属于国家所有的土地。

2.地上建筑物及其附着物连同国有土地使用权一并转让

地上建筑物及其附着物是指建于土地上的一切建筑物、构筑物、地上和地下的各种附属设施，以及附着于该土地上的不能移动或一旦移动就会遭损坏的各种植物、养殖物及其他物品。

这一征税范围包括以下三层含义（判别的三把标尺）：

（1）土地增值税只对转让国有土地使用权和地上建筑物及其附着物的行为征税。这里所强调的是，转让使用权的土地是否为国家所有。这是判断是否属于土地增值税征税范围的标准之一。

（2）土地增值税是对国有土地使用权、地上建筑物及其附着物的转让行为征税。这里所强调的是，土地使用权、地上建筑物及其附着物的产权是否发生转让。这是判断是否属于土地增值税征税范围的标准之二。

（3）土地增值税是对转让土地使用权、房地产并取得收入的行为征税。这里所强调的是，是否从土地使用权、地上建筑物及其附着物的转让行为中取得收入。这是判断是否属于土地增值税征税范围的标准之三。

无论是单独转让国有土地使用权，还是房屋产权与国有土地使用权一并转让，只要取得收入，均属于土地增值税的征税范围，应对其征收土地增值税。

土地使用者转让、抵押或置换土地，无论其是否取得了该土地的使用权属证书，无论其在转让、抵押或置换土地过程中是否与对方当事人办理了土地使用权属证书变更登记手续，只要土地使用者享有占有、使用、收益或处分该土地的权利，且有合同等证据表明其实质转让、抵押或置换了土地并取得了相应的经济利益，土地使用者及对方当事人就应当依照税法的规定缴纳土地增值税。

二、纳税人

土地增值税的纳税人是指转让国有土地使用权、地上建筑物及其附着物并取得收入的单位和个人，具体包括国家机关、社会团体、部队、企事业单位、个体工商户、个人，以及外商投资企业、外国企业、外国驻华机构、华侨、港澳台同胞和外籍个人等。

三、税率

土地增值税的税率采用四级超率累进税率，见表11-1。

四、减免税

（1）纳税人建造普通标准住宅出售，增值额未超过扣除项目金额20%的，免征土地增值税；增值额超过扣除项目金额20%的，应就其全部增值额按规定计税。

表11-1　土地增值税四级超率累进税率表

级次	增值额与扣除项目金额的比率	税率（%）	速算扣除系数（%）
1	不超过50%（含）的部分	30	0
2	超过50%~100%（含）的部分	40	5
3	超过100%~200%（含）的部分	50	15
4	超过200%的部分	60	35

对于纳税人既建造普通标准住宅又进行其他房地产开发的，应分别核算增值额。不分别核算增值额或不能准确核算增值额的，其建造的普通标准住宅不能适用这一免税规定。

（2）因国家建设需要依法征用、收回的房地产，免征土地增值税。

（3）因城市实施规划、国家建设的需要而搬迁，由纳税人自行转让原房地产的，免征土地增值税。

（4）单位转让旧房作为改造安置房或公共租赁房房源且增值率未超过20%的，予以免税。

（5）企业按照《中华人民共和国公司法》有关规定整体改制，包括非公司制企业改制为有限责任公司或股份有限公司，有限责任公司变更为股份有限公司，股份有限公司变更为有限责任公司，对改制前的企业将国有土地使用权、地上的建筑物及其附着物（以下称房地产）转移、变更到改制后的企业，暂不征收土地增值税。按照法律规定或者合同约定，两个或两个以上企业合并为一个企业，且原企业投资主体存续的，对原企业将房地产转移、变更到合并后的企业，暂不征收土地增值税。按照法律规定或者合同约定，企业分设为两个或两个以上与原企业投资主体相同的企业，对原企业将房地产转移、变更到分立后的企业，暂不征收土地增值税。单位、个人在改制重组时以房地产作价入股进行投资，对其将房地产转移、变更到被投资的企业，暂不征收土地增值税。该政策执行至2027年12月31日。

（6）企事业单位、社会团体以及其他组织转让旧房作为保障性住房房源且增值额未超过扣除项目金额20%的，免征土地增值税。

第二节　土地增值税的计算

一、计税依据

土地增值税的计税依据是纳税人转让房地产所取得的增值额。转让房地产的增值额，是纳税人转让房地产的收入额减除税法规定的扣除项目金额后的余额。

（一）收入额的确定

纳税人转让房地产所取得的收入，是指包括货币收入、实物收入和其他收入在内的全部价款及有关的经济利益，不允许从中减除任何成本费用。

对取得的实物收入，要按收入时的市场价格折算成货币收入；对取得的无形资产收入，要进行专门的评估，在确定其价值后折算成货币收入。

对取得的收入为外国货币的，应当以取得收入当天或当月1日国家公布的市场汇价折合成人民币。当月以分期收款方式取得的外币收入，也应按实际收款日或收款当月1日国家公布的市场汇价折合成人民币。

纳税人转让房地产的土地增值税应税收入不含增值税。适用增值税一般计税方法的纳税人，其转让房地产的土地增值税应税收入不含增值税销项税额。房地产开发企业中的一般纳税人销售自行开发的房地产项目，适用一般计税方法计税，按照取得的全部价款和价外费用，扣除当期销售房地产项目对应的土地价款后的余额计算销售额。相关计算公式为：

销售额=（全部价款和价外费用−当期允许扣除的土地价款）÷（1+税率）

增值税销项税额=销售额×税率

土地增值税不含税收入=销售额−增值税销项税额

适用简易计税方法的纳税人，其转让房地产的土地增值税应税收入不含增值税应纳税额。

土地增值税不含税收入=含税销售收入−增值税应纳税额

=含税销售收入−含税销售收入÷（1+5%）×5%

=含税销售收入÷（1+5%）

为方便纳税人，简化土地增值税预征税款计算，房地产开发企业采取预收款方式销售自行开发的房地产项目的，可按照以下方法计算土地增值税预征计征依据：

土地增值税预征计征依据=预收款−应预缴增值税税款

（二）扣除项目及其金额的确定

在确定房地产转让增值额和计算缴纳土地增值税时，允许从房地产转让收入总额中扣除的项目及其金额可分为以下六类：

1.取得土地使用权所支付的金额

这是指纳税人为取得土地使用权支付的地价款和按国家统一规定缴纳的有关税费之和。房地产开发企业为取得土地使用权所支付的契税，应视同按国家统一规定缴纳的有关费用，计入取得土地使用权所支付的金额中扣除。

取得土地使用权所支付的金额有三种形式：第一，以出让方式取得土地使用权的，为支付的土地出让金；第二，以行政划拨方式取得土地使用权的，为转让土地使用权时按规定补缴的出让金；第三，以转让方式取得土地使用权的，为支付的地价款。

2.开发土地、新建房及配套设施的成本（以下简称房地产开发成本）

这是指纳税人开发房地产项目实际发生的成本。这些成本允许按实际发生数扣除，主要包括土地征用及拆迁补偿费、前期工程费、建筑安装工程费、基础设施费、公共配套设施费、开发间接费用等。

（1）土地征用及拆迁补偿费，包括土地征用费、耕地占用税、劳动力安置费，及有关地上、地下附着物拆迁补偿的净支出、安置动迁用房支出等。

（2）前期工程费，包括规划、设计、项目可行性研究和水文、地质、勘察、测绘、“三通一平”等支出。

（3）建筑安装工程费，是指以出包方式支付给承包单位的建筑安装工程费、以自营方式发生的建筑工程安装费。

（4）基础设施费，包括开发小区内的道路、供水、供电、供气、排污、通信、照明、环卫、绿化等工程发生的支出。

（5）公共配套设施费，包括不能有偿转让的开发小区内公共配套设施发生的支出。

（6）开发间接费用，是指直接组织、管理开发项目所发生的费用，包括工资、职工福利费、折旧费、修理费、办公费、水电费、劳动保护费、周转房摊销等。

3.开发费用（即新建房及配套设施的费用，以下简称房地产开发费用）

这是指与房地产开发项目有关的销售费用、管理费用、财务费用。

根据企业会计制度的规定，与房地产开发有关的费用直接计入当年损益，不按房地产项目进行归集或分摊。

（1）能够按转让房地产项目计算分摊利息支出，并能提供金融机构贷款证明的：

房地产开发费用=利息+（取得土地使用权所支付的金额+房地产开发成本）×5%以内

（2）不能按转让房地产项目计算分摊利息支出，或不能提供金融机构贷款证明的（包含全部使用自有资金的无借款情况）：

房地产开发费用=（取得土地使用权所支付的金额+房地产开发成本）×10%以内

需要注意两点：一是计算扣除的具体比例，由省、自治区、直辖市人民政府规定；二是利息最高不能超过按商业银行同类同期贷款利率计算的金额。超期利息、超标利息及罚息不得扣除。

房地产开发企业既向金融机构借款，又有其他借款的，其房地产开发费用计算扣除时不能同时适用上述（1）、（2）项两种办法。

土地增值税清算时，已经计入房地产开发成本的利息支出，应调整至财务费用中计算扣除。

4.与转让房地产有关的税金

这是指转让房地产时缴纳的印花税、城建税，教育费附加也可视同税金扣除。增值税为价外税，不得扣除。

允许扣除的印花税是指在转让房地产时缴纳的印花税。房地产开发企业按照《施工、房地产开发企业财务制度》的有关规定，其缴纳的印花税列入管理费用，印花税不再单独扣除。房地产开发企业以外的其他纳税人在计算土地增值税时，允许扣除在转让房地产环节缴纳的印花税。

对于个人购入房地产再转让的，其在购入环节缴纳的契税，由于已经包含在旧房及建筑物的评估价格之中，因此，计征土地增值税时，不能作为与转让房地产有关的税金予以扣除。

5.财政部确定的其他扣除项目

对从事房地产开发的纳税人，可按取得土地使用权所支付的金额与房地产开发成本之和加计20%的扣除。此项优惠只适用于从事房地产开发的纳税人，除此之外的其他纳税人不适用。

加计扣除项目金额=（取得土地使用权所支付的金额+房地产开发成本）×20%

对于县级及县级以上人民政府要求房地产开发企业在售房时代收的各项费用，可处理如下：

（1）如果代收费用计入房价向购买方一并收取，则可作为转让房地产所取得的收入计税，在计算扣除项目金额时，代收费用可以扣除，但不得作为扣除20%的基数。

（2）如果代收费用未计入房价中而单独收取，可以不作为转让房地产的收入，当然，在计算扣除项目金额时，代收费用也不能扣除。

6.旧房及建筑物的评估价格

这是指在转让已使用的房屋及建筑物时，由政府批准设立的房地产评估机构评定的重置成本价乘以成新度折扣率后的价格。评估价格须经当地税务机关确认。

转让旧房及建筑物的评估价格、取得土地使用权所支付的地价款和按国家统一规定缴纳的有关费用及在转让环节缴纳的税金，可以在计征土地增值税时扣除。对取得土地使用权时未支付地价款或不能提供已支付的地价款凭据的，在计征土地增值税时不允许扣除。

纳税人在转让旧房及建筑物时，因计算纳税需要对房地产进行评估，其支付的评估费用允许在计算土地增值税时予以扣除。但是，对纳税人因隐瞒、虚报房地产成交价等情形而按房地产评估价格计算征收土地增值税时发生的评估费用，不允许在计算土地增值税时予以扣除。

纳税人转让旧房及建筑物，凡不能取得评估价格，但能提供购房发票的，经当地税务部门确认，可按发票所载金额并从购买年度起至转让年度止每年加计5%计算扣除。计算扣除项目时，"每年"按购房发票所载日期起至售房发票开具之日止，每满12个月计1年；超过1年，未满12个月但超过6个月的，可以视同为1年。

对纳税人购房时缴纳的契税，凡能提供契税完税凭证的，准予作为与转让房地产有关的税金予以扣除，但不作为加计5%的基数。

对于转让旧房及建筑物，既没有评估价格，又不能提供购房发票的，税务机关可以根据《税收征收管理法》第三十五条的规定，实行核定征收。

（三）增值额的确定

土地增值税是以增值额与扣除项目金额的比率大小按相适用的税率累进计算征收的，增值额与扣除项目金额的比率越大，适用的税率越高，缴纳的税款越多，因此，准确核算增值额是很重要的。

土地增值额为纳税人转让房地产所取得的收入减除规定的扣除项目金额后的余额。

纳税人有下列情形之一的，按照房地产评估价格计算征收：一是隐瞒、虚报房地产成交价格的；二是提供扣除项目金额不实的；三是转让房地产的成交价格低于房地产评估价格，又无正当理由的。

隐瞒、虚报房地产成交价格的，应由评估机构参照同类房地产的市场交易价格进行评估。税务机关根据评估价格确定转让房地产的收入。

提供扣除项目金额不实的，应由评估机构按照房屋重置成本价乘以按成新度折扣率计算的房屋成本价和取得土地使用权时的基准地价进行评估。税务机关根据评估价格确定扣除项目金额。

二、应纳税额的计算

土地增值税按照纳税人转让房地产所取得的增值额和规定的税率计算征收。土地增值税的计算方法及计算步骤如下：

（一）计算方法

土地增值税以纳税人转让房地产所取得的增值额为计税依据，按照超率累进税率计算应纳税额，其应纳税额有以下两种计算方法：

（1）分步计算法。按照每一级距的土地增值额乘以该级距相应的税率，分别计算各级次土地增值税税额，然后将其相加汇总，求得应纳税额。计算公式为：

应纳税额=$\sum$(每一级距的土地增值额 × 适用税率)

这种分步计算法计算过程比较烦琐，因此，在实际工作中，一般采用速算扣除法，以简化计算过程。

（2）速算扣除法。按照增值额乘以适用税率，减去扣除项目金额乘以速算扣除系数的简便方法计算应纳税额。计算公式为：

①增值额未超过扣除项目金额50%的：

土地增值税税额=增值额×30%

②增值额超过扣除项目金额50%，未超过100%的：

土地增值税税额=增值额×40%-扣除项目金额×5%

③增值额超过扣除项目金额100%，未超过200%的：

土地增值税税额=增值额×50%-扣除项目金额×15%

④增值额超过扣除项目金额200%的：

土地增值税税额=增值额×60%-扣除项目金额×35%

上述公式中的5%、15%、35%均为速算扣除系数。

（二）计算步骤

（1）计算扣除项目金额。如系转让旧房及建筑物，应计算评估价格，再确定扣除项目金额。

评估价格=重置成本价×成新度折扣率

（2）计算增值额。

增值额=转让收入额-扣除项目金额

（3）计算增值额占扣除项目金额的比重（以下简称增值率）。

增值率=增值额÷扣除项目金额×100%

（4）依据增值率确定适用税率。

（5）依据适用税率计算应纳税额。

应纳税额=增值额×适用税率-扣除项目金额×速算扣除系数

【例11-1】M市某房地产开发公司为一般纳税人，20×2年开发一栋高层住宅楼，20×3年8月有关经营情况如下：

（1）该住宅楼销售90%，取得销售收入6 300万元，并签订了销售合同。剩余的10%以每年100万元对外出租，租期1年，租金一次性收取，并签订了租赁合同。

（2）签订土地使用权购买合同，支付与该项目相关的土地使用权价款900万元，相关税费39万元。

（3）发生土地拆迁补偿费400万元、前期工程费200万元，支付工程价款1 000万元、基础设施及公共配套设施费250万元、开发间接费用50万元。

（4）发生销售费用300万元、财务费用60万元、管理费用80万元。

（5）该房地产开发公司不能按转让房地产项目计算分摊利息，当地政府规定的开发费用扣除比例为9%。

以上收入均为含增值税收入，该房地产开发公司按照一般计税方法征税，不考虑地方教育附加。

要求：(1) 计算土地增值税时准予扣除的税金；

(2) 计算土地增值税时准予扣除的取得土地使用权支付的金额；

(3) 计算土地增值税时准予扣除项目的合计金额；

(4) 计算该房地产开发公司应缴纳的土地增值税。

解：(1) 准予扣除的税金=（6 300−900×90%）÷（1+9%）×9%×（7%+3%）=45.33（万元）

(2) 准予扣除的取得土地使用权支付的金额=（900+39）×90%=845.1（万元）

准予扣除的土地使用权支付金额，包含地价款和相关税费。住宅楼销售90%，剩余部分对外出租，出租部分不缴纳土地增值税，对应的为取得土地使用权所支付的金额就不能扣除。

(3) 计算土地增值税时准予扣除项目的合计金额：

准予扣除的房地产开发成本=（400+200+1 000+250+50）×90%=1 710（万元）

准予扣除的房地产开发费用=（845.1+1 710）×9%=229.96（万元）

加计扣除费用=（845.1+1 710）×20%=511.02（万元）

准予扣除项目的合计金额=845.1+1 710+229.96+511.02+45.33=3 341.41（万元）

(4) 计算该房地产开发公司应缴纳的土地增值税：

不含增值税收入=6 300−（6 300−900×90%）÷（1+9%）×9%=5 846.70（万元）

增值额=5 846.70−3 341.41=2 505.29（万元）

增值率=2 505.29÷3 341.41×100%=74.98%

适用税率为40%，速算扣除系数为5%。

应纳土地增值税=2 505.29×40%−3 341.41×5%=835.05（万元）

【例11-2】甲企业（一般纳税人）在20×3年6月以840万元出售一幢办公楼。该办公楼原始购买发票金额为210万元，日期为20×0年7月1日，已缴纳契税6.3万元。该房地产无评估价值。

要求：计算应纳的土地增值税。

解：甲企业转让办公楼缴纳增值税=（840−210）÷（1+5%）×5%=30（万元）

(1) 取得不含税转让收入=840−30=810（万元）

(2) 与转让房地产有关的税金=6.3+30×（7%+3%）+810×5‱=9.71（万元）

(3) $$\frac{\text{土地增值税}}{\text{扣除项目金额}}=\frac{\text{发票}}{\text{所载金额}}\times\left[1+\left(\frac{\text{转让}}{\text{年度}}-\frac{\text{购买}}{\text{年度}}\right)\times 5\%\right]+\frac{\text{与房地产转让}}{\text{有关的税金}}+\frac{\text{与房地产}}{\text{转让有关的费用}}$$

=210×（1+3×5%）+9.71=251.21（万元）

(4) 增值额=810−251.21=558.79（万元）

(5) 增值率=558.79÷251.21×100%=222.44%

(6) 应纳土地增值税=558.79×60%−251.21×35%=247.35（万元）

三、房地产开发企业土地增值税清算

（一）清算单位

(1) 土地增值税以国家有关部门审批的房地产开发项目为单位进行清算；对于分期开发的项目，以分期项目为单位清算。

（2）开发项目中同时包含普通住宅和非普通住宅的，应分别计算增值额。

（二）清算条件

1.纳税人进行土地增值税清算的三种情况

（1）房地产开发项目全部竣工、完成销售的；

（2）整体转让未竣工决算房地产开发项目的；

（3）直接转让土地使用权的。

2.主管税务机关要求纳税人进行土地增值税清算的四种情况

（1）已竣工验收的房地产开发项目，已转让的房地产建筑面积占整个项目可售建筑面积的比例在85%以上，或该比例虽未超过85%，但剩余的可售建筑面积已经出租或自用的；

（2）取得销售（预售）许可证满3年仍未销售完毕的；

（3）纳税人申请注销税务登记但未办理土地增值税清算手续的；

（4）省税务机关规定的其他情况。

（三）非直接销售和自用房地产的收入确定

（1）房地产开发企业将开发产品用于职工福利、奖励、对外投资、分红、偿债、换取非货币性资产等，发生所有权转移时，应视同销售房地产。

（2）房地产企业用建造的该项目房地产安置回迁户的，安置用房视同销售处理。

收入按下列方法和顺序确认：

① 按该企业在同一地区、同一年度销售的同类房地产的平均价格确定。

② 由主管税务机关参照当地当年、同类房地产的市场价格或评估价值确定。

（3）房地产开发企业将开发的部分房地产转为企业自用或用于出租等商业用途时，产权未发生转移的情况下不扣除相应的成本和费用。

（四）扣除项目规定

1.可据实扣除的项目

（1）开发建造的与清算项目配套的居委会和派出所用房、会所、停车场（库）、物业管理场所、变电站、热力站、水厂、文体场馆、学校、幼儿园、托儿所、医院、邮电通信等公共设施。

① 建成后产权属于全体业主所有的，其成本、费用可以扣除；

② 建成后无偿移交给政府、公用事业单位用于非营利性社会公共事业的，其成本、费用可以扣除；

③ 建成后有偿转让的，应计算收入，并准予扣除成本、费用。

（2）房地产开发企业销售已装修的房屋，其装修费用可以计入房地产开发成本。

（3）房地产开发企业在工程竣工验收后，根据合同约定，扣留建筑安装施工企业一定比例的工程款，作为开发项目的质量保证金，在计算土地增值税时，建筑安装施工企业就质量保证金对房地产开发企业开具发票的，按发票所载金额予以扣除。

（4）房地产开发企业为取得土地使用权所支付的契税，应视同按国家统一规定缴纳的有关费用，计入取得土地使用权所支付的金额中扣除。

（5）房地产开发企业支付给回迁户的补差价款，计入拆迁补偿费；回迁户支付给房地产开发企业的补差价款，应抵减本项目拆迁补偿费。

（6）货币安置拆迁的，房地产开发企业凭合法有效凭据计入拆迁补偿费。

2.可核定扣除项目

其包括前期工程费、建筑安装工程费、基础设施费、开发间接费用的凭证或资料不符合清算要求或不实的。

3.不可扣除的项目

（1）扣除取得土地使用权所支付的金额，房地产开发成本、费用，以及与转让房地产有关的税金，须提供合法有效凭证；不能提供合法有效凭证的，不予扣除。

（2）房地产开发企业的预提费用，除另有规定外，不得扣除。

（3）竣工后，建筑安装施工企业就质量保证金对房地产开发企业未开具发票的，扣留的质保金不得计算扣除。

（4）房地产开发企业逾期开发缴纳的土地闲置费不得扣除。

（五）土地增值税的核定征收

房地产开发企业有下列情形之一的，税务机关可以参照与其开发规模和收入水平相近的当地企业的土地增值税税负情况，按不低于预征率的征收率核定征收土地增值税：

（1）依照法律、行政法规的规定应当设置但未设置账簿的；

（2）擅自销毁账簿或者拒不提供纳税资料的；

（3）虽设置账簿，但账目混乱或者成本资料、收入凭证、费用凭证残缺不全，难以确定转让收入或扣除项目金额的；

（4）符合土地增值税清算条件，未按照规定的期限办理清算手续，经税务机关责令限期清算，逾期仍不清算的；

（5）申报的计税依据明显偏低，又无正当理由的。

税务机关核定的征收率原则上不得低于5%，各省级税务机关要结合本地实际，区分不同房地产类型制定核定征收率。

（六）清算后再转让房地产

在土地增值税清算时未转让的房地产，清算后销售或有偿转让时，纳税人应按规定进行土地增值税的纳税申报，扣除项目金额按清算时的单位建筑面积成本费用乘以销售或转让面积计算。

单位建筑面积成本费用=清算时的扣除项目总金额÷清算的总建筑面积

（七）清算后应补税与滞纳金

纳税人按规定预缴土地增值税后，清算补缴的土地增值税，在主管税务机关规定的期限内补缴的，不加收滞纳金。

第三节 土地增值税的申报与缴纳

一、纳税义务发生时间

（1）以一次交割、付清价款方式转让房地产的，在办理过户、登记手续前一次性缴纳全部税额。

（2）以分期收款方式转让的，先计算出应纳税总额，然后根据合同约定的收款日期和约定的收款比例确定应纳税额。

（3）项目全部竣工结算前转让房地产的：

① 纳税人进行小区开发建设的，其中一部分房地产项目因先行开发并已转让出去，但小区内的部分配套设施往往在转让后才建成，在这种情况下，税务机关可以对先行转让的项目，在取得收入时预征土地增值税。

② 纳税人以预售方式转让房地产的，对在办理结算和转交手续前就取得的收入，税务机关也可以预征土地增值税。具体办法由各省、自治区、直辖市税务机关根据当地情况制定。

凡采用预征方法征收土地增值税的，在该项目全部竣工办理清算时，都需要对土地增值税进行清算，根据应征税额和已征税额进行结算，多退少补。

除保障性住房外，东部地区省份（自治区、直辖市，下同）预征率不得低于2%，中部和东北部地区省份不得低于1.5%，西部地区省份不得低于1%。

二、纳税期限

土地增值税的纳税人应自转让房地产合同签订之日起7日内，向房地产所在地的主管税务机关办理纳税申报，同时向税务机关提交房屋产权证、土地使用权证书，土地转让、房产买卖合同，房地产评估报告及其他与转让房地产有关的资料。

纳税人因经常发生房地产转让而难以在每次转让后申报的，经税务机关审核同意后，可以定期进行纳税申报，具体期限由税务机关根据情况确定。

三、纳税地点

纳税人应向房地产所在地（坐落地）主管税务机关办理纳税申报，并在税务机关核定的期限内缴纳土地增值税。

（1）纳税人是法人的，当转让的房地产坐落地与其机构所在地或经营所在地一致时，在办理税务登记的原主管税务机关申报纳税即可；如果转让的房地产坐落地与其机构所在地或经营所在地不一致，应在房地产坐落地主管税务机关申报纳税。

（2）纳税人是自然人的，当转让的房地产坐落地与其住所所在地一致时，在住所所在地主管税务机关申报纳税；当转让的房地产坐落地与其住所所在地不一致时，在办理过户手续所在地主管税务机关申报纳税。

思政小园地

2022年5月31日，国家税务总局发布的《关于开展2022年“我为纳税人缴费人办实事暨便民办税春风行动”的意见》（税总纳服发〔2022〕5号）指出，为深入贯彻党的十九届六中全会和中央经济工作会议精神，全面推进中办、国办印发的《关于进一步深化税收征管改革的意见》落实，巩固拓展党史学习教育成果，国家税务总局决定，2022年以“智慧税务助发展·惠企利民稳增长”为主题，连续第九年开展“我为纳税人缴费人办实事暨便民办税春风行动”（以下简称“春风行动”），首批推出5大类20项80条便民办税缴费措施，后续再适时推出若干举措。通过开展“春风行动”，加快推动智慧税务建设，大力推进精确执法、精细服务、精准监管、精诚共治，坚持依法组织税费收入原则，持续深化税务系统“放管服”改革，进一步加强税收监管，不断优化税收营商环境。

习　题

一、即测即评

第十一章单选题　　第十一章多选题　　第十一章判断题

二、实务题

1. 某房地产开发公司转让一幢写字楼取得不含增值税收入1 000万元。该公司为取得土地使用权所支付的金额为50万元，房地产开发成本为200万元，房地产开发费用为40万元，与转让房地产有关的允许扣除的税金为60万元。

要求：计算应纳的土地增值税。

2. 20×3年9月，某房地产开发公司转让5年前购入的一块土地，取得不含增值税收入2 800万元。该土地购进价1 200万元，取得土地使用权时缴纳相关费用40万元；转让该土地时缴纳相关税费35万元（不含增值税和印花税）。

要求：计算该公司应缴纳的土地增值税。

3. 20×3年4月，税务机关对某房地产开发公司开发的房产项目进行土地增值税清算。该房地产公司提供的资料如下：

（1）20×2年6月，以17 760万元拍得一宗土地使用权，并缴纳了契税；

（2）20×2年7月起，对受让土地50%的面积进行一期项目开发，发生开发成本6 000万元、管理费用200万元、销售费用400万元，银行贷款凭证显示利息支出600万元，允许扣除的税金及附加2 900万元。

（3）20×3年3月全部实现销售，共取得不含税收入31 000万元。

当地适用的契税税率为5%，该项目未预缴土地增值税；其他房地产开发费用的计算比例为5%。

要求：（1）简要说明房地产开发成本包含的项目；

（2）简要说明房地产开发费用的扣除标准；

（3）计算该公司清算土地增值税时允许扣除的土地使用权支付金额；

（4）计算该公司清算土地增值税时允许扣除项目金额的合计数；

（5）计算该公司清算土地增值税时应缴纳的土地增值税。

第十二章

企业所得税

【学习目标】

一、知识体系

1. 企业所得税税制要素。

2. 企业所得税的计税依据。

3. 企业所得税的计算。

4. 企业所得税的申报与缴纳。

二、价值塑造

1. 以马克思主义哲学为指导，理论与实践相结合，提高企业所得税税收理论素养。

2. 以习近平新时代中国特色社会主义思想为指导，准确把握新时代企业所得税的职能定位，培育经世济民、诚信服务、德法兼修的税务职业素养。

三、能力培养

1. 熟悉企业所得税税制要素，理解企业所得税的计税原理。

2. 掌握企业所得税的计算方法。

3. 了解企业所得税的申报与缴纳。

第一节　企业所得税概述

所得税是对以所得额为课税对象的税种的统称。从经济学角度来看，所得是指人们在两个时点之间以货币表示的经济能力的净增加值。从会计学角度来看，所得必须以实现的交易为基础，即在某一时期内，一切交易所实现的收入减去为实现收入而消耗的成本、费用后的余额。从税收实务角度来看，所得是指应税所得，是在会计所得基础上，经过必要调整而计算出来的需缴纳所得税的所得。就企业而言，应税所得是企业收入减去成本、费用、流转税和法定扣除项目后的余额；就个人而言，应税所得是个人收入扣除个人生计费、赡养费和其他费用及法定扣除项目后的余额。

企业所得税是对在我国境内的企业和其他取得收入的组织的生产经营所得和其他所得征收的一种税。

我国现行企业所得税的基本规范是2007年3月16日第十届全国人民代表大会第五次会议通过的《中华人民共和国企业所得税法》（以下简称《企业所得税法》），该法于2017年2月24日第十二届全国人大常委会第二十六次会议通过了第一次修正，2018年12月29日第十三届全国人大常委会第七次会议通过了第二次修正。

一、纳税人

在中华人民共和国境内，企业和其他取得收入的组织（以下统称企业）为企业所得税的纳税人，依照《企业所得税法》的规定缴纳企业所得税，个人独资企业、合伙企业不适用《企业所得税法》。

《企业所得税法》规定，企业分为居民企业和非居民企业。

（一）居民企业

居民企业是指依法在中国境内成立，或者依照外国（地区）法律成立但实际管理机构在中国境内的企业。

（1）依法在中国境内成立的企业包括依照中国法律、行政法规在中国境内成立的企业、事业单位、社会团体以及其他取得收入的组织。

（2）依照外国（地区）法律成立的企业包括依照外国（地区）法律成立的企业和其他取得收入的组织。

（3）实际管理机构是指对企业的生产经营、人员、账务、财产等实施实质性全面管理和控制的机构。

（二）非居民企业

非居民企业是指依照外国（地区）法律成立且实际管理机构不在中国境内，但在中国境内设立机构、场所的，或者在中国境内未设立机构、场所，但有来源于中国境内所得的企业。

机构、场所是指在中国境内从事生产经营活动的机构、场所，包括：

（1）管理机构、营业机构、办事机构；

（2）工厂、农场、开采自然资源的场所；

（3）提供劳务的场所；

（4）从事建筑、安装、装配、修理、勘探等工程作业的场所；

（5）其他从事生产经营活动的机构、场所。

非居民企业委托营业代理人在中国境内从事生产经营活动的，包括委托单位或者个人经常代其签订合同，或者储存、交付货物等，该营业代理人视为非居民企业在中国境内设立的机构、场所。

二、征税对象和范围

企业所得税的征税对象是企业取得的生产经营所得、其他所得和清算所得。

（1）对于居民企业，应将其来源于中国境内、境外的所得作为征税对象。所得包括销售货物所得、提供劳务所得、转让财产所得、股息红利等权益性投资所得、利息所得、租金所得、特许权使用费所得、接受捐赠所得和其他所得。

（2）非居民企业在中国境内设立机构、场所的，应当就其所设机构、场所取得的来源于中国境内的所得，以及发生在中国境外但与其所设机构、场所有实际联系的所得，缴纳企业所得税。非居民企业在中国境内未设立机构、场所的，或者虽设立机构、场所但取得的所得与其所设机构、场所没有实际联系的，应当就其来源于中国境内的所得缴纳企业所得税。

实际联系，是指非居民企业在中国境内设立的机构、场所拥有据以取得所得的股权、债权，以及拥有、管理、控制据以取得所得的财产等。

（3）关于所得来源地的确定：

① 销售货物所得，按照交易活动发生地确定；

② 提供劳务所得，按照劳务发生地确定；

③ 转让财产所得，不动产转让所得按照不动产所在地确定，动产转让所得按照转让动产的企业或者机构、场所所在地确定，权益性投资资产转让所得按照被投资企业所在地确定；

④ 股息红利等权益性投资所得，按照分配所得的企业所在地确定；

⑤ 利息所得、租金所得、特许权使用费所得，按照负担或者支付所得的企业或者机构、场所所在地，负担或者支付所得的个人的住所所在地确定；

⑥ 其他所得，由国务院财政、税务主管部门确定。

三、税率

（1）25%，适用于一般企业。

（2）20%，适用于小型微利企业。

①自2022年1月1日至2024年12月31日，对小型微利企业年应纳税所得额超过100万元但不超过300万元的部分，减按25%计入应纳税所得额，按20%的税率缴纳企业所得税。

②自2023年1月1日至2024年12月31日，对小型微利企业年应纳税所得额不超过100万元的部分，减按25%计入应纳税所得额，按20%税率缴纳企业所得税。

（3）15%，主要适用于国家需要重点扶持的高新技术企业、技术先进型服务企业、现代服务业合作区的鼓励类产业企业、西部地区鼓励类企业、集成电路生产企业和从事污染防治的第三方企业。

（4）10%。非居民企业取得企业所得税法所规定的所得，减按10%的税率征收企业所得税；非居民企业在中国境内未设立机构、场所的，或者虽设立机构、场所但取得的所得与其所设机构、场所没有实际联系的，应当就其来源于中国境内的所得缴纳企业所得税。

第二节　企业所得税应纳税所得额的确定

应纳税所得额是企业所得税的计税依据，是计算企业所得税的关键。企业每一纳税年度的收入总额，减除不征税收入、免税收入、各项扣除以及允许弥补的以前年度亏损后的余额，为应纳税所得额。计算公式为：

应纳税所得额=收入总额-不征税收入-免税收入-准予扣除项目金额-允许弥补的以前年度亏损

企业确实不能提供真实、完整、准确的收入、支出凭证，不能正确申报应纳税所得额的，税务机关可以采取成本加合理利润、费用换算以及其他合理方法核定其应纳税所得额。

企业应纳税所得额的计算，除有特殊规定外，以权责发生制为原则，属于当期的收入和费用，不论款项是否收付，均作为当期的收入和费用；不属于当期的收入和费用，即使款项已经在当期收付，也不作为当期的收入和费用。应纳税所得额的计算主要包括收入总额、扣除范围和标准、资产的税务处理、亏损弥补等。在计算应纳税所得额时，企业财务会计处理办法与税收法律、行政法规的规定不一致的，应当依照税收法律、行政法规的规定计算。

一、收入总额

企业以货币形式和非货币形式从各种来源取得的收入，为收入总额。企业以货币形式取得的收入包括现金、银行存款、应收账款、应收票据、准备持有至到期的债券投资以及债务的豁免等。企业以非货币形式取得的收入包括存货、固定资产、投资性房地产、生物资产、无形资产、股权投资、劳务、不准备持有至到期的债券投资等资产以及其他权益。

企业以非货币形式取得的收入应当按公允价值确定收入额。公允价值是指按照市场价格确定的价值。

（一）一般收入的确认

（1）销售货物收入，指企业销售商品、产品、原材料、包装物、低值易耗品以及其他存货取得的收入。

（2）提供劳务收入，指企业从事建筑安装、修理修配、交通运输、仓储租赁、金融保险、邮电通信、咨询经纪、文化体育、科学研究、技术服务、教育培训、餐饮住宿、中介代理、卫生保健、社区服务、旅游、娱乐、加工和其他劳务服务活动取得的收入。

（3）转让财产收入，指企业转让固定资产、投资性房地产、生物资产、无形资产、股权、债权等所取得的收入。

企业转让股权收入，应于转让协议生效且完成股权变更手续时，确认收入的实现。转让股权收入扣除为取得该股权所发生的成本后，为股权转让所得。企业在计算股权转让所得时，不得扣除被投资企业未分配利润等股东留存收益中按该项股权所可能分配的金额。

被清算企业的股东分得的剩余资产的金额，其中相当于被清算企业累计未分配利润和累计盈余公积中按该股东所占股份比例计算的部分，应确认为股息所得；剩余资产减除股息所得后的余额，超过或低于股东投资成本的部分，应确认为股东的投资转让所得或损失。

投资企业从被投资企业撤回或减少投资，其取得的资产中，相当于初始出资的部分，应确认为投资收回；相当于被投资企业累计未分配利润和累计盈余公积按减少实收资本比例计算的部分，应确认为股息所得；其余部分确认为投资资产转让所得。被投资企业发生的经营亏损，由被投资企业按规定结转弥补；投资企业不得调整减低其投资成本，也不得将其确认为投资损失。

（4）股息、红利等权益性投资收益，指企业因权益性投资从被投资方取得的分配收入。除国务院财政、税务主管部门另有规定外，按照被投资方作出利润分配决定的日期确认收入的实现。

被投资企业将股权（票）溢价所形成的资本公积转为股本的，不作为投资方企业的股息、红利收入，投资方企业也不得增加该项长期投资的计税基础。

以未分配利润、盈余公积转增资本，作为投资方企业的股息、红利收入，投资方企业增加该项长期投资的计税基础。

内地企业投资者通过深港通投资香港联交所上市股票取得的股息、红利所得，计入其收入总额，依法计征企业所得税。其中，内地居民企业连续持有H股满12个月取得的股息、红利所得，依法免征企业所得税。

（5）利息收入，指企业将资金提供给他人使用但不构成权益性投资或因他人占用本企业资金所取得的利息收入，包括存款利息、贷款利息、债券利息、欠款利息等收入。应按照合同约定的债务人应付利息的日期确认收入的实现。

（6）租金收入，指企业提供固定资产、包装物和其他资产的使用权取得的收入。应按照合同约定的承租人应付租金的日期确认收入的实现。如果合同或协议中规定租赁期限跨年度，且租金提前一次性支付，根据收入与费用配比原则，出租人可对上述已确认的收入，在租赁期内，分期均匀计入相关年度收入。

（7）特许权使用费收入，指企业提供专利权、非专利技术、商标权、著作权以及其他特许权的使用权而取得的收入。按照合同约定的特许权使用人应付特许权使用费的日期确认收入的实现。

（8）接受捐赠收入，指企业接受的来自其他企业、组织和个人自愿和无偿给予的货币性或非货币性资产。应按实际收到捐赠资产的日期确认收入的实现。

（9）其他收入，指企业取得的除税法规定的上述收入以外的一切收入，包括企业资产溢余收入、逾期未退包装物押金收入、确实无法偿付的应付款项、已做坏账损失处理后又收回的应收款项、债务重组收入、补贴收入、违约金收入、汇兑收益等。

（二）特殊收入的确认

（1）以分期收款方式销售货物的，按照合同约定的收款日期确认收入的实现。

（2）企业受托加工制造大型机械设备、船舶、飞机等，以及从事建筑、安装、装配工程业务或者提供劳务等，持续时间超过12个月的，按照纳税年度内完工进度或者完成的工作量确认收入的实现。

（3）采取产品分成方式取得收入的，按照企业分得产品的时间确认收入的实现，收入额按照产品的公允价值确定。

（4）企业发生非货币性资产交换，以及将货物、财产、劳务用于捐赠、赞助、集资、广告、样品、职工福利和利润分配，应当视同销售货物、转让财产和提供劳务，国务院财政、税务主管部门另有规定的除外。

（三）资产处置收入的确认

资产处置收入的确认要看资产所有权属在形式和实质上是否发生改变。

（1）内部处置资产，所有权属在形式和实质上均不变，不视同销售确认收入（资产转移至境外的除外）。

（2）资产移送他人，所有权属已发生改变，按视同销售确认收入。

（3）企业转让限售股取得的收入，扣除限售股原值和合理税费后的余额为该限售股转让所得。

企业未能提供完整、真实的限售股原值凭证，不能准确计算该限售股原值的，主管税务机关一律按该限售股转让收入的15%核定该限售股原值和合理税费。

企业应将减持在证券登记结算机构登记的限售股取得的全部收入计入企业当年应税收入计算纳税。

（四）不征税收入

（1）财政拨款，但国务院以及财政部、国家税务总局另有规定的除外。财政拨款，是指各级政府对纳入预算管理的事业单位、社会团体等组织拨付的财政资金。

（2）依法收取并纳入财政管理的行政事业性收费、政府性基金。

行政事业性收费，是指依照法律、法规等有关规定，按照国务院规定程序批准，在实施社会公共管理，以及在向公民、法人或者其他组织提供特定公共服务过程中，向特定对象收取并纳入财政管理的费用。

政府性基金，是指企业根据法律、行政法规等有关规定，代政府收取的具有专项用途的财政资金。

（3）国务院规定的其他不征税收入。

企业取得的不征税收入应按照规定进行处理。凡未按照规定进行处理的，应作为企业应税收入计入应纳税所得额，依法缴纳企业所得税。

（五）免税收入

（1）国债利息收入，指企业持有国务院财政部门发行的国债取得的利息收入。

（2）符合条件的居民企业之间的股息、红利等权益性投资收益，指居民企业直接投资于其他居民企业取得的投资收益。

（3）在中国境内设立机构、场所的非居民企业从居民企业取得与该机构、场所有实际联系的股息、红利等权益性投资收益。

居民企业和非居民企业取得的免税股息、红利等权益性投资收益不包括连续持有居民企业公开发行并上市流通的股票不足12个月取得的投资收益。

（4）符合条件的非营利组织的收入，不包括非营利组织从事营利性活动取得的收入，但国务院财政、税务主管部门另有规定的除外。

（六）应税收入额的计算

应税收入额等于收入总额减去不征税收入和免税收入后的余额。计算公式为：

应税收入额=收入总额-不征税收入-免税收入

二、准予扣除项目

（一）税前扣除项目的原则

企业申报的扣除项目要真实、合法。真实是指能够提供准许使用的有效证明，证明有关支出确属已经实际发生；合法是指符合国家税收法规，其他法规与税收法规的规定不一致的，以税收法规的规定为准。除税收法规另有规定外，税前扣除的确认一般应遵循以下原则：

（1）权责发生制原则，即纳税人应在费用发生时而不是实际支付时确认扣除。

（2）配比原则，即纳税人发生的费用应在费用应配比或应分配的当期申报扣除。纳税人某一纳税年度应申报的可扣除费用不得提前或滞后申报扣除。

（3）相关性原则，即纳税人可扣除的费用从性质和根源上必须与取得应税收入相关。

（4）确定性原则，即纳税人可扣除的费用不论何时支付，其金额必须是确定的。

（5）合理性原则，即纳税人可扣除费用的计算和分配方法应符合一般的经营常规和会计惯例。

（二）扣除项目的范围

企业实际发生的与取得收入有关的、合理的支出，包括成本、费用、税金、损失和其他支出，准予在计算应纳税所得额时扣除。在实际业务中，计算应纳税所得额时还应注意以下三个方面：一是企业发生的支出应当区分收益性支出和资本性支出。收益性支出在发生当期直接扣除；资本性支出应当分期扣除或者计入有关资产成本，不得在发生当期直接扣除。二是企业的不征税收入用于支出所形成的费用或者财产，不得扣除或者计算对应的折旧、摊销扣除。三是除《企业所得税法》及其实施条例另有规定外（指加计扣除的规定），企业实际发生的成本、费用、税金、损失和其他支出，不得重复扣除。

1.成本

成本是指企业在生产经营活动中发生的销售成本、销货成本、业务支出以及其他耗费，即企业销售商品（产品、材料、下脚料、废料、废旧物资等）、提供劳务、转让固定资产和无形资产（包括技术转让）的成本。

企业必须将经营活动中发生的成本合理划分为直接成本和间接成本。直接成本是可直接计入有关成本计算对象或劳务的经营成本中的直接材料、直接人工等。间接成本是指多个部门为同一成本对象提供服务的共同成本，或者同一种投入可以制造、提供两种或两种以上产品或劳务的联合成本。

直接成本可根据有关会计凭证、记录直接计入有关成本计算对象或劳务的经营成本中。间接成本必须根据与成本计算对象之间的因果关系、成本计算对象的产量等，以合理的方法分配计入有关成本计算对象中。

2.费用

费用是指企业每一纳税年度为生产、经营商品和提供劳务等所发生的销售（经营）费用、管理费用和财务费用。已计入成本的有关费用除外。

销售费用是应由企业负担的为销售商品而发生的费用，包括广告费、运输费、装卸费、包装费、展览费、保险费、销售佣金（能直接认定的进口佣金调整商品进价成本）、代销手续费、以经营性租赁方式租入销售场所的租赁费及销售部门发生的差旅费、工资、福利费等费用。

管理费用是企业的行政管理部门为组织管理企业生产经营活动发生的费用。管理费用包括由企业统一负担的总部（公司）经费、未形成无形资产成本的研究开发费（技术开发费）、社会保障性缴款、劳动保护费、业务招待费、工会经费、职工教育经费、股东大会或董事会费、开办费摊销、管理用无形资产摊销（含土地使用费、土地损失补偿费）、消防费、绿化费、外事费，法律、财务、资料处理及会计事务方面的成本（咨询费、诉讼费、聘请中介机构费、商标注册费等），以及向总机构（指同一法人的总公司性质的总机构）支付的与本身营利活动有关的合理的管理费等，已计入税金的印花税等税金除外。除经国家税务总局或其授权的税务机关批准外，企业不得列支向其关联企业支付的管理费。

财务费用是企业筹集经营性资金而发生的费用，包括利息净支出、汇兑净损失、金融机构手续费以及其他未予资本化计入资产成本的利息支出。

3.税金

税金是指企业发生的除企业所得税和允许抵扣的增值税以外的各项税金及附加，即企业按规定缴纳的消费税、城建税、关税、资源税、土地增值税、房产税、车船税、城镇土地使用税、印花税、教育费附加等产品销售税金及附加。这些已纳税金准予税前扣除。准予扣除税金有两种处理方式：一是在发生当期扣除；二是在发生当期计入相关资产成本，在以后各期分摊扣除。

4.损失

损失是指企业经营活动中实际发生的固定资产和存货的盘亏、毁损、报废净损失，转让财产损失，呆账损失，坏账损失，以及遭受自然灾害等不可抗力因素造成的非常损失及其他损失。

企业发生的损失，减除责任人赔偿和保险赔款后的余额，按照国务院财政、税务主管部门的规定扣除。

企业已经作为损失处理的资产，在以后纳税年度全部收回或者部分收回时，应当计入当期收入。

5.其他支出

其他支出是指除成本、费用、税金、损失外，企业经营活动中发生的有关的、合理的支出。

（三）扣除项目及其标准

1.工资、薪金支出

工资、薪金支出是指企业每一纳税年度支付给在本企业任职或者受雇的员工的所有现金或者非现金形式的劳动报酬，包括基本工资、奖金、津贴、补贴、年终加薪、加班工资，以及与任职或者受雇有关的其他支出。企业发生的合理的工资、薪金，准予扣除。企业在年度汇算清缴结束前向员工实际支付的已预提汇缴年度工资、薪金，准予在汇缴年度按规定扣除。

列入企业员工工资、薪金制度，固定与工资、薪金一起发放的福利性补贴，符合《国家税务总局关于企业工资薪金及职工福利费扣除问题的通知》（国税函〔2009〕3号）第一条规定的，可作为企业发生的工资、薪金支出，按规定在税前扣除；不能同时符合上述条件的，视为职工福利费，按规定计算限额税前扣除。

企业接受外部劳务派遣用工实际发生的费用，按照协议（合同）约定直接支付给劳务派遣公司的费用，应作为劳务费支出；直接支付给员工个人的费用，应作为工资、薪金支出和职工福利费支出。其中，属于工资、薪金支出的费用，准予计入企业工资、薪金总额的基数，作为计算其他各项相关费用扣除的依据。

2.职工福利费、工会经费、职工教育经费（简称“三项经费”）

“三项经费”按标准扣除。没超过扣除标准的按实际发生数扣除；超过标准的只能按标准扣除，超出标准的部分不得扣除或在以后年度结转扣除。

（1）企业发生的职工福利费支出，不超过工资、薪金总额14%的部分准予扣除。

（2）高新技术企业、经认定的技术先进服务企业发生的职工教育经费支出，不超过工资、薪金总额8%的部分，准予在计算企业所得税应纳税所得额时扣除；超过部分，准予在以后纳税年度结转扣除。

（3）企业拨缴的工会经费，不超过工资、薪金总额2%的部分，凭工会组织开具的工会经费收入专用收据，准予扣除。

3.社会保险费

（1）企业按照政府规定的范围和标准缴纳的“五险一金”，即基本养老保险费、基本医疗保险费、失业保险费、工伤保险费、生育保险费等基本社会保险费和住房公积金，准予扣除。

（2）企业为投资者或者职工支付的补充养老保险费、补充医疗保险费，在国务院财政、税务主管部门规定的范围和标准内，准予扣除。

（3）企业参加财产保险，按照规定缴纳的保险费，准予扣除；企业为投资者或者职工支付的商业保险费，不得扣除。企业依照国家有关规定为特殊工种职工支付的人身安全保险费和符合国务院财政、税务主管部门规定可以扣除的商业保险费准予扣除。

（4）企业职工因公出差乘坐交通工具发生的人身意外保险费支出，准予企业在计算应纳税所得额时扣除。

4.利息费用

企业在生产经营活动中发生的利息费用，按下列规定扣除：

（1）非金融企业向金融企业借款的利息支出、金融企业的各项存款利息支出和同业拆借利息支出、企业经批准发行债券的利息支出可据实扣除。

（2）非金融企业向非金融企业借款的利息支出，不超过按照金融企业同期同类贷款利率计算的数额的部分可据实扣除，超过部分不允许扣除。

（3）企业从其关联方接受的债权性投资与权益性投资的比例超过规定标准而发生的利息支出，不得在计算应纳税所得额时扣除。

企业如果能够按照规定提供相关资料，并证明关联方相关交易活动符合独立交易原则，或者该企业的实际税负不高于境内关联方的，实际支付给关联方的利息支出在计算应纳税所得额时准予扣除。

（4）企业向自然人借款的利息支出在企业所得税税前扣除：

① 企业向股东或其他与企业有关联关系的自然人借款的利息支出，应根据关联方利息支出税前扣除标准，计算企业所得税扣除额。

② 企业向除①规定以外的内部职工或其他人员借款的利息支出，其借款情况同时符合以下条件的，其利息支出在不超过按照金融企业同期同类贷款利率计算的数额的部分，准予扣除：一是借贷是真实、合法、有效的，并且不具有非法集资目的或其他违反法律、法规的行为；二是签订借款合同。

（5）企业投资者在规定期限内未缴足其应缴资本额的，该企业对外借款所发生的利息，相当于投资者实缴资本额与在规定期限内应缴资本额的差额应计付的利息，不属于企业合理的支出，应由企业投资者负担，不得在计算企业应纳税所得额时扣除。

具体计算不得扣除的利息，应以企业一个年度内每一账面实收资本与借款余额保持不变的期间作为一个计算期，每一计算期内不得扣除的借款利息按该期间借款利息发生额乘以该期间企业未缴足的注册资本占借款总额的比例计算。计算公式为：

企业每一计算期不得扣除的借款利息=该期间借款利息额×该期间未缴足注册资本额÷该期间借款额

企业一个年度内不得扣除的借款利息总额为该年度内每一计算期不得扣除的借款利息

额之和。

5.借款费用

（1）企业在生产经营活动中发生的合理的不需要资本化的借款费用，准予扣除。

（2）企业为购置、建造固定资产、无形资产和经过12个月以上的建造才能达到预定可销售状态的存货发生借款的，在有关资产购置、建造期间发生的合理的借款费用，应当作为资本性支出计入有关资产的成本，并依照《企业所得税法实施条例》的规定扣除。

（3）企业通过发行债券、取得贷款、吸收保户储金等方式融资而发生的合理的费用支出，符合资本化条件的，应计入相关资产成本；不符合资本化条件的，应作为财务费用，准予在企业所得税税前据实扣除（不需资本化的融资费用不必分期摊销，可直接据实扣除）。

6.汇兑损益

企业在货币交易中，以及纳税年度终了时，将人民币以外的货币性资产、负债按照期末即期人民币汇率中间价折算为人民币产生的汇兑损失，除已经计入有关资产成本以及与向所有者进行利润分配有关的部分外，准予扣除。

7.业务招待费

（1）企业发生的与生产经营活动有关的业务招待费支出，按照发生额的60%扣除，但最高不得超过当年销售（营业）收入的5‰。

（2）对从事股权投资业务的企业（包括集团公司总部、创业投资企业等），其从被投资企业所分配的股息、红利以及股权转让收入，可以按规定的比例计算业务招待费扣除限额。

（3）企业在筹建期间，发生的与生产经营活动有关的业务招待费支出，可按实际发生额的60%计入企业筹办费，并按有关规定在税前扣除。

8.广告费和业务宣传费

（1）企业发生的符合条件的广告费和业务宣传费支出，除国务院财政、税务主管部门另有规定外，不超过当年销售（营业）收入15%的部分，准予扣除；超过部分，准予在以后纳税年度结转扣除。

纳税人申报扣除的广告费支出应符合下列三个条件：①通过市场监督管理部门批准的专门机构制作；②已支付费用并取得相应发票；③通过一定媒体传播。

与生产经营无关的非广告性质的赞助费不得在企业所得税税前列支。

（2）自2021年1月1日起至2025年12月31日止，对化妆品制造与销售、医药制造和饮料制造（不含酒类制造）企业发生的广告费和业务宣传费支出，不超过当年销售（营业）收入30%的部分准予税前扣除，超过部分准予结转以后纳税年度扣除。

（3）烟草企业的烟草广告费和业务宣传费支出，一律不得在计算应纳税所得额时扣除。

（4）对签订广告费和业务宣传费分摊协议的关联企业，其中一方发生的不超过当年销售（营业）收入税前扣除限额比例的广告费和业务宣传费支出可以在本企业扣除，也可以将其中的部分或全部按照分摊协议归集至另一方扣除。另一方在计算本企业广告费和业务宣传费支出企业所得税税前扣除限额时，可将归集至本企业的广告费和业务宣传费不计算在内。

(5) 业务招待费、广告费与业务宣传费的区别:

① 业务招待费和业务宣传费不是同一个概念。

② 业务招待费、广告费和业务宣传费计算限额的基数都是销售(营业)收入,不是企业全部收入。销售(营业)收入包括销售货物收入、让渡资产使用权(收取资产租金或使用费)收入、提供劳务收入等主营业务收入,其他业务收入,还包括视同销售收入,但不含营业外收入、转让固定资产或无形资产所有权收入、投资收益(从事股权投资业务的企业除外)。

③ 广告费和业务宣传费的超标准部分可无限期向以后纳税年度结转,属于税法与会计制度的暂时性差异;业务招待费的超标准部分不能向以后纳税年度结转,属于税法与会计制度的永久性差异。

9.环境保护专项资金

企业依照法律、行政法规的有关规定提取的用于环境保护、生态恢复等专项资金,准予扣除。专项资金提取后改变用途的,不得扣除。

10.租赁费

企业根据生产经营活动的需要租入固定资产支付的租赁费,按照以下方法扣除:

(1) 以经营租赁方式租入固定资产发生的租赁费支出,按照租赁期限均匀扣除。

(2) 以融资租赁方式租入固定资产发生的租赁费支出,按照规定构成融资租入固定资产价值的部分应当提取折旧费用,分期扣除。

11.劳动保护费

企业发生的合理的劳动保护费支出,准予扣除。

12.公益性捐赠支出

企业发生的公益性捐赠支出不超过年度利润总额12%的部分,准予扣除;超过年度利润总额12%的部分,准予结转以后3年内在计算应纳税所得额时扣除。

企业当年发生及以前年度结转的公益性捐赠支出,准予在当年税前扣除的部分,不能超过企业当年年度利润总额的12%。

企业发生的公益性捐赠支出未在当年税前扣除的部分,准予向以后年度结转扣除,但结转年限自捐赠发生年度的次年起计算最长不得超过3年。

企业在对公益性捐赠支出计算扣除时,应先扣除以前年度结转的捐赠支出,再扣除当年发生的捐赠支出。

所称年度利润总额,是指企业依照国家统一会计制度的规定计算的大于零的数额。

企业同时发生扶贫捐赠支出和其他公益性捐赠支出,在计算公益性捐赠支出年度扣除限额时,符合条件的扶贫捐赠支出不计算在内。

13.总机构分摊的费用

非居民企业在中国境内设立的机构、场所,就其中国境外总机构发生的与该机构、场所生产经营有关的费用,能够提供总机构出具的费用汇集范围、定额、分配依据和方法等证明文件并合理分摊的,准予扣除。

14.资产损失

(1) 企业当期发生的固定资产和流动资产盘亏、毁损净损失,由其提供清查盘存资料,经主管税务机关审核后,准予扣除。

（2）企业因存货盘亏、毁损、报废等原因不得从销项税额中抵扣的进项税额，应视同企业财产损失，准予与存货损失一起在企业所得税税前按规定扣除。

企业向税务机关申报扣除资产损失，仅需填报企业所得税年度纳税申报表资产损失税前扣除及纳税调整明细表，不再报送资产损失相关资料。

15.其他项目

企业依照有关法律、行政法规和国家有关税法规定发生的会员费、合理的会议费、差旅费、违约金、诉讼费用等，准予扣除。

16.手续费及佣金支出

（1）企业发生与生产经营有关的手续费及佣金支出，不超过以下规定计算限额以内的部分，准予扣除；超过部分，不得扣除：

① 保险企业：财产保险企业按当年全部保费收入扣除退保金等后余额的15%计算限额，人身保险企业按当年全部保费收入扣除退保金等后余额的10%计算限额。

② 电信企业：在发展客户、拓展业务等过程中（如委托销售电话入网卡、电话充值卡等），需向经纪人、代办商支付手续费及佣金的，其实际发生的相关手续费及佣金支出，不超过企业当年收入总额5%的部分，准予在企业所得税税前据实扣除。

③ 其他企业：按与具有合法经营资格中介服务机构或个人（不含交易双方及其雇员、代理人和代表人等）所签订服务协议或合同确认的收入金额的5%计算限额。

（2）企业应与具有合法经营资格中介服务机构或个人签订代办协议或合同，并按国家有关规定支付手续费及佣金。除委托个人代理外，企业以现金等非转账方式支付的手续费及佣金不得在税前扣除。企业为发行权益性证券支付给有关证券承销机构的手续费及佣金不得在税前扣除。

（3）企业不得将手续费及佣金支出计入回扣、业务提成、返利、进场费等费用。

（4）企业已计入固定资产、无形资产等相关资产的手续费及佣金支出，应当通过折旧、摊销等方式分期扣除，不得在发生当期直接扣除。

（5）企业支付的手续费及佣金不得直接冲减服务协议或合同金额，并应如实入账。

（6）企业应当如实向当地主管税务机关提供当年手续费及佣金计算分配表和其他相关资料，并依法取得合法真实凭证。

17.有关资产的费用

企业转让各类固定资产发生的费用，允许扣除。企业按规定计算的固定资产折旧费、无形资产和递延资产的摊销费，准予扣除。

18.航空企业空勤训练费

航空企业实际发生的飞行员养成费、飞行训练费、乘务训练费、空中保卫员训练费等空勤训练费用，可以作为航空企业运输成本在税前扣除。

19.投资企业撤回或减少投资

投资企业从被投资企业撤回或减少投资，其取得的资产中，相当于初始出资的部分，应确认为投资收回；相当于被投资企业累计未分配利润和累计盈余公积按减少实收资本比例计算的部分，应确认为股息所得；其余部分确认为投资资产转让所得。

被投资企业发生的经营亏损，由被投资企业按规定结转弥补；投资企业不得调整减低其投资成本，也不得将其确认为投资损失。

20.企业维简费支出

这是指从成本费用中提取的专用于维持简单再生产的资金。企业实际发生的维简费支出，属于收益性支出的，可作为当期费用税前扣除；属于资本性支出的，应计入有关资产成本，并按《企业所得税法》的规定计提折旧或摊销费用在税前扣除。企业按照有关规定预提的维简费，不得在当期税前扣除。

21.企业参与政府统一组织的棚户区改造有关企业所得税政策

企业参与政府统一组织的工矿（含中央下放煤矿）棚户区改造、林区棚户区改造、垦区危房改造并同时符合一定条件的棚户区改造支出，准予在企业所得税税前扣除。

22.金融企业涉农贷款和中小企业贷款损失准备金税前扣除

（1）金融企业按以下比例计提的贷款损失准备金，准予在计算应纳税所得额时扣除：①关注类贷款，计提比例为2%；②次级类贷款，计提比例为25%；③可疑类贷款，计提比例为50%；④损失类贷款，计提比例为100%。

（2）金融企业发生的符合条件的涉农贷款和中小企业贷款损失，应先冲减已在税前扣除的贷款损失准备金，不足冲减部分可据实在计算应纳税所得额时扣除。

23.以前年度发生应扣未扣支出的处理

对企业发现以前年度实际发生的、按照税法规定应在企业所得税税前扣除而未扣除或者少扣除的支出，企业作出专项申报及说明后，准予追补至该项目发生年度计算扣除，但追补确认期限不得超过5年。

企业由于上述原因多缴的企业所得税税款，可以在追补确认年度企业所得税应纳税款中抵扣；不足抵扣的，可以向以后年度递延抵扣或申请退税。

亏损企业追补确认以前年度未在企业所得税税前扣除的支出，或盈利企业经过追补确认后出现亏损的，应首先调整该项支出所属年度的亏损额，然后再按照弥补亏损的原则计算以后年度多缴的企业所得税税款，并按前款规定处理。

24.税前扣除规定与企业实际会计处理差异的协调

对企业依据财务会计制度的规定，并实际在财务会计处理上已确认的支出，凡没有超过《企业所得税法》和有关税收法规规定的税前扣除范围和标准的，可按企业实际会计处理确认的支出，在企业所得税税前扣除，计算其应纳税所得额。

三、不予扣除项目

（1）向投资者支付的股息、红利等权益性投资收益款项，指企业向股权投资者支付的股息、红利和其他形式的经济利益。

（2）企业所得税税款。

（3）税收滞纳金，指纳税人违反税收法规，被税务机关处以的滞纳金。

（4）罚金、罚款和被没收财物的损失，指纳税人违反国家有关法律、法规的规定，被有关部门处以的罚款，以及被司法机关处以的罚金和被没收的财物。

（5）公益性捐赠以外的捐赠支出。

（6）赞助支出，指企业发生的与生产经营活动无关的各种非广告性质支出。

（7）未经核定的准备金支出，指不符合国务院财政、税务主管部门规定的各项资产减值准备、风险准备等准备金支出。

（8）企业之间支付的管理费、企业内营业机构之间支付的租金和特许权使用费，以及非银行企业内营业机构之间支付的利息，不得扣除。

（9）与取得收入无关的其他支出，指除税法和条例规定的法定支出之外的，财政部、国家税务总局规定的与企业取得收入无关的各项支出。

四、资产的税务处理

资产是由于资本投资而形成的财产，对于资本性支出以及无形资产受让、开办和开发费用，不允许作为成本、费用从纳税人的收入总额中一次性扣除，只能采取分次计提折旧或分次摊销的方式予以扣除。纳税人经营活动中使用的固定资产的折旧费用、无形资产和长期待摊费用的摊销费用可以扣除。纳入税务处理范围的资产形式主要有固定资产、无形资产、生物资产、长期待摊费用、存货、投资资产等，均以历史成本为计税基础。历史成本是指企业取得该项资产时实际发生的支出。企业持有各项资产期间资产增值或者减值，除国务院财政、税务主管部门规定可以确认损益外，不得调整该资产的计税基础。

（一）固定资产

固定资产是指企业为生产产品、提供劳务、出租或者经营管理而持有的、使用时间超过12个月的非货币性资产，包括房屋、建筑物、机器、机械、运输工具以及其他与生产经营活动有关的设备、器具、工具等。

1.固定资产的计税基础

（1）外购的固定资产，以购买价款和支付的相关税费以及直接归属于使该资产达到预定用途发生的其他支出为计税基础。

（2）自行建造的固定资产，以竣工结算前发生的支出为计税基础。

（3）融资租入的固定资产，以租赁合同约定的付款总额和承租人在签订租赁合同过程中发生的相关费用为计税基础；租赁合同未约定付款总额的，以该资产的公允价值和承租人在签订租赁合同过程中发生的相关费用为计税基础。

（4）盘盈的固定资产，以同类固定资产的重置完全价值为计税基础。

（5）通过捐赠、投资、非货币性资产交换、债务重组等方式取得的固定资产，以该资产的公允价值和支付的相关税费为计税基础。

（6）改建的固定资产，除已足额提取折旧的固定资产和租入的固定资产以外的其他固定资产，以改建过程中发生的改建支出增加计税基础。

2.固定资产折旧的范围

在计算应纳税所得额时，企业按照规定计算的固定资产折旧，准予扣除。下列固定资产不得计算折旧扣除：

（1）房屋、建筑物以外未投入使用的固定资产；

（2）以经营租赁方式租入的固定资产；

（3）以融资租赁方式租出的固定资产；

（4）已足额提取折旧仍继续使用的固定资产；

（5）与经营活动无关的固定资产；

（6）单独估价作为固定资产入账的土地；

（7）其他不得计算折旧扣除的固定资产。

3.固定资产折旧的计提方法

（1）企业应当自固定资产投入使用月份的次月起计算折旧；停止使用的固定资产，应当自停止使用月份的次月起停止计算折旧。

（2）企业应当根据固定资产的性质和使用情况，合理确定固定资产的预计净残值。固定资产的预计净残值一经确定，不得变更。

（3）固定资产按照直线法计算的折旧，准予扣除。

4.固定资产折旧的计提年限

除国务院财政、税务主管部门另有规定外，固定资产计算折旧的最低年限如下：

（1）房屋、建筑物，为20年；

（2）飞机、火车、轮船、机器、机械和其他生产设备，为10年；

（3）与生产经营活动有关的器具、工具、家具等，为5年；

（4）飞机、火车、轮船以外的运输工具，为4年；

（5）电子设备，为3年。

此外，从事开采石油、天然气等矿产资源的企业，在开始商业性生产前发生的费用和有关固定资产的折耗、折旧方法，由国务院财政、税务主管部门另行规定。

5.固定资产折旧的企业所得税处理

（1）企业固定资产会计折旧年限如果短于税法规定的最低折旧年限，其按会计折旧年限计提的折旧高于按税法规定的最低折旧年限计提的折旧部分，应调增当期应纳税所得额；企业固定资产会计折旧年限已期满且会计折旧已提足，但税法规定的最低折旧年限尚未到期且税收折旧尚未足额扣除，其未足额扣除的部分准予在剩余的税收折旧年限继续按规定扣除。

（2）企业固定资产会计折旧年限如果长于税法规定的最低折旧年限，其折旧应按会计折旧年限计算扣除，税法另有规定的除外。

（3）企业按会计规定提取的固定资产减值准备，不得税前扣除，其折旧仍按税法确定的固定资产计税基础计算扣除。

（4）企业按税法规定实行加速折旧的，其按加速折旧办法计算的折旧额可全额在税前扣除。

（5）石油、天然气开采企业在计提油气资产折耗（折旧）时，由于会计与税法规定的计算方法不同导致的折耗（折旧）差异，应按税法规定进行纳税调整。

（6）企业在2024年1月1日至2027年12月31日期间新购进的设备、器具，单位价值不超过500万元的，允许一次性计入当期成本费用，在计算应纳税所得额时扣除，不再分年度计算折旧。

6.固定资产改扩建的税务处理

企业对房屋、建筑物固定资产在未足额提取折旧前改扩建的，如属于推倒重置的，该资产原值减除提取折旧后的净值，并入重置后的固定资产计税成本，并在该固定资产投入使用后的次月起，按税法规定的折旧年限，一并计提折旧。如属于提升功能、增加面积的，该固定资产的改扩建支出并入该固定资产计税基础，并从改扩建完工投入使用后的次月起，重新按税法规定的该固定资产折旧年限计提折旧；如改扩建后的固定资产尚可使用的年限低于税法规定的最低年限的，可以按尚可使用的年限计提折旧。

（二）无形资产

无形资产是指企业为生产商品、提供劳务、出租或者经营管理而持有的、没有实物形态的非货币性长期资产，包括专利权、商标权、著作权、土地使用权、非专利技术、商誉等。在计算应纳税所得额时，企业按照规定计算的无形资产摊销费用，准予扣除。

1.无形资产的计税基础

（1）外购的无形资产，以购买价款、支付的相关税费以及直接归属于使该资产达到预定用途发生的其他支出为计税基础；

（2）自行开发的无形资产，以开发过程中符合资本化条件后至达到预定用途前发生的支出为计税基础；

（3）通过捐赠、投资、非货币性资产交换、债务重组等方式取得的无形资产，以该资产的公允价值和支付的相关税费为计税基础。

2.无形资产的摊销范围

在计算应纳税所得额时，企业按照规定计算的无形资产摊销费用，准予扣除。下列无形资产不得计算摊销费用扣除：

（1）自行开发的支出已在计算应纳税所得额时扣除的无形资产；

（2）自创商誉；

（3）与经营活动无关的无形资产；

（4）其他不得计算摊销费用扣除的无形资产。

3.无形资产的摊销方法及年限

无形资产的摊销采取直线法。无形资产的摊销年限不得低于10年。作为投资或者受让的无形资产，有关法律规定或者合同约定使用年限的，可以按照规定或者约定的使用年限分期摊销。

外购商誉的支出，在企业整体转让或者清算时，准予扣除。

（三）生物资产

生物资产是指有生命的动物和植物。生物资产分为消耗性生物资产、生产性生物资产和公益性生物资产。消耗性生物资产，是指为出售而持有的或在将来收获为农产品的生物资产，包括生长中的农田作物、蔬菜、用材林以及存栏待售的牲畜等。生产性生物资产，是指为产出农产品、提供劳务或出租等目的而持有的生物资产，包括经济林、薪炭林、产畜和役畜等。公益性生物资产，是指以防护、环境保护为主要目的的生物资产，包括防风固沙林、水土保持林和水源涵养林等。

1.生物资产的计税基础

（1）外购生产性生物资产，以购买价款和支付的相关税费为计税基础；

（2）通过捐赠、投资、非货币性资产交换、债务重组等方式取得的生产性生物资产，以该资产的公允价值和支付的相关税费为计税基础。

2.生物资产的折旧方法和折旧年限

生产性生物资产按照直线法计算的折旧，准予扣除。企业应当从生产性生物资产投入使用月份的次月起计算折旧；停止使用的生产性生物资产，应当从停止使用月份的次月起停止计算折旧。

企业应当根据生产性生物资产的性质和使用情况，合理确定生产性生物资产的预计净残值。生产性生物资产的预计净残值一经确定，不得变更。

生产性生物资产计算折旧的最低年限如下：

（1）林木类生产性生物资产，为10年；

（2）畜类生产性生物资产，为3年。

（四）长期待摊费用

长期待摊费用是指企业已经发生的应在1个年度以上（不含1年）进行分期摊销的费用。在计算应纳税所得额时，企业发生的下列长期待摊费用，按照规定摊销的，准予扣除：

（1）已足额提取折旧的固定资产的改建支出；

（2）租入固定资产的改建支出；

（3）固定资产的大修理支出；

（4）其他应当作为长期待摊费用的支出。

企业的固定资产修理支出可在发生当期直接扣除。企业的固定资产改良支出，如果有关固定资产尚未提足折旧，可增加固定资产价值；如果有关固定资产已提足折旧，可作为长期待摊费用，在规定的期间内平均摊销。

固定资产的改建支出，是指改变房屋或者建筑物结构、延长使用年限等发生的支出。已足额提取折旧的固定资产的改建支出，按照固定资产预计尚可使用年限分期摊销；租入固定资产的改建支出，按照合同约定的剩余租赁期限分期摊销；改建的固定资产延长使用年限的，除已足额提取折旧的固定资产、租入固定资产的改建支出外，其他固定资产发生改建支出的，应当适当延长折旧年限。

大修理支出，按照固定资产尚可使用年限分期摊销。

其他应当作为长期待摊费用的支出，自支出发生月份的次月起，分期摊销，摊销年限不得低于3年。

（五）存货

存货是指企业持有以备出售的产品或者商品、处在生产过程中的在产品、在生产或者提供劳务过程中耗用的材料和物料等。

1.存货的计税基础

（1）通过支付现金方式取得的存货，以购买价款和支付的相关税费为成本；

（2）通过支付现金以外的方式取得的存货，以该存货的公允价值和支付的相关税费为成本；

（3）生产性生物资产收获的农产品，以产出或者采收过程中发生的材料费、人工费和分摊的间接费用等必要支出为成本。

2.存货的成本计算方法

企业使用或者销售的存货的成本计算方法，可以在先进先出法、加权平均法、个别计价法中选用一种。计价方法一经选用，不得随意变更。

企业转让以上资产，在计算企业应纳税所得额时，资产的净值允许扣除。

（六）投资资产

投资资产是指企业对外进行权益性投资和债权性投资形成的资产。

1.投资资产的成本

（1）通过支付现金方式取得的投资资产，以购买价款为成本；

（2）通过支付现金以外的方式取得的投资资产，以该资产的公允价值和支付的相关税费为成本。

2.投资资产成本的扣除方法

企业对外投资期间，投资资产的成本在计算应纳税所得额时不得扣除；企业在转让或者处置投资资产时，投资资产的成本准予扣除。

（七）非货币性资产投资税务处理

非货币性资产是指现金、银行存款、应收账款、应收票据以及准备持有至到期的债券投资等货币性资产以外的资产。

（1）居民企业（简称企业）以非货币性资产对外投资确认的非货币性资产转让所得，可在不超过5年期限内，分期均匀计入相应年度的应纳税所得额，按规定计算缴纳企业所得税。

（2）企业以非货币性资产对外投资，应对非货币性资产进行评估并按评估后的公允价值扣除计税基础后的余额，计算确认非货币性资产转让所得。

企业以非货币性资产对外投资，应于投资协议生效并办理股权登记手续时，确认非货币性资产转让收入的实现。

（3）企业以非货币性资产对外投资而取得被投资企业的股权，应以非货币性资产的原计税成本为计税基础，加上每年确认的非货币性资产转让所得，逐年进行调整。

被投资企业取得非货币性资产的计税基础，应按非货币性资产的公允价值确定。

（4）企业在对外投资5年内转让上述股权或投资收回的，应停止执行递延纳税政策，并就递延期内尚未确认的非货币性资产转让所得，在转让股权或投资收回当年的企业所得税年度汇算清缴时，一次性计算缴纳企业所得税。

企业在计算股权转让所得时，可将股权的计税基础一次调整到位。

企业在对外投资5年内注销的，应停止执行递延纳税政策，并就递延期内尚未确认的非货币性资产转让所得，在注销当年的企业所得税年度汇算清缴时，一次性计算缴纳企业所得税。

（5）非货币性资产投资，限于以非货币性资产出资设立新的居民企业，或将非货币性资产注入现存的居民企业。

（6）企业发生非货币性资产投资，符合财税〔2009〕59号等文件规定的特殊性税务处理条件的，也可选择按特殊性税务处理规定执行。

（八）税法规定与会计规定差异的处理

这是指在计算企业应纳税所得额时，企业财务会计处理办法与税收法律、行政法规的规定不一致的，应当依照税收法律、行政法规的规定计算。

（1）企业不能提供完整、准确的收入及成本、费用凭证，不能正确计算应纳税所得额的，由税务机关核定其应纳税所得额。

（2）企业依法清算时，以其清算终了后的清算所得为应纳税所得额。

企业应将整个清算期作为一个独立的纳税年度计算清算所得。企业的全部资产可变现价值或交易价格，减除资产的计税基础、清算费用、相关税费，加上债务清偿损益等后的余额，为清算所得。

投资方企业从被清算企业分得的剩余资产，其中相当于从被清算企业累计未分配利润和累计盈余公积中应当分得的部分，应当确认为股息所得；剩余资产扣除上述股息所得后的余额，超过或者低于投资成本的部分，应当确认为投资转让所得或者损失。

五、资产损失税前扣除的处理

资产损失是指企业在生产经营活动中实际发生的、与取得应税收入有关的资产损失，包括现金损失，存款损失，坏账损失，贷款损失，股权投资损失，固定资产和存货的盘亏、毁损、报废、被盗损失，自然灾害等不可抗力因素造成的损失以及其他损失。

准予在企业所得税税前扣除的资产损失，是指企业在实际处置、转让资产过程中发生的合理损失（实际资产损失），以及企业虽未实际处置、转让资产，但符合税法规定条件计算确认的损失（法定资产损失）。

企业发生的实际资产损失，应当在其实际发生且会计上已做损失处理的年度申报扣除；法定资产损失，应当在企业向主管税务机关提供证据资料证明该项资产已符合法定资产损失确认条件，且会计上已做损失处理的年度申报扣除。

企业发生的资产损失，应按规定的程序和要求向主管税务机关申报后方能在税前扣除；未经申报的损失，不得在税前扣除。

企业以前年度发生的资产损失未能在当年税前扣除的，可以按照《企业资产损失所得税税前扣除管理办法》的规定，向税务机关说明并进行专项申报扣除。其中，属于实际资产损失的，准予追补至该项损失发生年度扣除，其追补确认期限一般不得超过5年。属于法定资产损失的，应在申报年度扣除。

企业因以前年度实际资产损失未在税前扣除而多缴的企业所得税税款，可在追补确认年度企业所得税应纳税款中予以抵扣；不足抵扣的，向以后年度递延抵扣。

企业实际资产损失发生年度扣除追补确认的损失后出现亏损的，应先调整资产损失发生年度的亏损额，再按弥补亏损的原则计算以后年度多缴的企业所得税税款，并按上述规定进行税务处理。

六、企业重组的税务处理

企业重组是指企业在日常经营活动以外发生的法律结构或经济结构重大改变的交易，包括企业法律形式改变、债务重组、股权收购、资产收购、合并、分立等。

企业法律形式改变是指企业注册名称、住所以及企业组织形式等的简单改变，但符合《财政部、国家税务总局关于企业重组业务企业所得税处理若干问题的通知》规定的其他重组的类型除外。

债务重组是指在债务人发生财务困难的情况下，债权人按照其与债务人达成的协议或者法院的裁定作出的让步事项。

股权收购是指一家企业（以下简称收购企业）购买另一家企业（以下简称被收购企业）的股权，以实现对被收购企业控制的交易。收购企业支付对价的形式包括股权支付、非股权支付或两者的组合。

资产收购是指一家企业（以下简称受让企业）购买另一家企业（以下简称转让企业）实质经营性资产的交易。受让企业支付对价的形式包括股权支付、非股权支付或两者的组合。

合并是指一家或多家企业（以下简称被合并企业）将其全部资产和负债转让给另一家现存或新设企业（以下简称合并企业），被合并企业股东换取合并企业的股权或非股权支付，实现两家或两家以上企业的依法合并。

分立是指一家企业（以下简称被分立企业）将部分或全部资产分离转让给现存或新设的企业（以下简称分立企业），被分立企业股东换取分立企业的股权或非股权支付，实现企业的依法分立。

股权支付是指企业重组中购买、换取资产的一方支付的对价中，以本企业或其控股企业的股权、股份作为支付的形式。

非股权支付是指以本企业的现金、银行存款、应收款项、本企业或其控股企业股权和股份以外的有价证券、存货、固定资产、其他资产以及承担债务等作为支付的形式。

收购企业购买的股权不低于被收购企业全部股权的50%，受让企业收购的资产不低于转让企业全部资产的50%。

对100%直接控制的居民企业之间，以及受同一或相同多家居民企业100%直接控制的居民企业之间按账面净值划转股权或资产，凡具有合理商业目的，不以减少、免除或者推迟缴纳税款为主要目的，股权或资产划转后连续12个月内不改变被划转股权或资产原来实质性经营活动，且划出方企业和划入方企业均未在会计上确认损益的，可以选择按以下规定进行特殊性税务处理：第一，划出方企业和划入方企业均不确认所得。第二，划入方企业取得被划转股权或资产的计税基础，以被划转股权或资产的原账面净值确定。第三，划入方企业取得的被划转资产应按其原账面净值计算折旧扣除。

企业重组的一般性税务处理方法如下：

（1）企业由法人转变为个人独资企业、合伙企业等非法人组织，或将登记注册地转移至我国境外（包括港澳台地区），应视同企业进行清算、分配，股东重新投资成立新企业。企业的全部资产以及股东投资的计税基础均应以公允价值为基础确定。

企业发生其他法律形式简单改变的，可直接变更税务登记，除另有规定外，有关企业所得税纳税事项（包括亏损结转、税收优惠等权益和义务）由变更后的企业承继，但因住所发生变化而不符合税收优惠条件的除外。

（2）企业债务重组，相关交易应按以下规定处理：

① 以非货币资产清偿债务，应当分解为转让相关非货币性资产、按非货币性资产公允价值清偿债务两项业务，确认相关资产的所得或损失。

② 发生债权转股权的，应当分解为债务清偿和股权投资两项业务，确认有关债务清偿所得或损失。

③ 债务人应当按照支付的债务清偿额低于债务计税基础的差额，确认债务重组所得；债权人应当按照收到的债务清偿额低于债权计税基础的差额，确认债务重组损失。

④ 债务人的相关企业所得税纳税事项原则上保持不变。

（3）企业股权收购、资产收购重组交易，相关交易应按以下规定处理：

① 被收购方应确认股权、资产转让所得或损失。

② 收购方取得股权或资产的计税基础应以公允价值为基础确定。

③ 被收购企业的相关企业所得税纳税事项原则上保持不变。

（4）企业合并，当事各方应按下列规定处理：

① 合并企业应按公允价值确定接受被合并企业各项资产和负债的计税基础。

② 被合并企业及其股东都应按清算进行企业所得税处理。

③ 被合并企业的亏损不得在合并企业结转弥补。

（5）企业分立，当事各方应按下列规定处理：

① 被分立企业对分立出去的资产应按公允价值确认资产转让所得或损失。

② 分立企业应按公允价值确认接受资产的计税基础。

③ 被分立企业继续存在时，其股东取得的对价应视同被分立企业分配进行处理。

④ 被分立企业不再继续存在时，被分立企业及其股东都应按清算进行企业所得税处理。

⑤ 企业分立相关企业的亏损不得相互结转弥补。

七、清算

依照法律法规、章程协议终止经营或重组中取消独立纳税人资格的企业，应按照国家有关规定进行清算，并就清算所得计算缴纳企业所得税。

清算所得是指企业的全部资产可变现价值或者交易价格减除资产净值、清算费用、相关税费等后的余额。

投资方企业从被清算企业分得的剩余资产，其中相当于从被清算企业累计未分配利润和累计盈余公积中应当分得的部分，应当确认为股息所得；剩余资产扣除上述股息所得后的余额，超过或者低于投资成本的部分，应当确认为投资转让所得或者损失。

企业全部资产的可变现价值减除清算费用，职工的工资、社会保险费用和法定补偿金，结清税款，清偿公司债务后是企业可以向所有者分配的剩余资产。

企业只改变法律形式或地址，有关资产可不视为转让，不进行清算和分配。

八、应纳税所得额的计算

企业每一纳税年度的收入总额，减除不征税收入、免税收入、各项扣除以及允许弥补的以前年度亏损后的余额，为应纳税所得额。计算公式为：

应纳税所得额=收入总额-不征税收入-免税收入-准予扣除项目金额-允许弥补的以前年度亏损

九、亏损弥补

亏损是指企业根据《企业所得税法》及其实施条例的规定，将每一纳税年度的收入总额减除不征税收入、免税收入和各项扣除后小于零的数额。

企业发生年度亏损的，可以用下一年度的所得弥补，下一年度的所得不足以弥补的，可以逐年延续弥补，但最长不得超过5年。企业在汇总计算缴纳企业所得税时，其境外营业机构的亏损不得抵减境内营业机构的盈利。

理解亏损弥补的含义要把握两点：一是自亏损年度的下一个年度起连续5年不间断地计算，即5年内不论是盈利还是亏损，都作为实际弥补期限计算；二是连续发生年度亏损，也必须从第一个亏损年度算起，先亏先补，按顺序连续计算亏损弥补期，不得将每个亏损年度的连续弥补期相加，更不得断开计算。

自2018年1月1日起，当年具备高新技术企业或科技型中小企业资格的企业，其具备资格年度之前5个年度发生的尚未弥补完的亏损，准予结转以后年度弥补，最长结转年限由5年延长至10年。

十、特别纳税调整

特别纳税调整是相对一般纳税调整而言的。一般纳税调整是指按照税法规定在计算应纳税所得额时，如果企业财务会计处理办法同税收法律、行政法规的规定不一致，应当依照税收法律、行政法规的规定计算纳税所做的税务调整，并据此重新调整计算纳税。如国债利息收入，会计上做当期收益处理，而按照税法规定则作为免税收入，在计算缴纳企业所得税时需要做纳税调整。

特别纳税调整是指企业与其关联方之间的业务往来，不符合独立交易原则而减少企业或者其关联方应纳税收入或者所得额的，税务机关有权按照合理方法调整。企业与其关联方之间的业务往来包括转让财产、提供财产使用权、提供劳务和融通资金等类型。

（一）关联方的确定

关联方是指与企业有下列关联关系之一的企业、其他组织或者个人：

（1）在资金、经营、购销等方面存在直接或者间接的控制关系；

（2）直接或者间接地同为第三者控制；

（3）在利益上具有相关联的其他关系。

（二）部分关联方的税务处理

1.受控外国企业管理

由居民企业或者由居民企业和中国居民控制的设立在实际税负明显低于25%的税率水平的国家（地区）的企业，并非由于合理的经营需要而对利润不做分配或者减少分配的，上述利润中应归属于该居民企业的部分，应当计入该居民企业的当期收入。

实际税负明显偏低是指实际税负明显低于《企业所得税法》规定的25%税率的50%。

2.资本弱化管理

企业从其关联方接受的债权性投资与权益性投资的比例超过规定标准而发生的利息支出，不得在计算应纳税所得额时扣除。

3.母子公司间提供服务支付费用有关企业所得税的处理

（1）母公司向其子公司提供各种服务而发生的费用，应按照独立企业之间公平交易原则确定服务的价格，作为企业正常的劳务费用进行税务处理。

（2）母公司向其子公司提供各项服务，双方应签订服务合同或协议，明确规定提供服务的内容、收费标准及金额等。凡按上述合同或协议规定发生的服务费，母公司应作为营业收入申报纳税，子公司作为成本费用在税前扣除。

（3）母公司向其多个子公司提供同类项服务，其收取的服务费可以采取分项签订合同或协议收取，也可以采取服务分摊协议的方式。

（4）母公司以管理费形式向子公司提取费用，子公司因此支付给母公司的管理费，不得在税前扣除。

（三）特别纳税调整办法

特别纳税调整办法适用于税务机关对企业的转让定价、预约定价安排、成本分摊协议、受控外国企业、资本弱化以及一般反避税等特别纳税调整事项的管理。

1.转让定价

企业与其关联方之间的业务往来，可采用下列方法评价其是否符合独立交易原则[①]。对不符合独立交易原则而减少其应纳税收入或所得额的，税务机关有权采用下列方法进行

① 独立交易原则指没有关联关系的交易各方，按照公平成交价格和营业常规进行业务往来遵循的原则。

调整：

（1）可比非受控价格法，是指按照没有关联关系的交易各方进行相同或者类似业务往来的价格进行定价的方法。

（2）再销售价格法，是指按照从关联方购进商品再销售给没有关联关系的交易方的价格，减去相同或者类似业务的销售毛利进行定价的方法。

（3）成本加成法，是指按照成本加合理的费用和利润进行定价的方法。

（4）交易净利润法，是指按照没有关联关系的交易各方进行相同或者类似业务往来取得的净利润水平确定利润的方法。

（5）利润分割法，是指将企业与其关联方的合并利润或者亏损在各方之间采用合理标准进行分配的方法。

企业与其关联方共同开发、受让无形资产，或者共同提供、接受劳务发生的成本，在计算应纳税所得额时应当按照独立交易原则进行分摊。对实际发生的共同成本，按照独立交易原则与其关联方分摊共同发生的成本，达成成本分摊协议。

企业与其关联方分摊成本时，应当按照成本与预期收益相配比的原则进行分摊，并在税务机关规定的期限内，按照税务机关的要求报送有关资料。

企业与其关联方分摊成本时违反税法规定的，其自行分摊的成本不得在计算应纳税所得额时扣除。

2.预约定价安排

企业可以向税务机关提出与其关联方之间业务往来的定价原则和计算方法，税务机关与企业协商、确认后，达成预约定价安排。

预约定价安排是指企业就其未来年度关联交易的定价原则和计算方法，向税务机关提出申请，与税务机关按照独立交易原则协商、确认后达成的协议。

预约定价安排包括单边预约定价安排和双边或多边预约定价安排。双边或多边预约定价安排应按照我国政府对外签订的避免双重征税协定有关相互协商程序的规定执行。

预约定价安排适用于自企业提交正式书面申请年度的次年起3~5个连续年度的关联交易。预约定价安排的谈签不影响税务机关对企业提交预约定价安排正式书面申请当年或以前年度关联交易的转让定价调查调整。

企业应当在接到税务机关正式会谈通知之日起3个月内，向税务机关提出预约定价安排书面申请报告。

税务机关应自收到企业提交的预约定价安排正式书面申请及所需文件、资料之日起5个月内，进行审核和评估。因特殊情况，需要延长审核、评估时间的，延长期限不得超过3个月。

3.成本分摊协议

企业与其关联方共同开发、受让无形资产，或者共同提供、接受劳务发生的成本，在计算应纳税所得额时应当按照独立交易原则进行分摊。

参与方使用成本分摊协议所开发或受让的无形资产，不需另支付特许权使用费。

4.受控外国企业

受控外国企业是指由居民企业，或者由居民企业和居民个人控制的设立在实际税负低于《企业所得税法》第四条第一款规定税率水平50%的国家（地区），并非出于合理经营需要对利润不做分配或减少分配的外国企业。

5.资本弱化

企业从其关联方接受的债权性投资与权益性投资的比例超过规定标准而发生的利息支出，不得在计算应纳税所得额时扣除，不得结转到以后纳税年度。其中，支付给境外关联方的利息应视同股息分配，按照股息和利息适用的企业所得税税率差补征企业所得税；如已扣缴的企业所得税税款多于按股息计算应征企业所得税税款的部分，不予退税。

6.一般反避税

税务机关可对存在以下避税安排的企业，报经国家税务总局批准后，启动一般反避税调查：一是滥用税收优惠；二是滥用税收协定；三是滥用公司组织形式；四是利用避税港避税；五是其他不具有合理商业目的的安排。

第三节　企业所得税的计算

一、居民企业应纳税额的计算

居民企业应纳企业所得税税额等于应纳税所得额乘以适用税率。计算公式为：

应纳税额=应纳税所得额×税率

从计算公式可以看出，应纳税额的多少取决于应纳税所得额和适用税率两个因素。在实务中，应纳税所得额的计算一般有以下两种方法：

（一）直接计算法

在直接计算法下，企业每一纳税年度的收入总额减除不征税收入、免税收入、各项扣除以及允许弥补的以前年度亏损后的余额为应纳税所得额。计算公式为：

应纳税所得额=收入总额-不征税收入-免税收入-各项扣除金额-弥补亏损

（二）间接计算法

在间接计算法下，在会计利润总额的基础上加或减按照税法规定调整的项目金额后，即为应纳税所得额。现行企业所得税年度纳税申报表采取该方法。计算公式为：

会计利润=收入-成本-费用-税金-支出-损失

应纳税所得额=会计利润总额±纳税调整项目金额

纳税调整项目金额包括两方面：一是企业财务会计制度规定的项目范围与税收法规规定的项目范围不一致应予以调整的金额；二是企业财务会计制度规定的扣除标准与税法规定的扣除标准不一致应予以调整的金额。

为减少计算差错，确保计算正确，在计算企业所得税时，一般采用间接计算法。

【例12-1】某企业为居民企业，20×3年发生如下经营业务：

（1）取得产品销售收入4 000万元。

（2）发生产品销售成本2 600万元。

（3）发生销售费用770万元（其中广告费650万元）、管理费用480万元（其中业务招待费25万元）、财务费用60万元。

（4）销售税金160万元（含增值税120万元）。

（5）营业外收入80万元、营业外支出50万元（含通过公益性社会团体向贫困山区捐款30万元、支付税收滞纳金6万元）。

（6）计入成本、费用的实发工资总额200万元，拨缴职工工会经费5万元，发生职工福利费31万元，发生职工教育经费18万元。

要求：计算该企业该年度应纳的企业所得税。

解：（1）会计利润总额=4 000+80-2 600-770-480-60-40-50=80（万元）

（2）广告费和业务宣传费调增所得额=650-4 000×15%=50（万元）

（3）业务招待费调增所得额=25-25×60%=10（万元）

4 000×5‰= 20（万元）>25×60%=15（万元）

（4）捐赠支出调增所得额=30-80×12%=20.4（万元）

（5）工会经费调增所得额=5-200×2%=1（万元）

（6）职工福利费调增所得额=31-200×14%=3（万元）

（7）职工教育经费调增所得额=18-200×8%=2（万元）

（8）应纳税所得额=80+50+10+20.4+6+1+3+2=172.4（万元）

（9）应纳企业所得税=172.4×25%=43.1（万元）

【例12-2】某工业企业为居民企业，20×3年全年取得产品销售收入5 600万元，发生产品销售成本4 000万元；发生其他业务收入800万元、其他业务成本694万元；取得购买国债的利息收入40万元；缴纳非增值税销售税金及附加300万元；发生管理费用760万元，其中新技术研究开发费用60万元、业务招待费用70万元；发生财务费用200万元；取得直接投资其他居民企业的权益性收益34万元（已在投资方所在地按15%的税率缴纳了企业所得税）；取得营业外收入100万元，发生营业外支出250万元（其中含公益捐赠38万元）。

要求：计算该企业应纳的企业所得税。

解：（1）利润总额=5 600+800+40+34+100-4 000-694-300-760-200-250=370（万元）

（2）国债利息收入免征企业所得税，应调减所得额40万元。

（3）技术开发费调减所得额=60×100%=60（万元）

（4）业务招待费按实际发生的60%计算=70×60%=42（万元）

业务招待费按销售（营业）收入的5‰计算=（5 600+800）×5‰=32（万元）

按照规定，税前扣除限额应为32万元，实际应调增应纳税所得额38万元（70-32）。

（5）取得直接投资其他居民企业的权益性收益属于免税收入，应调减应纳税所得额34万元。

（6）捐赠扣除标准=370×12%=44.4（万元）

实际捐赠38万元，小于扣除标准44.4万元，可按实捐数扣除，不做纳税调整。

（7）应纳税所得额=370-40-60+38-34=274（万元）

（8）该企业应纳企业所得税=274×25%=68.5（万元）

二、境外所得抵扣税额的计算

为克服双重征税给跨国企业带来的不利影响，国际上普遍采用税收抵免、税收饶让制度来避免双重征税。

税收抵免就是纳税人居住国（地区）对纳税人的收入，允许在本国（地区）应纳税额中扣减已在收入国（地区）缴纳过的税款。

税收饶让制度是指居住国（地区）政府应收入来源国（地区）的要求，将其居民在境外所得因享受来源国（地区）给予的税收优惠而实际缴纳的税款，视同已纳税款而在居住国（地区）应纳税款中给予抵免。税收饶让制度的主要特点体现在两个方面：第一，它是缔约国（地区）之间意志的产物，必须通过双边或多边安排方能实现；第二，它的目的是使收入来源国（地区）利用外资的税收优惠政策和措施真正收到实际效果。截至2018年12月12日，我国已对外正式签署107个避免双重征税协定，其中100个协定已生效；和香港、澳门两个特别行政区签署了税收安排，与台湾签署了税收协议；已形成了比较完善的税收协定网络，部分税收协定中包含了税收饶让条款。

居民企业可不必担心因为承担无限纳税义务而使自己面临双重征税的危险。《企业所得税法》采取了直接抵免和间接抵免并用的方法来消除居民企业的双重征税问题，从而扩大了可以抵免外国（地区）税款的范围。

居民企业来源于中国境外的应税所得或非居民企业在我国境内设立机构、场所，取得发生在我国境外但与该机构、场所有实际联系的应税所得，已在境外缴纳的所得税税额（指企业来源于中国境外的所得依照该国（地区）税收法律以及相关规定应当缴纳并已经实际缴纳的企业所得税性质的税款），可以从其当期应纳税额中抵免。抵免限额为该项所得依照我国税法规定计算的应纳税额（即扣除限额）；超过抵免限额的部分，可以在以后5个年度内，用每个年度抵免限额抵免当年应抵税额后的余额进行抵补。

居民企业从其直接或者间接控制的外国企业分得的来源于我国境外的股息、红利等权益性投资收益，外国企业在境外实际缴纳的所得税税额中属于该项所得负担的部分，可以作为该居民企业的可抵免境外所得税税额，在税法规定的抵免限额内抵免。

抵免限额是指企业来源于我国境外的所得，依照《企业所得税法》及《企业所得税法实施条例》的规定计算的应纳税额。除国务院财政、税务主管部门另有规定外，该抵免限额应当分国（地区）不分项计算。计算公式为：

（1）已纳境外某国（地区）税额=境外某国（地区）所得×该国（地区）税率

（2）$$\frac{\text{境外企业所得税}}{\text{税额的抵免限额}}=\frac{\text{境内、境外所得按税法}}{\text{计算的应纳税总额}}\times\frac{\text{来源于境外的}}{\text{所得额}}\div\frac{\text{境内、境外}}{\text{所得总额}}$$

=境外某国（地区）所得×企业所得税税率（25%）

境外实际已缴税额小于抵免限额时，在我国补缴差额部分税款；

境外实际已缴税额等于抵免限额时，已纳境外税款得到全部抵扣，国际双重征税得到全部免除；

境外实际已缴税额大于抵免限额时，在中国本年无须补缴税款，超出部分也不存在扣除问题，但超出部分可在以后5年中在该国（地区）扣除限额的余额中补扣。

之所以会出现（1）小于（2）、（1）等于（2）、（1）大于（2）三种情况，是由国家（地区）之间的税率差异造成的。计算时，可直接从国家（地区）之间的税率差异入手：境外税率低于25%的应补征差额，等于或高于25%的按限额扣除。如果是税后利润，需还原成税前所得。

境外所得=境外分回利润÷（1-来源国（地区）公司企业所得税税率）

=境外分回利润+境外已纳税额

企业可以选择按国（地区）分别计算（即分国（地区）不分项），或者不按国（地区）汇总计算（即不分国（地区）不分项）其来源于境外的应纳税所得额，并按照规定的税率，分别计算其可抵免境外所得税税额和抵免限额。上述方式一经选择，5年内不得改变。

企业选择采用不同于以前年度的方式计算可抵免境外所得税税额和抵免限额时，对该企业以前年度没有抵免完的余额，可在税法规定结转的剩余年限内，在计算的抵免限额中继续结转抵免。

企业在境外取得的股息所得，在按规定计算该企业境外股息所得的可抵免所得税税额和抵免限额时，由该企业直接或者间接持有20%以上股份的外国企业，仅限于按规定的持股方式确定的五层外国企业。

【例12-3】某国有企业20×3年度境内经营应纳税所得额为500万元，适用企业所得税税率为25%。假定同年其在A、B、C三国设有分支机构，所得分别为20万元、30万元、40万元，适用税率分别为24%、25%、28%。

要求：计算该企业在我国应汇总缴纳的企业所得税税额。

解：（1）分国（地区）不分项计算。

应纳企业所得税税额=500×25%+20×（25%-24%）+30×（25%-25%）+40×（28%-25%）

=126.4（万元）

（2）不分国（地区）不分项计算。

应纳企业所得税税额=（500+20+30+40）×25%-（20+30+40）×25%=125（万元）

三、居民企业核定征收应纳税额的计算

1.核定征收企业所得税的范围

核定征收办法适用于居民企业纳税人。纳税人具有下列情形之一的，核定征收企业所得税：

（1）依照法律、行政法规的规定可以不设置账簿的；

（2）依照法律、行政法规的规定应当设置但未设置账簿的；

（3）擅自销毁账簿或者拒不提供纳税资料的；

（4）虽设置账簿，但账目混乱或者成本资料、收入凭证、费用凭证残缺不全，难以查账的；

（5）发生纳税义务，未按照规定的期限办理纳税申报，经税务机关责令限期申报，逾期仍不申报的；

（6）申报的计税依据明显偏低，又无正当理由的。

专门从事股权（股票）投资业务的企业，不得核定征收企业所得税。

对依法按核定应税所得率方式核定征收企业所得税的企业，取得的转让股权（股票）收入等转让财产收入，应全额计入应税收入额，按照主营项目（业务）确定适用的应税所得率计算征税；若主营项目（业务）发生变化，应在当年汇算清缴时，按照变化后的主营项目（业务）重新确定适用的应税所得率计算征税。

2.税务机关应根据纳税人的具体情况，对核定征收企业所得税的纳税人，核定应税所得率或者核定应纳企业所得税税额

（1）有下列情形之一的，核定其应税所得率：

① 能正确核算（查实）收入总额，但不能正确核算（查实）成本费用总额的；

② 能正确核算（查实）成本费用总额，但不能正确核算（查实）收入总额的；

③ 通过合理方法，能计算和推定纳税人收入总额或成本费用总额的。

纳税人不属于以上情形的，核定其应纳所得税税额。

（2）税务机关采用下列方法核定征收企业所得税：

① 参照当地同类行业或者类似行业中经营规模和收入水平相近的纳税人的税负水平核定；

② 按照应税收入额或成本费用支出额定率核定；

③ 按照耗用的原材料、燃料、动力等推算或测算核定；

④ 按照其他合理方法核定。

采用前款所列一种方法不足以正确核定应纳税所得额或应纳税额的，可以同时采用两种以上方法核定。采用两种以上方法测算的应纳税额不一致时，可按测算的应纳税额从高核定。

实行应税所得率方式核定征收企业所得税的纳税人，经营多业的，无论其经营项目是否单独核算，均由税务机关根据其主营项目确定适用的应税所得率。

纳税人的生产经营范围、主营业务发生重大变化，或者应纳税所得额或应纳税额增减变化达到20%的，应及时向税务机关申报调整已确定的应纳税额或应税所得率。应税所得率表见表12-1。

表12-1　**应税所得率表**

行　业	应税所得率（%）
农、林、牧、渔业	3~10
制造业	5~15
批发和零售贸易业	4~15
交通运输业	7~15
建筑业	8~20
饮食业	8~25
娱乐业	15~30
其他行业	10~30

（3）实行核定应税所得率征收办法应纳企业所得税税额的计算公式为：

应纳企业所得税税额=应纳税所得额×适用税率

应纳税所得额=收入总额×应税所得率

=成本费用支出额÷（1-应税所得率）×应税所得率

【例12-4】某小型建筑公司20×3年1月20日向其主管税务机关申报20×2年度取得收入总额150万元，发生直接成本120万元、其他费用40万元，全年亏损10万元。经税务机关检查，其成本、费用无误，但收入总额不能准确核算，因此实行核定征收企业所得税办法，假定应税所得率为20%。

要求：计算该企业应纳的企业所得税。

解：应纳税所得额=（120+40）÷（1-20%）×20%=40（万元）

应纳税额=40×25%=10（万元）

四、非居民企业应纳税额的计算

对于在中国境内未设立机构、场所的，或者虽设立机构、场所但取得的所得与其所设机构、场所没有实际联系的非居民企业的所得，按照下列方法计算应纳税所得额：

（1）股息、红利等权益性投资收益和利息、租金、特许权使用费所得，以收入全额为应纳税所得额。

（2）转让财产所得，以收入全额减除财产净值后的余额为应纳税所得额。

（3）其他所得，参照（1）、（2）两项规定的方法计算应纳税所得额。

财产净值是指财产的计税基础减除已经按照规定扣除的折旧、折耗、摊销、准备金等后的余额。

具体征收管理规定如下：

①扣缴义务人在每次向非居民企业支付或者到期应支付所得时，应从支付或者到期应支付的款项中扣缴企业所得税。

到期应支付的款项是指支付人按照权责发生制原则应当计入相关成本、费用的应付款项。

②扣缴企业所得税应纳税额计算公式如下：

扣缴企业所得税应纳税额=应纳税所得额×实际征收率

实际征收率是指《企业所得税法》及其实施条例等相关法律、法规规定的税率，或者税收协定规定的更低的税率。

③扣缴义务人对外支付或者到期应支付的款项为人民币以外货币的，在申报扣缴企业所得税时，应当按照扣缴当日国家公布的人民币汇率中间价，折合成人民币计算应纳税所得额。

④扣缴义务人与非居民企业签订与应税所得有关的业务合同时，凡合同中约定由扣缴义务人负担应纳税款的，应将非居民企业取得的不含税所得换算为含税所得后计算征税。

⑤按照《企业所得税法》及其实施条例和相关税收法规的规定，给予非居民企业减免税优惠的，应按相关税收减免管理办法和行政审批程序的规定办理。对未经审批或者减免税申请未得到批准之前，扣缴义务人发生支付款项的，应按规定代扣代缴企业所得税。

⑥非居民企业适用的税收协定与国内相关法规有不同规定的，可申请执行税收协定规定；非居民企业未提出执行税收协定规定申请的，按国内税收法律、法规的有关规定执行。

⑦非居民企业已按国内税收法律、法规的有关规定征税后，提出享受减免税或税收协定待遇申请的，主管税务机关经审核确认应享受减免税或税收协定待遇的，对多缴纳的税款应依据《税收征收管理法》及其实施细则的有关规定予以退税。

五、非居民企业所得税核定征收办法

非居民企业因会计账簿不健全、资料残缺难以查账，或者因其他原因不能准确计算并据实申报其应纳税所得额的，税务机关有权采取以下方法核定其应纳税所得额：

（1）按收入总额核定应纳税所得额。这种方法适用于能够正确核算收入或通过合理方法推定收入总额，但不能正确核算成本费用的非居民企业。计算公式为：

应纳税所得额=收入总额×经税务机关核定的利润率

（2）按成本费用核定应纳税所得额。这种方法适用于能够正确核算成本费用，但不能正确核算收入总额的非居民企业。计算公式为：

$$\text{应纳税所得额}=\text{成本费用总额}\div\left(1-\text{经税务机关核定的利润率}\right)\times\text{经税务机关核定的利润率}$$

（3）按经费支出换算收入核定应纳税所得额。这种方法适用于能够正确核算经费支出总额，但不能正确核算收入总额和成本费用的非居民企业。计算公式为：

$$\text{应纳税所得额}=\text{经费支出总额}\div\left(1-\text{经税务机关核定的利润率}-\text{增值税税率}\right)\times\text{经税务机关核定的利润率}$$

（4）税务机关可按照以下标准确定非居民企业的利润率：

① 从事承包工程作业、设计和咨询劳务的，利润率为15%~30%。

② 从事管理服务的，利润率为30%~50%。

③ 从事其他劳务或劳务以外经营活动的，利润率不低于15%。

税务机关有根据认为非居民企业的实际利润率明显高于上述标准的，可以按照比上述标准更高的利润率核定其应纳税所得额。

（5）非居民企业与居民企业签订机器设备或货物销售合同，同时提供设备安装、装配、技术培训、指导、监督服务等劳务，其销售货物合同中未列明提供上述劳务服务收费金额，或者计价不合理的，主管税务机关可以根据实际情况，参照相同或相近业务的计价标准核定劳务收入。无参照标准的，以不低于销售货物合同总价款的10%为标准，确定非居民企业的劳务收入。

（6）非居民企业为中国境内客户提供劳务取得的收入，凡其提供的服务全部发生在中国境内的，应全额在中国境内申报缴纳企业所得税。凡其提供的服务同时发生在中国境内外的，应以劳务发生地为原则划分其境内外收入，并就其在中国境内取得的劳务收入申报缴纳企业所得税。

（7）税务机关发现非居民企业采用核定征收方式计算申报的应纳税所得额不真实，或者明显与其承担的功能、风险不相匹配的，有权予以调整。

六、房地产开发企业所得税预缴税款的处理

房地产开发企业按当年实际利润据实分季（或月）预缴企业所得税的，对开发、建造的住宅、商业用房以及其他建筑物、附着物、配套设施等开发产品，在未完工前采取预售方式销售取得的预售收入，按照规定的预计利润率（15%、10%、5%）分季（或月）计算出预计利润额，计入利润总额预缴，开发产品完工、结算计税成本后按照实际利润再行调整。

七、源泉扣缴的计算方法

源泉扣缴是指依照有关法律规定或者合同约定对非居民企业直接负有支付相关款项义务的单位或者个人，依照《企业所得税法》的相关规定对其应缴纳的企业所得税实行源泉扣缴的一种征收方法。

税法规定，对非居民企业在中国境内未设立机构、场所的，或者虽设立机构、场所但

取得的所得与其所设机构、场所没有实际联系的所得应缴纳的企业所得税，实行源泉扣缴，以支付人为扣缴义务人。税款由扣缴义务人在每次支付或者到期应支付时，从支付或者到期应支付的款项中扣缴。

支付人是指依照有关法律规定或者合同约定对非居民企业直接负有支付相关款项义务的单位或者个人。

支付包括现金支付、汇拨支付、转账支付和权益兑价支付等货币支付和非货币支付。

到期应支付的款项是指支付人按照权责发生制原则应当计入相关成本、费用的应付款项。

对非居民企业在中国境内取得工程作业和劳务所得应缴纳的企业所得税，税务机关可以指定工程价款或者劳务费的支付人为扣缴义务人。

扣缴义务人扣缴税款时，按前述非居民企业计算方法计算税款。源泉扣缴以纳税人取得的收入全额为计税依据，税法另有规定的除外，不予减除任何成本、费用，减按10%的比例税率计征。

对境外投资者从中国境内居民企业分配的利润，直接投资于鼓励类投资项目，凡符合规定条件的，实行递延纳税政策，暂不征收预提所得税。

境外投资者暂不征收预提所得税须同时满足以下条件：

（1）境外投资者以分得的利润进行的直接投资，包括境外投资者以分得利润进行的增资、新建、股权收购等权益性投资行为，但不包括新增、转增、收购上市公司股份（符合条件的战略投资除外）。

（2）境外投资者分得的利润属于中国境内居民企业向投资者实际分配已经实现的留存收益而形成的股息、红利等权益性投资收益。

（3）境外投资者用于直接投资的利润以现金形式支付的，相关款项从利润分配企业的账户直接转入被投资企业或股权转让方账户，在直接投资前不得在境内外其他账户周转；境外投资者用于直接投资的利润以实物、有价证券等非现金形式支付的，相关资产所有权直接从利润分配企业转入被投资企业或股权转让方，在直接投资前不得由其他企业、个人代为持有或临时持有。

扣缴义务人每次代扣的税款，应当自代扣之日起7日内缴入国库，并向所在地税务机关报送扣缴企业所得税报告表。

应当扣缴的企业所得税，扣缴义务人未依法扣缴或者无法履行扣缴义务的，由企业在所得发生地缴纳。企业未依法缴纳的，税务机关可以从该企业在中国境内其他收入项目的支付人应付的款项中，追缴该企业的应纳税款。

计算公式为：

应扣缴企业所得税税额=支付单位所支付的金额×适用税率

【例12-5】某非居民企业在中国境内未设立机构、场所，20×3年将一项商标使用权提供给中国某企业使用，获得特许权使用费100万元。另外，该企业还从中国境内的内资企业取得利息所得50万元。

要求：计算应扣缴的企业所得税。

解：应扣缴的企业所得税=（100+50）×10%=15（万元）

需要注意以下三点：

①中国境内企业和非居民企业签订与利息、租金、特许权使用费等所得有关的合同或协议，如果未按照合同或协议约定的日期支付上述所得款项，或者变更或修改合同或协议延期支付，但已计入企业当期成本、费用，并在企业所得税年度纳税申报中作税前扣除的，应在企业所得税年度纳税申报时按照《企业所得税法》的有关规定代扣代缴企业所得税。

②非居民企业取得来源于中国境内的担保费，应按照《企业所得税法》对利息所得规定的税率计算缴纳企业所得税。

来源于中国境内的担保费，是指中国境内企业、机构或个人在借贷、买卖、货物运输、加工承揽、租赁、工程承包等经济活动中，接受非居民企业提供的担保所支付或负担的担保费或相同性质的费用。

③非居民企业在中国境内未设立机构、场所而转让中国境内土地使用权，或者虽设立机构、场所但取得的土地使用权转让所得与其所设机构、场所没有实际联系的，应以其取得的土地使用权转让收入总额减除计税基础后的余额作为土地使用权转让所得计算缴纳企业所得税，并由扣缴义务人在支付时代扣代缴。

第四节　企业所得税的申报与缴纳

一、减免税

（一）免征与减征

企业的下列所得，可以免征、减征企业所得税，但企业如果从事国家限制和禁止发展的项目，不得享受企业所得税优惠：

1.从事农、林、牧、渔项目的所得，包括免征和减征两部分

（1）企业从事下列项目的所得，免征企业所得税：蔬菜、谷物、薯类、油料、豆类、棉花、麻类、糖料、水果、坚果的种植；农作物新品种的选育；中药材的种植；林木的培育和种植；牲畜、家禽的饲养；林产品的采集；灌溉、农产品初加工、兽医、农技推广、农机作业和维修等农、林、牧、渔服务业项目；远洋捕捞。

（2）企业从事下列项目的所得，减半征收企业所得税：花卉、茶以及其他饮料作物和香料作物的种植；海水养殖、内陆养殖。

2.从事国家重点扶持的公共基础设施项目投资经营的所得

（1）企业从事国家重点扶持公共基础设施项目（指港口码头、机场、铁路、公路、电力、水利等项目）的投资经营所得，从项目取得第一笔生产经营收入所属纳税年度起，第一年至第三年免征企业所得税，第四年至第六年减半征收企业所得税。

（2）企业承包经营、承包建设和内部自建自用以上项目，不得享受企业所得税优惠。

3.从事符合条件的环境保护、节能节水项目的所得

企业从事符合条件的环境保护、节能节水项目的所得（包括公共污水处理、公共垃圾处理、沼气综合开发利用、节能减排技术改造、海水淡化等），从项目取得第一笔生产经营收入所属纳税年度起，第一年至第三年免征企业所得税，第四年至第六年减半征收企业

所得税。

4.符合条件的技术转让所得

符合条件的技术转让所得免征、减征企业所得税，是指在一个纳税年度内，居民企业技术转让所得不超过500万元的部分，免征企业所得税；超过500万元的部分，减半征收企业所得税。

（二）高新技术企业优惠

（1）国家需要重点扶持的高新技术企业减按15%的税率征收企业所得税。

（2）居民企业被认定为高新技术企业，同时又符合软件生产企业和集成电路生产企业定期减半征收企业所得税优惠条件的，该居民企业的企业所得税适用税率可以选择适用高新技术企业的15%税率，也可以选择依照25%的法定税率减半征税，但不能享受15%税率的减半征税。

（3）以与境内、境外全部生产经营活动有关的研究开发费用总额、总收入、销售收入总额、高新技术产品（服务）收入等指标申请并经认定的高新技术企业，其来源于境外的所得可以享受高新技术企业所得税优惠政策，即对其来源于境外的所得可以按照15%的优惠税率缴纳企业所得税，在计算境外抵免限额时，可按照15%的优惠税率计算境内外应纳税总额。

（4）企业的高新技术企业资格期满当年，在通过重新认定前，其企业所得税暂按15%的税率预缴，在年底前仍未取得高新技术企业资格的，应按规定补缴相应期间的税款。

（三）技术先进型服务企业优惠

自2017年1月1日起，在全国范围内对经认定的技术先进型服务企业，减按15%的税率征收企业所得税。

（四）加计扣除优惠

自2023年1月1日起，研发费用加计扣除比例统一提高至100%。

（1）企业开展研发活动中实际发生的研发费用，未形成无形资产计入当期损益的，在按规定据实扣除的基础上，自2023年1月1日起，再按照实际发生额的100%在税前加计扣除；形成无形资产的，按照无形资产成本的200%在税前摊销。

（2）自2022年1月1日起，对企业出资给非营利性科学技术研究开发机构、高等学校和政府性自然科学基金用于基础研究的支出，在计算应纳税所得额时可按实际发生额在税前扣除，并可按100%在税前加计扣除；对非营利性科研机构、高等学校接收企业、个人和其他组织机构基础研究资金收入，免征企业所得税。

（3）企业安置残疾人员所支付工资费用，在据实扣除的基础上，再加计100%扣除。

（五）创投企业优惠

创业投资企业采取股权投资方式投资于未上市的中小高新技术企业两年以上的，可以按照其投资额的70%在股权持有满两年的当年抵扣该创业投资企业的应纳税所得额；当年不足抵扣的，可以在以后纳税年度结转抵扣。

（六）加速折旧优惠

（1）对生物药品制造业，专用设备制造业，铁路、船舶、航空航天和其他运输设备制造业，计算机、通信和其他电子设备制造业，仪器仪表制造业，信息传输、软件和信息技术服务业等行业（简称六大行业）企业，2014年1月1日后购进的固定资产（包括自行建造），允许按不低于《企业所得税法》规定折旧年限的60%缩短折旧年限，或选择采取双倍余额递减法或年数总和法进行加速折旧。

（2）企业购进并专门用于研发活动的仪器、设备，单位价值不超过100万元的，可以一次性在计算应纳税所得额时扣除；单位价值超过100万元的，允许按不低于《企业所得税法》规定折旧年限的60%缩短折旧年限，或选择采取双倍余额递减法或年数总和法进行加速折旧。

（3）企业持有的固定资产，单位价值不超过5 000元的，可以一次性在计算应纳税所得额时扣除。

（4）对轻工、纺织、机械、汽车等四个领域重点行业（简称四个领域重点行业）企业2015年1月1日后新购进的固定资产（包括自行建造），允许缩短折旧年限或采取加速折旧方法。对四个领域重点行业小型微利企业新购进的研发和生产经营共用的仪器、设备，单位价值不超过100万元（含）的，允许在计算应纳税所得额时一次性全额扣除；单位价值超过100万元的，允许缩短折旧年限或采取加速折旧方法。

（5）企业采取缩短折旧年限方法的，对其购置的新固定资产，最低折旧年限不得低于税法规定的折旧年限的60%；企业购置已使用过的固定资产，其最低折旧年限不得低于税法规定的最低折旧年限减去已使用年限后剩余年限的60%。采用加速折旧方法的，可以采用双倍余额递减法或者年数总和法。加速折旧方法一经确定，一般不得变更。

（6）为支持制造业企业加快技术改造和设备更新，固定资产加速折旧优惠，扩大至全部制造业领域。

（七）减计收入优惠

企业综合利用资源（指企业以《资源综合利用企业所得税优惠目录》规定的资源作为主要原材料），生产符合国家产业政策规定的产品所取得的收入，减按90%计入收入总额。

（八）税额抵免优惠

企业购置用于环境保护、节能节水、安全生产等专用设备的投资额，可以按一定比例实行税额抵免。

税额抵免是指企业购置并实际使用符合加计抵免条件的专用设备的，该专用设备投资额的10%可以从企业当年的应纳税额中抵免；当年不足抵免的，可以在以后5个纳税年度结转抵免。

企业在5年内转让、出租的，应当停止享受企业所得税优惠，并补缴已经抵免的企业所得税税款。转让的受让方可以按照该专用设备投资额的10%抵免当年企业所得税应纳税额；当年应纳税额不足抵免的，可以在以后5个纳税年度结转抵免。

（九）民族自治地方优惠

民族自治地方是指按照《中华人民共和国民族区域自治法》的规定，实行民族区域自治的自治区、自治州、自治县。

民族自治地方的自治机关对本民族自治地方的企业应缴纳的企业所得税中属于地方分享的部分，可以决定减征或者免征。自治州、自治县决定减征或者免征的，须报省、自治区、直辖市人民政府批准。

对民族自治地方内国家限制和禁止行业的企业，不得减征或者免征企业所得税。

（十）非居民企业优惠

非居民企业在中国境内未设立机构、场所的，或者虽设立机构、场所但取得的所得与其所设机构、场所没有实际联系的，减按10%的税率征收企业所得税。

非居民企业取得下列所得可以免征企业所得税：

（1）外国政府向中国政府提供贷款取得的利息所得；

（2）国际金融组织向中国政府和居民企业提供优惠贷款取得的利息所得；

（3）经国务院批准的其他所得。

（十一）特殊行业优惠

1.集成电路产业和软件产业

（1）国家鼓励的集成电路线宽小于28纳米（含），且经营期在15年以上的集成电路生产企业或项目，第一年至第十年免征企业所得税；国家鼓励的集成电路线宽小于65纳米（含），且经营期在15年以上的集成电路生产企业或项目，第一年至第五年免征企业所得税，第六年至第十年按照25%的法定税率减半征收企业所得税；国家鼓励的集成电路线宽小于130纳米（含），且经营期在10年以上的集成电路生产企业或项目，第一年至第二年免征企业所得税，第三年至第五年按照25%的法定税率减半征收企业所得税。

对于按照集成电路生产企业享受税收优惠政策的，优惠期自获利年度起计算；对于按照集成电路生产项目享受税收优惠政策的，优惠期自项目取得第一笔生产经营收入所属纳税年度起计算，集成电路生产项目需单独进行会计核算、计算所得，并合理分摊期间费用。

（2）国家鼓励的线宽小于130纳米（含）的集成电路生产企业，属于国家鼓励的集成电路生产企业清单年度之前5个纳税年度发生的尚未弥补完的亏损，准予向以后年度结转，总结转年限最长不得超过10年。

（3）国家鼓励的集成电路设计、装备、材料、封装、测试企业和软件企业，自获利年度起，第一年至第二年免征企业所得税，第三年至第五年按照25%的法定税率减半征收企业所得税。

国家鼓励的集成电路设计、装备、材料、封装、测试企业和软件企业条件，由工业和信息化部会同国家发展改革委、财政部、国家税务总局等相关部门制定。

（4）国家鼓励的重点集成电路设计企业和软件企业，自获利年度起，第一年至第五年免征企业所得税，接续年度减按10%的税率征收企业所得税。

2.证券投资基金

（1）对证券投资基金从证券市场中取得的收入，包括买卖股票、债券的差价收入，股权的股息、红利收入，债券的利息收入及其他收入，暂不征收企业所得税。

（2）对投资者从证券投资基金分配中取得的收入，暂不征收企业所得税。

（3）对证券投资基金管理人运用基金买卖股票、债券获得的差价收入，暂不征收企业所得税。

3.节能服务公司

符合条件的节能服务公司实施合同能源管理项目，自项目取得第一笔生产经营收入所属纳税年度起，第一年至第三年免征企业所得税，第四年至第六年按照25%的法定税率减半征收企业所得税。

4. 电网企业电网新建项目

居民企业从事符合规定条件和标准的电网（输变电设施）新建项目，可依法享受“三免三减半”的企业所得税优惠政策。

5. 生产和装配伤残人员专门用品的企业

自2021年1月1日至2023年12月31日，对生产和装配伤残人员专门用品的居民企业，免征企业所得税。

（十二）西部大开发的税收优惠

西部大开发税收优惠政策适用范围包括重庆市、四川省、贵州省、云南省、西藏自治区、陕西省、甘肃省、宁夏回族自治区、青海省、新疆维吾尔自治区、新疆生产建设兵团、内蒙古自治区和广西壮族自治区（统称“西部地区”）。湖南省湘西土家族苗族自治州、湖北省恩施土家族苗族自治州、吉林省延边朝鲜族自治州，可以比照西部地区的税收优惠政策执行。

自2021年1月1日至2030年12月31日，对设在西部地区的鼓励类产业企业（指以《西部地区鼓励类产业目录》中规定的产业项目为主营业务，且其主营业务收入占企业收入总额60%以上的企业），减按15%的税率征收企业所得税。

（十三）海南自由贸易港的税收优惠

2025年前，仅对注册在海南自由贸易港并实质性运营的鼓励类产业企业，减按15%征收企业所得税。2035年前，对注册在海南自由贸易港并实质性运营的负面清单行业之外的所有企业，减按15%征收企业所得税。

（十四）企业所得税税收优惠的适用

企业享受优惠事项采取“自行判别、申报享受、相关资料留存备查”的办理方式。

企业同时享受多项优惠事项或者享受的优惠事项按照规定分项目进行核算的，应当按照优惠事项或者项目分别归集和留存备查资料。

企业留存备查资料应从企业享受优惠事项当年的企业所得税汇算清缴期结束次日起保留10年。

企业享受优惠事项后发现其不符合优惠事项规定条件的，应当依法及时自行调整并补缴税款及滞纳金。

二、缴纳方法与纳税期限

企业所得税按纳税年度计算，分月或者分季预缴，年终汇算清缴，多退少补。

企业分月或分季预缴企业所得税时，应当按照月度或者季度的实际利润额预缴；按照月度或者季度的实际利润额预缴有困难的，可以按照上一纳税年度应纳税所得额的月度或者季度平均额，按照月度或者季度以及经税务机关认可的其他方法预缴。预缴方法一经确定，该纳税年度内不得随意变更。

纳税年度自公历1月1日起至12月31日止。

企业在一个纳税年度中间开业，或者终止经营活动，使该纳税年度的实际经营期不足12个月的，应当以其实际经营期为一个纳税年度。

企业依法清算时，应当以清算期间作为一个纳税年度。

企业在纳税年度内无论盈利还是亏损，都应当依照《企业所得税法》规定的期限，向税务机关报送预缴企业所得税纳税申报表、年度企业所得税纳税申报表、财务会计报告和税务机关规定应当报送的其他有关资料。

企业向税务机关报送年度企业所得税纳税申报表时，应当就其与关联方之间的业务往来，附送年度关联业务往来报告表。

企业应当自月份或者季度终了之日起15日内，向税务机关报送预缴企业所得税纳税申报表，预缴税款。

企业应当自年度终了之日起5个月内，向税务机关报送年度企业所得税纳税申报表，并汇算清缴，结清应缴应退税款。

企业在报送企业所得税纳税申报表时，应当按照规定附送财务会计报告和其他有关资料。

企业在年度中间终止经营活动的，应当自实际经营终止之日起60日内，向税务机关办理当期企业所得税汇算清缴。

企业应当在办理注销登记前，就其清算所得向税务机关申报并依法缴纳企业所得税。

企业所得税以人民币计算。所得以人民币以外的货币计算的，应当按照年度最后一日的外汇牌价，折合成人民币计算应纳税所得额。

企业所得为人民币以外的货币的，预缴企业所得税时，应当按照月度或者季度最后一日的人民币汇率中间价，折合成人民币计算应纳税所得额。年度终了汇算清缴时，对已经按照月度或者季度预缴税款的人民币以外的货币，不再重新折合计算，只就全年未缴纳企业所得税的人民币以外的货币所得部分，按照纳税年度最后一日的人民币汇率中间价，折合成人民币计算应纳税所得额。

经税务机关检查确认，企业少计或者多计人民币以外的货币所得的，应当按照检查确认补税或者退税时的上一个月最后一日的人民币汇率中间价，将少计或者多计的人民币以外的货币所得折合成人民币计算应纳税所得额，再计算应补缴或者应退的税款。

三、纳税地点

（1）居民企业以企业登记注册地为纳税地点，但登记注册地在境外的，以实际管理机构所在地为纳税地点。

（2）居民企业在中国境内设立不具有法人资格的营业机构的，应当汇总计算并缴纳企业所得税。

（3）非居民企业在中国境内设立机构、场所的，以机构、场所所在地为纳税地点。

非居民企业在中国境内设立两个或者两个以上机构、场所的，经税务机关审核批准，可以选择由其主要机构、场所汇总缴纳企业所得税。

非居民企业汇总缴纳企业所得税的主要机构、场所应具备下列条件：

①对其他各机构、场所的生产经营活动负有监督管理责任。

②设有完整的账簿、凭证，能够准确反映各机构、场所的收入、成本、费用和盈亏情况。

非居民企业需要汇总缴纳企业所得税的，应当由其选定的主要机构、场所提出申请，经各机构、场所所在地税务机关的共同上级税务机关审核批准。

③非居民企业经批准汇总缴纳企业所得税后，需要增设、合并、迁移、停止、关闭机构、场所的，应当事先由负责汇总申报缴纳企业所得税的主要机构、场所向其所在地税务

机关报告；需要变更汇总缴纳企业所得税的主要机构、场所的，应当由其选定的主要机构、场所提出申请，经各机构、场所所在地税务机关的共同上级税务机关审核批准。

（4）除国务院另有规定外，企业之间不得合并缴纳企业所得税。

思政小园地

十年来，我国不断优化企业所得税制度，实施了覆盖创业投资、创新主体、研发活动等创新全链条的税收优惠政策。

以研发费用加计扣除政策为例。2013年年初，开展扩大研发费用加计扣除范围政策试点，并于当年9月将试点政策推广到全国。2015年，放宽了享受优惠的企业研发活动及研发费用的范围，简化了研发费用在税务处理中的归集、核算及备案管理，进一步降低了企业享受优惠的门槛。2017—2018年，分两步将研发费用加计扣除比例提高至75%。2021年，研发费用加计扣除政策“两度升级”。制造业企业研发费用加计扣除比例由75%提高到100%；自2021年10月起，企业预缴企业所得税时，可提前对前三季度研发费用进行加计扣除。

2022年年初，将科技型中小企业研发费用加计扣除比例提高至100%。之后根据形势发展变化，又进一步对高新技术企业在2022年第四季度购置设备的支出，允许当年一次性税前全额扣除并100%加计扣除；在2022年第四季度，对现行按75%比例税前加计扣除研发费用的行业，统一提高扣除比例到100%；对企业出资科研机构等基础研究支出，允许税前全额扣除并加计扣除。

研发费用加计扣除政策不断完善，是企业所得税制不断优化的缩影，对培育经济发展新动能发挥了重要作用。①

习　题

一、即测即评

第十二章单选题　　第十二章多选题　　第十二章判断题

二、实务题

1.某企业20×3年发生下列业务：

（1）销售产品收入2 000万元。

（2）接受捐赠材料一批，取得捐赠方开具的增值税发票，注明价款10万元、增值税1.3万元；找一运输公司将该批材料运回该企业，支付运杂费0.3万元。

（3）转让一项商标所有权，取得营业外收入60万元。

（4）收取当年让渡资产使用权的专利实施许可费，取得其他业务收入10万元。

---

① 国家税务总局税收宣传中心．构建现代税收制度，服务经济社会发展——党的十八大以来税务部门落实税制改革举措综述［EB/OL］．（2022-09-13）［2022-12-01］．https：//baijiahao.baidu.com/s? id=1743840050780595624&wfr=spider&for=pc.

（5）取得国债利息2万元。

（6）全年销售成本1 000万元，销售税金及附加100万元。

（7）全年销售费用500万元，含广告费400万元；全年管理费用200万元，含业务招待费80万元；全年财务费用50万元。

（8）全年营业外支出40万元，含通过政府部门对灾区捐款20万元；直接对私立小学捐款10万元；违反政府规定被市场监督管理局罚款2万元。

要求：（1）计算该企业的会计利润总额；

（2）计算该企业对收入的纳税调整额；

（3）计算该企业对广告费的纳税调整额；

（4）计算该企业对业务招待费的纳税调整额；

（5）计算该企业对营业外支出的纳税调整额；

（6）计算该企业的应纳税所得额；

（7）计算该企业应纳的企业所得税税额。

2. 境内某居民企业20×3年度境内应纳税所得额为3 000万元。该企业在A、B两国设有分支机构，A国分支机构当年应纳税所得额600万元，A国规定的税率为20%；B国分支机构当年应纳税所得额400万元，B国规定的税率为30%。该企业已经按照规定在A、B两国缴纳了所得税

要求：计算该企业应纳的企业所得税。

3. 境外某公司在中国境内未设立机构、场所，20×3年取得境内甲公司支付的贷款利息收入100万元；取得境内乙公司支付的财产转让收入80万元，该项财产净值60万元。

要求：计算该公司应纳的企业所得税。

4. 某私营企业注册资本300万元，从业人员20人，20×3年2月10日向其主管税务机关申报20×2年度取得收入总额146万元，发生直接成本120万元、其他费用33万元，全年应纳税所得额-7万元。后经税务机关审核，其成本、费用无误，但收入总额不能准确核算。假定应税所得率为15%。

要求：计算该企业应纳的企业所得税。

第十三章

个人所得税

【学习目标】

一、知识体系

1. 个人所得税税制要素。

2. 个人所得税的计税依据。

3. 个人所得税的计算。

4. 个人所得税的申报与缴纳。

二、价值塑造

1. 以马克思主义哲学为指导，理论与实践相结合，提高个人所得税税收理论素养。

2. 以习近平新时代中国特色社会主义思想为指导，准确把握新时代个人所得税的职能定位，培育经世济民、诚信服务、德法兼修的税务职业素养。

三、能力培养

1. 熟悉个人所得税税制要素，理解个人所得税的计税原理。

2. 掌握个人所得税的计算方法。

3. 了解个人所得税的申报与缴纳。

第一节　个人所得税概述

个人所得税是对个人取得的应税所得征收的一种税，它体现了国家与个人之间的分配关系。英国是开征个人所得税最早的国家，1799年英国开始试行差别税率征收个人所得税，1874年个人所得税成为英国一个固定的税种。

我国现行个人所得税的基本规范是2018年8月31日第十三届全国人民代表大会常务委员会第五次会议通过的第七次修正的《中华人民共和国个人所得税法》（简称《个人所得税法》）和2018年12月18日国务院修正的《中华人民共和国个人所得税法实施

条例》。

一、纳税人

个人所得税的纳税人包括中国公民、在中国取得所得的外籍人员（包括无国籍人员），个体工商户经营者、个人独资企业投资者、合伙企业个人合伙人等。为了有效维护国家的税收权益，按照国际通行的做法，我国个人所得税纳税人的确定也采用属人主义和属地主义两种原则。根据住所与居住时间标准，将个人所得税的纳税人分为居民个人和非居民个人。

（一）居民个人

在中国境内有住所，或者无住所而一个纳税年度内在中国境内居住累计满183天的个人，为居民个人。居民个人从中国境内和境外取得的所得，依法缴纳个人所得税。

在中国境内有住所，是指因户籍、家庭、经济利益关系而在中国境内习惯性居住；从中国境内和境外取得的所得，分别是指来源于中国境内的所得和来源于中国境外的所得。

纳税年度自公历1月1日起至12月31日止。

中国境内无住所的个人，在中国境内居住累计满183天的年度连续不满6年的，经向主管税务机关备案，其来源于中国境外且由境外单位或者个人支付的所得，免予缴纳个人所得税；在中国境内居住累计满183天的任一年度中有一次离境超过30天的，其在中国境内居住累计满183天的年度的连续年限重新起算。

（二）非居民个人

在中国境内无住所又不居住，或者无住所而一个纳税年度内在中国境内居住累计不满183天的个人，为非居民个人。非居民个人从中国境内取得的所得，依法缴纳个人所得税。

在中国境内无住所的个人，在一个纳税年度内在中国境内居住累计不超过90天的，其来源于中国境内的所得，由境外雇主支付并且不由该雇主在中国境内的机构、场所负担的部分，免予缴纳个人所得税。

（三）扣缴义务人

个人所得税以所得人为纳税义务人，以支付所得的单位或者个人为扣缴义务人。扣缴义务人向个人支付应税款项（包括现金支付、汇拨支付、转账支付和以有价证券、实物以及其他形式支付的折算金额）时，应当依照税法规定代扣代缴税款。

二、征税对象

（一）征税对象

个人所得税以纳税人取得的个人所得为征税对象。我国个人所得税采取列举法，没有列举的则不征税。

下列各项个人所得，应当缴纳个人所得税：①工资、薪金所得；②劳务报酬所得；③稿酬所得；④特许权使用费所得；⑤经营所得；⑥利息、股息、红利所得；⑦财产租赁所得；⑧财产转让所得；⑨偶然所得。

我国现行个人所得税采用“分类与综合相结合”的计税模式。居民个人取得前款第一项至第四项所得（以下称综合所得），按纳税年度合并计算个人所得税；非居民个人取得前款第一项至第四项所得，按月或者按次分项计算个人所得税。

（二）各项个人所得的范围

1.工资、薪金所得

工资、薪金所得是指个人因任职或者受雇而取得的工资、薪金、奖金、年终加薪、劳动分红、津贴、补贴以及与任职或者受雇有关的其他所得。

2.劳务报酬所得

劳务报酬所得是指个人从事劳务取得的所得，包括从事设计、装潢、安装、制图、化验、测试、医疗、法律、会计、咨询、讲学、新闻、广播、审稿、书画、雕刻、影视、录音、录像、演出、表演、广告、展览、技术服务、介绍服务、经纪服务、代办服务以及其他劳务取得的所得。

是否存在雇佣与被雇佣关系，是判断一种收入是工资、薪金所得还是劳务报酬所得的重要标准。个人独立从事某种技艺，独立提供某种劳务而取得的所得，属劳务报酬所得；个人从事非独立劳动，从所任职单位领取的报酬属工资、薪金所得。

3.稿酬所得

稿酬所得是指个人因其作品以图书、报刊形式出版、发表而取得的所得。作品包括文学作品、书画作品、摄影作品以及其他作品。作者去世后，财产继承人取得的遗作稿酬也应按稿酬所得征收个人所得税。

4.特许权使用费所得

特许权使用费所得是指个人提供或转让专利权、商标权、著作权、非专利权以及其他特许权的使用权取得的所得。

5.经营所得

（1）个体工商户从事生产、经营活动取得的所得，个人独资企业投资人、合伙企业的个人合伙人来源于境内注册的个人独资企业、合伙企业的生产、经营所得；

（2）个人依法从事办学、医疗、咨询以及其他有偿服务活动取得的所得；

（3）个人对企业、事业单位承包经营、承租经营以及转包、转租取得的所得；

（4）个人从事其他生产、经营活动取得的所得。

6.利息、股息、红利所得

利息、股息、红利所得是指个人拥有债权、股权等而取得的利息、股息、红利所得。利息一般指存款、贷款和债券的利息。股息、红利是指个人拥有股权取得的公司、企业分红，按照一定比例派发的每股息金称股息；根据企业、公司应分派的、超过股息部分的利润，按股派发的红股称红利。

7.财产租赁所得

财产租赁所得是指个人出租不动产、机器设备、车船及其他财产取得的所得。

8.财产转让所得

财产转让所得是指个人转让有价证券、股权、合伙企业中的财产份额、不动产、机器设备、车船及其他财产取得的所得。鉴于我国证券市场发育还不成熟，目前对股票转让暂不征收个人所得税。

9.偶然所得

偶然所得是指个人得奖、中奖、中彩及其他偶然性质的所得。

个人取得的所得，难以界定应纳税所得项目的，由国务院税务主管部门确定。

（三）个人所得的形式

个人所得的形式包括现金、实物、有价证券和其他形式的经济利益。所得为实物的，应当按照取得的凭证上所注明的价格计算应纳税所得额；无凭证的实物或者凭证上所注明的价格明显偏低的，参照市场价格核定应纳税所得额。所得为有价证券的，根据票面价格和市场价格核定应纳税所得额。所得为其他形式的经济利益的，参照市场价格核定应纳税所得额。

（四）所得来源地的确定

除国务院财政、税务主管部门另有规定外，下列所得，不论支付地点是否在中国境内，均为来源于中国境内的所得：

（1）因任职、受雇、履约等在中国境内提供劳务取得的所得；

（2）将财产出租给承租人在中国境内使用而取得的所得；

（3）许可各种特许权在中国境内使用而取得的所得；

（4）转让中国境内的不动产等财产或者在中国境内转让其他财产取得的所得；

（5）从中国境内企业、事业单位、其他组织以及居民个人取得的利息、股息、红利所得。

三、税率

个人所得税根据不同的征税项目，分别规定了两种不同的税率：超额累进税率和比例税率。

（一）综合所得

综合所得适用3%～45%的7级超额累进税率，见表13-1。

表13-1　**个人所得税税率表一（综合所得适用）**

级数	全年应纳税所得额	税率（%）	速算扣除数
1	不超过36 000元的	3	0
2	超过36 000元至144 000元的部分	10	2 520
3	超过144 000元至300 000元的部分	20	16 920
4	超过300 000元至420 000元的部分	25	31 920
5	超过420 000元至660 000元的部分	30	52 920
6	超过660 000元至960 000元的部分	35	85 920
7	超过960 000元的部分	45	181 920

注：①本表所称全年应纳税所得额是指依照《个人所得税法》第六条的规定，居民个人取得综合所得以每一纳税年度收入额减除费用6万元以及专项扣除、专项附加扣除和依法确定的其他扣除后的余额。②非居民个人取得工资、薪金所得，劳务报酬所得，稿酬所得和特许权使用费所得，依照本表按月换算后计算应纳税额。

（二）经营所得

经营所得适用5%～35%的5级超额累进税率，见表13-2。

表13-2　　　　　　　　个人所得税税率表二（经营所得适用）

级数	全年应纳税所得额	税率（%）	速算扣除数
1	不超过30 000元的	5	0
2	超过30 000元至90 000元的部分	10	1 500
3	超过90 000元至300 000元的部分	20	10 500
4	超过300 000元至500 000元的部分	30	40 500
5	超过500 000元的部分	35	65 500

注：本表所称全年应纳税所得额是指依照《个人所得税法》第六条的规定，以每一纳税年度的收入总额减除成本、费用以及损失后的余额。

（三）比例税率20%

利息、股息、红利所得，财产租赁所得，财产转让所得和偶然所得适用比例税率，税率为20%。

四、减免税

（一）免税项目

（1）省级人民政府、国务院部委和中国人民解放军军以上单位，以及外国组织、国际组织颁发的科学、教育、技术、文化、卫生、体育、环境保护等方面的奖金。

（2）国债和国家发行的金融债券利息（指财政部发行的债券利息和国家发行的金融债券利息）。

（3）按照国家统一规定发给的补贴、津贴（指按照国务院规定发给的政府特殊津贴、院士津贴、资深院士津贴，以及国务院规定免纳个人所得税的其他补贴、津贴）。

（4）福利费、抚恤金、救济金。

（5）保险赔款。

（6）军人的转业安置费、复员费。

（7）按照国家统一规定发给干部和职工的安家费、退职费、退休工资、离休工资、离休生活补助费。

（8）依照有关法律规定应予免税的各国驻华使馆、领事馆的外交代表、领事官员和其他人员的所得。

（9）中国政府参加的国际公约、签订的协议中规定免税的所得。

（10）国务院规定的其他免税所得。

（二）减征项目

有下列情形之一的，可以减征个人所得税，具体幅度和期限由省、自治区、直辖市人民政府规定，并报同级人民代表大会常务委员会备案：

（1）残疾、孤老人员和烈属的所得。

（2）因严重自然灾害造成重大损失的。

（3）其他经国务院财政部门批准减税的。

（三）暂免征税项目

（1）外籍个人从外商投资企业取得的股息、红利所得。

（2）个人举报、协查各种违法、犯罪行为而获得的奖金。

（3）个人办理代扣代缴税款手续，按规定取得的扣缴手续费。

（4）个人转让自用达5年以上，并且是唯一的家庭生活用房取得的所得。

（5）个人购买福利彩票、体育彩票，一次中奖收入在1万元以下的（含1万元）暂免征收个人所得税，超过1万元的全额征收个人所得税。

（6）对国有企业职工从破产企业取得的一次性安置费收入，免予征收个人所得税。

（7）国有企业职工与企业解除劳动合同取得的一次性补偿收入，在当地上年企业职工年平均工资的3倍数额内，可免征个人所得税。

（8）个人取得的教育储蓄存款利息和按国家或省级地方政府规定的比例缴付的住房公积金、医疗保险金、基本养老保险金、失业保险金存入个人账户所取得的利息免税。

第二节　个人所得税的计算

一、计税依据

个人所得税的计税依据是纳税人取得的应纳税所得额。应纳税所得额是个人取得的各项应税收入减去税法规定的扣除项目或扣除金额后的余额。正确计算应纳税所得额是依法征收个人所得税的基础。

我国个人所得税的扣除项目采取分项确定、分类扣除的方法，具体有定额、定率和会计核算三种。

对工资、薪金所得，劳务报酬所得，稿酬所得和特许权使用费所得（以下简称综合所得），居民个人按纳税年度合并计算个人所得税，非居民个人按月或者按次分项计算个人所得税；对经营所得，利息、股息、红利所得，财产租赁所得，财产转让所得和偶然所得，则分项按次计算。

各项所得的计算以人民币为单位。所得为人民币以外的货币的，按照人民币汇率中间价折合成人民币缴纳税款。

二、公益性捐赠的扣除

个人将其所得对教育、扶贫、济困等公益慈善事业进行捐赠，捐赠额未超过纳税人申报的应纳税所得额30%的部分，可以从其应纳税所得额中扣除；国务院规定对公益慈善事业捐赠实行全额税前扣除的，从其规定。

个人通过非营利性的社会团体和国家机关向红十字事业、农村义务教育、公益性青少年活动场所、福利性老年服务机构，非关联的科研机构和高等学校开发新产品、新技术、新工艺所发生研究开发经费（偶然所得除外）的捐赠，准予从其个人所得税应纳税所得额中全额扣除，但不足抵扣的不得结转抵扣。

公益性捐赠税前扣除资格在全国范围内有效，有效期为3年。

公益性社会组织、县级以上人民政府及其部门等国家机关在接受捐赠时，应当按照行政管理级次分别使用由财政部或省、自治区、直辖市财政部门监（印）制的公益事业捐赠票据，并加盖本单位的印章。

除另有规定外，公益性社会组织、县级以上人民政府及其部门等国家机关在接受企业或个人捐赠时，按以下原则确认捐赠额：

（1）接受的货币性资产捐赠，以实际收到的金额确认捐赠额。

（2）接受的非货币性资产捐赠，以其公允价值确认捐赠额。捐赠方在向公益性社会组织、县级以上人民政府及其部门等国家机关捐赠时，应当提供注明捐赠非货币性资产公允价值的证明；不能提供证明的，接受捐赠方不得向其开具捐赠票据。

三、应纳税额的计算

（一）综合所得的计算

综合所得只适用于居民个人，而不适用于非居民个人。

居民个人工资、薪金所得应纳税额的计算公式为：

应纳税所得额=年度收入-6万元（费用扣除标准）-专项扣除-专项附加扣除-依法确定的其他扣除

应纳税额=应纳税所得额×适用税率-速算扣除数

（1）基本减除费用，是最为基础的一项生计扣除，全员适用，每月减除5 000元，每年减除60 000元。

（2）专项扣除，包括居民个人按照国家规定的范围和标准缴纳的基本养老保险、基本医疗保险、失业保险等社会保险费和住房公积金等，即允许扣除的“三险一金”。

（3）专项附加扣除，包括3岁以下婴幼儿照护、子女教育、继续教育、住房贷款利息或者住房租金、赡养老人、大病医疗等支出。

①3岁以下婴幼儿照护。自2023年1月1日起，纳税人照护3岁以下婴幼儿子女的相关支出，按照每个婴幼儿每月2 000元的标准定额扣除。父母可以选择由其中一方按扣除标准的100%扣除，也可以选择由双方分别按扣除标准的50%扣除，具体扣除方式在一个纳税年度内不能变更。纳税人终止享受3岁以下婴幼儿照护专项附加扣除后，可按规定接续享受子女教育专项附加扣除。

②子女教育。纳税人的子女接受全日制学历教育的相关支出，自2023年1月1日起，按照每个子女每月2 000元的标准定额扣除。

学历教育包括义务教育（小学、初中教育）、高中阶段教育（普通高中、中等职业、技工教育）、高等教育（大学专科、大学本科、硕士研究生、博士研究生教育）。

年满3岁至小学入学前处于学前教育阶段的子女，不论是否在幼儿园学习，可按规定扣除。

受教育地点包括中国境内和境外。纳税人子女在中国境外接受教育的，纳税人应当留存境外学校录取通知书、留学签证等相关教育的证明资料备查。

父母可以选择由其中一方按扣除标准的100%扣除，也可以选择由双方分别按扣除标准的50%扣除，具体扣除方式在一个纳税年度内不能变更。

③继续教育。纳税人在中国境内接受学历（学位）继续教育的支出，在学历（学位）教育期间按照每月400元定额扣除。同一学历（学位）继续教育的扣除期限不能超过48个月。纳税人接受技能人员职业资格继续教育、专业技术人员职业资格继续教育的支出，在取得相关证书的当年，按照3 600元定额扣除。

个人接受本科及以下学历（学位）继续教育，符合扣除条件的，可以选择由其父母扣除，也可以选择由本人扣除。

纳税人接受技能人员职业资格继续教育、专业技术人员职业资格继续教育的，应当留存相关证书等资料备查。

④住房贷款利息。纳税人本人或者配偶单独或者共同使用商业银行或者住房公积金个人住房贷款为本人或者其配偶购买中国境内住房，发生的首套住房贷款（指购买住房享受首套住房贷款利率的住房贷款）利息支出，在实际发生贷款利息的年度，按照每月1 000元的标准定额扣除，扣除期限最长不超过240个月。纳税人只能享受一次首套住房贷款利息扣除。

经夫妻双方约定，可以选择由其中一方扣除，具体扣除方式在一个纳税年度内不能变更。

夫妻双方婚前分别购买住房发生的首套住房贷款，其贷款利息支出，婚后可以选择其中一套购买的住房，由购买方按扣除标准的100%扣除，也可以由夫妻双方对各自购买的住房分别按扣除标准的50%扣除，具体扣除方式在一个纳税年度内不能变更。

纳税人应当留存住房贷款合同、贷款还款支出凭证备查。

⑤住房租金。纳税人在主要工作城市没有自有住房而发生的住房租金支出，可以按照以下标准定额扣除：第一，直辖市、省会（首府）城市、计划单列市以及国务院确定的其他城市，扣除标准为每月1 500元。第二，除第一项所列城市以外，市辖区户籍人口超过100万的城市，扣除标准为每月1 100元；市辖区户籍人口不超过100万的城市，扣除标准为每月800元。

纳税人的配偶在纳税人的主要工作城市有自有住房的，视同纳税人在主要工作城市有自有住房。夫妻双方主要工作城市相同的，只能由一方扣除住房租金支出。

住房租金支出由签订租赁住房合同的承租人扣除。

纳税人及其配偶在一个纳税年度内不能同时分别享受住房贷款利息和住房租金专项附加扣除。

⑥赡养老人。纳税人赡养一位及以上被赡养人的赡养支出，自2023年1月1日起，统一按照每月3 000元定额扣除。其中，独生子女按照每月3 000元的标准定额扣除；非独生子女与兄弟姐妹分摊每月3 000元的扣除额度，每人分摊的额度不能超过每月1 500元。执行中可以由赡养人均摊或者约定分摊，也可以由被赡养人指定分摊。约定或者指定分摊的须签订书面分摊协议，指定分摊优先于约定分摊。具体分摊方式和额度在一个纳税年度内不能变更。

⑦大病医疗。在一个纳税年度内，纳税人发生的与基本医保相关的医药费用支出，扣除医保报销后个人负担（指医保目录范围内的自付部分）累计超过15 000元的部分，由纳税人在办理年度汇算清缴时，在80 000元限额内据实扣除。

纳税人发生的医药费用支出可以选择由本人或者其配偶扣除，未成年子女发生的医药费用支出可以选择由其父母一方扣除。

纳税人应当留存医药服务收费及医保报销相关票据原件（或者复印件）等资料备查。医疗保障部门应当向患者提供在医疗保障信息系统记录的本人年度医药费用信息查询服务。

需要说明以下几点：一是所有专项附加扣除额本年度扣除不完的，不能结转以后年度；二是纳税人年度内没有工资、薪金所得，预扣预缴时暂不能扣除，待年度汇算清缴时再申报扣除；三是纳税人同时从两处以上取得工资、薪金所得，并由扣缴义务人办理专项附加扣除的，对同一专项附加扣除项目，只能选择从其中一处扣除，但是不同的专项附加扣除项目可以选择在不同的扣缴地分别扣除。

（4）依法确定的其他扣除，包括个人缴付符合国家规定的企业年金、职业年金，个人购买符合国家规定的商业健康保险、税收递延型商业养老保险的支出，以及国务院规定可以扣除的其他项目（指公务交通补贴和通信补贴）。

扣缴义务人向居民个人支付工资、薪金所得时，应当按照累计预扣法计算预扣税款，并按月办理全员全额扣缴申报。

【例 13-1】A 市 M 公司员工张三 20×3 年 1 月工资 18 000 元、2 月工资 45 000 元、3 月工资 20 000 元。他有一个 1 岁的女儿，3 岁以下婴幼儿照护每月可扣除 2 000 元；有一个正在上小学的儿子，子女教育每月扣除 2 000 元；首套住房贷款利息支出每月扣除 1 000 元；父母健在，且是独生子女，赡养老人支出每月可以扣除 3 000 元；每月缴纳“三险一金”3 000 元；购买符合条件的商业健康保险每月扣除 200 元。

要求：计算该公司每月应代扣代缴的个人所得税。

解：（1）1 月：

应纳税所得额 =18 000−5 000（累计减除费用）−3 000（累计专项扣除）−8 000（累计专项附加扣除）−200（累计依法确定的其他扣除）

=1 800（元）

应纳税额=1 800×3%=54（元）

（2）2 月：

应纳税所得额 =63 000（累计收入）−10 000（累计减除费用）− 6 000（累计专项扣除）−16 000（累计专项附加扣除）−400（累计依法确定的其他扣除）

=30 600（元）

应纳税额=30 600×3%−54（已预缴预扣税额）=864（元）

（3）3 月：

应纳税所得额 =83 000（累计收入）−15 000（累计减除费用）−9 000（累计专项扣除）−24 000（累计专项附加扣除）−600（累计依法确定的其他扣除）

=34 400（元）

应纳税额=34 400×10%−2 520−864（已预缴预扣税额）=56（元）

（二）非居民个人工资、薪金所得应纳税额的计算

自 2018 年 10 月 1 日起，非居民个人的工资、薪金所得，以每月收入额减除费用 5 000 元后的余额为应纳税所得额。

【例 13-2】临时来华工作的美国专家 Smith 是非居民个人，20×3 年 1 月，某外商投资企业应付其工资 26 000 元人民币。

要求：计算该企业应代扣代缴的个人所得税。

解：应纳税所得额=26 000−5 000=21 000（元）

应代扣代缴的个人所得税=21 000×20%−1 410=2 790（元）

（三）劳务报酬所得、稿酬所得、特许权使用费所得

自 2019 年 1 月 1 日起，对劳务报酬所得、特许权使用费所得，以各自每次取得的收入减除 20% 的费用（每次收入不超过 4 000 元，费用按 800 元计算）后的余额为收入额，居民个人并入综合所得按年计算个人所得税，非居民个人按次计算个人所得税。

自2019年1月1日起，对稿酬所得，以每次取得的收入减除20%的费用（每次收入不超过4 000元，减除费用按800元计算）后的余额为收入额，减按70%计算纳税，居民个人并入综合所得按年计算个人所得税，非居民个人按次计算个人所得税。

劳务报酬所得、稿酬所得、特许权使用费所得，属于一次性收入的，以取得该项收入为一次；属于同一项目连续性收入的，以一个月内取得的收入为一次。

对转让特许权使用费所发生的中介费和相关税费，允许扣除。

【例13-3】王某20×3年从A企业取得特许权使用费15 000元；出版1本专著，取得稿酬80 000元。假定王某为居民个人，没有工资、薪金所得。

要求：计算王某应纳的个人所得税。

解：全年综合所得=15 000×（1-20%）+80 000×（1-20%）×（1-30%）=56 800（元）

应纳税所得额=56 800-60 000<0，不用缴纳个人所得税。

（四）经营所得

经营所得与企业所得税的法人经营活动类似，与其他各项所得相比有以下特点：一是机构的稳定性；二是经营的持续性；三是不是一个人的活动，这也是经营所得与劳务报酬所得的一个区别。

对经营所得，以每一纳税年度的收入总额减除成本、费用以及损失后的余额为应纳税所得额。

成本、费用是指生产、经营活动中发生的各项直接支出和分配计入成本的间接费用以及销售费用、管理费用、财务费用。

损失是指生产、经营活动中发生的固定资产和存货的盘亏、毁损、报废损失，转让财产损失，坏账损失，自然灾害等不可抗力因素造成的损失以及其他损失。

自2019年1月1日起，取得综合所得的个人，以及通过个体工商户、个人独资企业、合伙企业取得经营所得的个人，发生符合规定的商业健康保险支出的限额在2 400元/年内据实扣除。

取得个体工商户的生产经营所得、对企事业单位的承包承租经营所得的个体工商户业主、个人独资企业投资者、合伙企业自然人合伙人和承包承租经营者，其缴纳的符合规定的税收递延型商业养老保险支出准予在申报扣除当年计算应纳税所得额时予以限额据实扣除，扣除限额按照不超过当年应税收入的6%和12 000元孰低办法确定。

取得经营所得的个人，没有综合所得的，计算其每一纳税年度的应纳税所得额时，应当减除费用6万元、专项扣除、专项附加扣除以及依法确定的其他扣除。专项附加扣除在办理汇算清缴时减除。

从事生产、经营活动，未提供完整、准确的纳税资料，不能正确计算应纳税所得额的，由主管税务机关核定应纳税所得额或者应纳税额。

【例13-4】王某经营一家餐饮店，属个人独资企业，20×3年全年实现收入100万元、成本60万元、期间费用及税金30.35万元，其中支付投资者本人工资7万元，没有其他纳税调整事项。当年已预缴个人所得税5 000元。

王某当年还从甲公司获得工资收入12 000元/月，按规定每月缴付“三险一金”2 000元，没有专项附加扣除和依法确定的其他扣除项目。

王某没有其他经营所得。

要求：计算王某应纳的个人所得税。

解：（1）计算综合所得应纳个人所得税：

应纳税所得额=12 000×12−60 000−2 000×12=60 000（元）

应纳税额=60 000×10%−2 520=3 480（元）

（2）计算经营所得应纳个人所得税：

因王某当年有综合所得已扣除费用60 000元及专项扣除，无其他扣除，则：

应纳税所得额=100−60−30.35=9.65（万元）

应纳税额=96 500×20%−10 500=8 800（元）

汇算清缴应补个人所得税=8 800−5 000=3 800（元）

（五）财产租赁所得

对财产租赁所得，一般以个人每次的收入定额或定率扣除规定费用后的余额为应纳税所得额。财产租赁所得以一个月内取得的收入为一次。每次收入不超过4 000元的，减除费用800元；每次收入4 000元以上的，减除20%的费用。

纳税人在出租财产过程中缴纳的税金和教育费附加，可持完税凭证，从其财产租赁收入中扣除。准予扣除的项目除了规定的费用和有关税费外，还包括能够提供有效、准确凭证且证明由纳税人负担的该出租财产实际开支的修缮费用。允许扣除的修缮费用以800元为限。一次扣除不完的，准予在下一次继续扣除，直至扣完为止。

个人出租房屋的个人所得税应税收入不含增值税，计算房屋出租所得可扣除的税费不包括本次出租缴纳的增值税。个人转租房屋的，其向房屋出租方支付的租金及增值税税额，在计算转租所得时予以扣除。

免征增值税的，确定计税依据时，成交价格、租金收入、转让房地产取得的收入不扣减增值税税额。

其他个人采取一次性收取租金形式出租不动产取得的租金收入，可在对应的租赁期内平均分摊，分摊后的月租金收入未超过10万元的，免征增值税。

每次（月）收入不超过4 000元的：

应纳税所得额=每次（月）收入额−缴纳的税费−修缮费用（800元为限）−800

每次（月）收入超过4 000元的：

应纳税所得额=［每次（月）收入额−缴纳的税费−修缮费用（800元为限）］×（1−20%）

财产租赁所得依其应纳税所得额和20%的比例税率计算应纳税额。计算公式为：

应纳税额=应纳税所得额×税率

对个人出租住房取得的所得，减按10%的税率征收个人所得税。

【例13−5】赵先生20×3年1月将自己位于某市区的住房出租给甲公司使用，租期1年，年租金收入50 000元，应承租方要求到主管税务机关代开了增值税专用发票。

要求：计算赵先生应纳的个人所得税（假定免征教育费附加、地方教育附加、印花税、城镇土地使用税）。

解：（1）计算增值税、城建税：

其他个人出租住房，按照5%的征收率减按1.5%计算应纳税额。

应纳增值税=50 000÷（1+5%）×1.5%=714.29（元）

应纳城建税=714.29×7%=50（元）

（2）计算房产税：

应纳房产税=（50 000−714.29）×4%=1 971.43（元）

（3）计算个人所得税：

每次（月）收入额=（50 000−714.29−50−1 971.43）÷12=3 938.69（元）

应纳个人所得税=（3 938.69−800）×10%×12=3 766.43（元）

（六）财产转让所得

财产转让所得以转让财产的收入额减除财产原值和合理费用后的余额为应纳税所得额。计算公式为：

应纳税所得额=转让财产的收入额−合理费用−财产原值

转让财产的收入包括现金、实物、有价证券和其他形式的经济利益。

个人转让房屋的个人所得税应税收入不含增值税，其取得房屋时所支付价款中包含的增值税计入财产原值，计算转让所得时可扣除的税费不包括本次转让缴纳的增值税。

财产原值是指：

（1）有价证券，为买入价以及买入时按照规定缴纳的有关费用；

（2）建筑物，为建造费或者购进价格以及其他有关费用；

（3）土地使用权，为取得土地使用权所支付的金额、开发土地的费用及其他有关费用；

（4）机器设备、车船，为购进价格、运输费、安装费及其他有关费用；

（5）其他财产，参照以上方法确定。

纳税人未提供完整、准确的财产原值凭证，不能正确计算财产原值的，由主管税务机关核定其财产原值。

合理费用的扣除，是指卖出财产时按照规定支付的有关税费。

转让债权，采用加权平均法确定其应予减除的财产原值和合理费用，即纳税人购进的同一种类债券买入价和买进过程中缴纳的税费总和，除以纳税人购进的该种类债券数量之和，乘以纳税人卖出的该种类债券数量，再加上卖出该种类债券过程中缴纳的税费。用公式表示为：

一次卖出某一种类债券允许扣除的买入价和费用 = 纳税人购进的该种类债券买入价和买进过程中缴纳的税费总和 ÷ 纳税人购进的该种类债券总数量 × 一次卖出该种类债券的数量 + 卖出该种类债券过程中缴纳的税费

个人因各种原因终止投资、联营、经营合作等行为，从被投资企业或合作项目、被投资企业的其他投资者以及合作项目的经营合作人取得股权转让收入、违约金、补偿金、赔偿金及以其他名目收回的款项等，均属于个人所得税应税收入，应按照财产转让所得项目适用的规定计算缴纳个人所得税。应纳税所得额的计算公式如下：

应纳税所得额 = 个人取得的股权转让收入、违约金、补偿金、赔偿金及以其他名目收回款项合计数 − 原实际出资额（投入额）及相关税费

财产转让所得适用20%的比例税率。应纳税额的计算公式为：

应纳税额=应纳税所得额×税率

转让限售股取得的所得属于财产转让所得，以每次限售股转让收入，减除股票原值和合理税费后的余额，为应纳税所得额。

对个人减持限售股，采取证券机构预扣预缴、纳税人自行申报清算的方式征收。

证券公司预扣预缴时：

应纳税所得额=股改限售股复牌日收盘价×减持股数-股改限售股复牌日收盘价×减持股数×15%

个人申报纳税时：

应纳税所得额=限售股转让收入-（限售股原值+合理税费）

【例13-6】李某持有某公司10万股限售股，原始取得成本为10万元。该公司股权分置改革后复牌上市，当日收盘价为12元。半年后，限售股全部解禁，李某将已经解禁的限售股全部减持，取得转让收入合计100万元，并支付印花税、过户费、佣金等税费2 000元。

要求：计算其应纳和应退的个人所得税。

解：（1）证券公司预扣预缴：

应纳税所得额=12×100 000-12×100 000×15%=1 020 000（元）

应纳税额=102×20%=20.4（万元）

（2）自行申报清算：

应纳税所得额=100-（10+0.2）=89.8（万元）

应纳税额=89.8×20%=17.96（万元）

应退还的税款=20.4-17.96=2.44（万元）

（七）利息、股息、红利所得和偶然所得

利息、股息、红利所得和偶然所得以个人每次取得的收入额为应纳税所得额，适用20%的比例税率，计算缴纳个人所得税。应纳税额的计算公式为：

应纳税额=应纳税所得额（每次收入额）×适用税率（20%）

每次收入是以支付单位或个人每次支付利息、股息、红利时，个人所取得的收入为一次。

股份制企业在分配股息、红利时，以股票形式向股东个人支付应得的股息、红利（即派发红股），应以派发红股的股票票面金额为一次收入额，按利息、股息、红利项目计征个人所得税。

个人取得单张有奖发票奖金所得不超过800元（含800元）的，暂免征收个人所得税；个人取得单张有奖发票奖金所得超过800元的，应全额按照偶然所得项目征收个人所得税。

对个人投资者、证券投资基金从上市公司（在上海、深圳证券交易所挂牌交易）取得的股息、红利所得，减按50%计入应纳税所得额。

（八）境外所得税收抵免

税额抵免是国家间消除重复征税、减轻纳税人税收负担的重要途径。

居民个人从中国境外取得的所得，可以从其应纳税额中抵免已在境外缴纳的个人所得税税额，但抵免额不得超过该纳税人境外所得依照我国税法规定计算的应纳税额。

下列所得，为来源于中国境外的所得：

（1）因任职、受雇、履约等在中国境外提供劳务取得的所得。

（2）中国境外企业以及其他组织支付且负担的稿酬所得。

（3）许可各种特许权在中国境外使用而取得的所得。

（4）在中国境外从事生产、经营活动而取得的与生产、经营活动相关的所得。

（5）从中国境外企业、其他组织以及非居民个人取得的利息、股息、红利所得。

（6）将财产出租给承租人在中国境外使用而取得的所得。

（7）转让中国境外的不动产，转让对中国境外企业以及其他组织投资形成的股票、股权以及其他权益性资产或者在中国境外转让其他财产取得的所得。但转让对中国境外企业以及其他组织投资形成的权益性资产，该权益性资产被转让前3年（连续36个公历月份）内的任一时间，被投资企业或其他组织的资产公允价值50%以上直接或间接来自位于中国境内的不动产的，取得的所得为来源于中国境内的所得。

（8）中国境外企业、其他组织以及非居民个人支付且负担的偶然所得。

（9）财政部、国家税务总局另有规定的，按照相关规定执行。

居民个人应当依照《个人所得税法》及其实施条例的规定，按照以下方法计算当期境内和境外所得应纳税额：

居民个人来源于中国境外的综合所得，应当与境内综合所得合并计算应纳税额。

居民个人来源于中国境外的经营所得，应当与境内经营所得合并计算应纳税额。居民个人来源于境外的经营所得，按照《个人所得税法》及其实施条例的有关规定计算的亏损，不得抵减其境内或他国（地区）的应纳税所得额，但可以用来源于同一国家（地区）以后年度的经营所得按中国税法规定弥补。

居民个人来源于中国境外的利息、股息、红利所得，财产租赁所得，财产转让所得和偶然所得（以下称其他分类所得），不与境内所得合并，应当分别单独计算应纳税额。

居民个人在一个纳税年度内来源于中国境外的所得，依照所得来源国家（地区）税收法律规定在中国境外已缴纳的所得税税额，允许在抵免限额内从其该纳税年度应纳税额中抵免。

居民个人来源于一国（地区）的综合所得、经营所得以及其他分类所得的应纳税额为其抵免限额，按照下列公式计算：

来源于一国（地区）综合所得的抵免限额＝中国境内和境外综合所得依照规定计算的综合所得应纳税额×来源于该国（地区）的综合所得收入额÷中国境内和境外综合所得收入额合计

来源于一国（地区）经营所得的抵免限额＝中国境内和境外经营所得依照规定计算的经营所得应纳税额×来源于该国（地区）的经营所得应纳税所得额÷中国境内和境外经营所得应纳税所得额合计

来源于一国（地区）其他分类所得的抵免限额=该国（地区）的其他分类所得依照规定计算的应纳税额

来源于一国(地区)所得的抵免限额＝来源于该国（地区）综合所得抵免限额＋来源于该国(地区)经营所得抵免限额＋来源于该国(地区)其他分类所得抵免限额

可抵免的境外所得税税额，是指居民个人取得境外所得，依照该所得来源国（地区）税收法律应当缴纳且实际已经缴纳的所得税性质的税额。可抵免的境外所得税税额不包括以下情形：

（1）按照境外所得税法律属于错缴或错征的境外所得税税额；

（2）按照我国政府签订的避免双重征税协定以及内地与香港、澳门签订的避免双重征税安排规定不应征收的境外所得税税额；

（3）因少缴或迟缴境外所得税而追加的利息、滞纳金或罚款；

（4）境外所得税纳税人或者其利害关系人从境外征税主体得到实际返还或补偿的境外所得税税款；

（5）按照《个人所得税法》及其实施条例的规定，已经免税的境外所得负担的境外所得税税款。

居民个人从与我国签订税收协定的国家（地区）取得的所得，按照该国（地区）税收法律享受免税或减税待遇，且该免税或减税的数额按照税收协定饶让条款规定应视同已缴税额在中国的应纳税额中抵免的，该免税或减税数额可作为居民个人实际缴纳的境外所得税税额，按规定申报税收抵免。

居民个人一个纳税年度内来源于一国（地区）的所得实际已经缴纳的所得税税额，低于依照规定计算出的来源于该国（地区）该纳税年度所得的抵免限额的，应以实际缴纳的税额作为抵免额进行抵免；超过来源于该国（地区）该纳税年度所得的抵免限额的，应在限额内进行抵免，超过部分可以在以后5个纳税年度内结转抵免。

居民个人从中国境外取得所得的，应当在取得所得的次年3月1日至6月30日申报纳税。

居民个人取得境外所得，应当向中国境内任职、受雇单位所在地主管税务机关办理纳税申报；在中国境内没有任职、受雇单位的，向户籍所在地或中国境内经常居住地主管税务机关办理纳税申报；户籍所在地与中国境内经常居住地不一致的，选择其中一地主管税务机关办理纳税申报；在中国境内没有户籍的，向中国境内经常居住地主管税务机关办理纳税申报。

居民个人取得境外所得的境外纳税年度与公历年度不一致的，取得境外所得的境外纳税年度最后一日所在的公历年度，为境外所得对应的我国纳税年度。

居民个人申报境外所得税抵免时，除另有规定外，应当提供境外征税主体出具的税款所属年度的完税证明、税收缴款书或者纳税记录等纳税凭证；未提供符合要求的纳税凭证的，不予抵免。

居民个人已申报境外所得、未进行税收抵免，在以后纳税年度取得纳税凭证并申报境外所得税抵免的，可以追溯至该境外所得所属纳税年度进行抵免，但追溯年度不得超过5年。自取得该项境外所得的5个年度内，境外征税主体出具的税款所属纳税年度纳税凭证载明的实际缴纳税额发生变化的，按实际缴纳税额重新计算并办理补退税，不加收税收滞纳金，不退还利息。

纳税人确实无法提供纳税凭证的，可同时凭境外所得纳税申报表（或者境外征税主体确认的缴税通知书）以及对应的银行缴款凭证办理境外所得抵免事宜。

居民个人被境内企业、单位、其他组织（以下称派出单位）派往境外工作，取得的工资、薪金所得或者劳务报酬所得由派出单位或者其他境内单位支付或负担的，派出单位或者其他境内单位应按照《个人所得税法》及其实施条例的规定预扣预缴税款。

居民个人被派出单位派往境外工作，取得的工资、薪金所得或者劳务报酬所得由境外单位支付或负担的，如果境外单位为境外任职、受雇的中方机构（简称中方机构），可以由境外任职、受雇的中方机构预扣税款，并委托派出单位向主管税务机关申报纳税。中方机构未预扣税款的或者境外单位不是中方机构的，派出单位应当于次年2月28日前向其主管税务机关报送外派人员情况。

【例13-7】中国公民刘某20×3年从国内取得工资、薪金收入100 000元，他也从A、B两国取得应税收入。其中，在A国某公司任职，取得工资、薪金收入80 000元，提供一项专利技术使用权，一次性取得特许权使用费收入30 000元，该两项收入在A国缴纳个人所得税4 000元；在B国出版著作，获得稿酬收入（版税）40 000元，利息收入20 000元，在B国缴纳该两项收入的个人所得税6 000元。

假设：（1）专项扣除“五险一金”费率为20%，境外工资、薪金不缴纳“五险一金”；（2）专项附加扣除为子女教育20 000元、住房贷款利息12 000元、赡养老人36 000元，共计68 000元；（3）无依法确定的其他扣除。

要求：计算刘某应纳税总额和来源于A、B两国的抵免限额。

解：（1）中国境内、境外综合所得应纳税总额 =［100 000+80 000+30 000×（1-20%）+40 000×（1-20%）×70%-60 000-100 000×20%-68 000］×10%-2 520

=5 320（元）

（2）来源于A国综合所得的抵免限额=7 320×110 000÷250 000=2 340.8（元）

刘某从A国取得应税所得在A国缴纳的个人所得税税额的抵免限额为2 340.8元。其在A国实际缴纳个人所得税4 000元高于抵免限额1 659.2元，不能在本年度扣除，但可在以后5个纳税年度的该国抵免限额的余额中补减。

（3）来源于B国综合所得的抵免限额=5 320×40 000÷250 000=851.2（元）

（4）B国其他所得抵免限额=20 000×20%=4 000（元）

刘某从B国取得应税所得在B国缴纳的个人所得税税额的抵免限额为851.2元。其在B国实际缴纳个人所得税5 000元，高于抵免限额4 148.8元，不能在本年度扣除，但可在以后5个纳税年度的该国抵免限额的余额中补减。

（九）个人所得税的特殊计税方法

1.居民个人取得全年一次性奖金

至2027年12月31日，居民个人取得全年一次性奖金，符合《国家税务总局关于调整个人取得全年一次性奖金等计算征收个人所得税方法问题的通知》（国税发〔2005〕9号）规定的，不并入当年综合所得，以全年一次性奖金收入除以12个月得到的数额，按照《关于延续实施全年一次性奖金个人所得税政策的公告》（财政部 税务总局公告2023年第30号）所附按月换算后的综合所得税率表，确定适用税率和速算扣除数，单独计算纳税。计算公式为：

应纳税额=全年一次性奖金收入×适用税率-速算扣除数

居民个人取得全年一次性奖金，也可以选择并入当年综合所得计算纳税。

【例13-8】A公司20×2年12月25日发放职工全年一次性奖金，员工王某获得一次性奖金30 000元，当月工资6 000元。王某选择不将年终奖并入当年综合所得。

要求：计算王某应纳的个人所得税。

解：30 000÷12=2 500（元）

查月度税率表对应的税率是3%，速算扣除数是0。

全年一次性奖金应纳税额=30 000×3%-0=900（元）

假定王某当月收入4 500元，则按年终奖政策，（30 000-500）÷12=2 458.33（元），适用3%的税率，应缴个人所得税（30 000-500）×3%=885（元）。

2.保险营销员、证券经纪人佣金收入

保险营销员、证券经纪人取得的佣金收入，属于劳务报酬所得，以不含增值税的收入减除20%的费用后的余额为收入额，收入额减去展业成本以及附加税费后，并入当年综合所得，计算缴纳个人所得税。保险营销员、证券经纪人展业成本按照收入额的25%计算。

扣缴义务人向保险营销员、证券经纪人支付佣金收入时，应按照规定的累计预扣法计算预扣税款。

3.个人领取企业年金、职业年金

个人达到国家规定的退休年龄，领取的企业年金、职业年金符合政策规定的，不并入综合所得，全额单独计算应纳税款。其中按月领取的，适用月度税率表计算纳税；按季领取的，平均分摊计入各月，按每月领取额适用月度税率表计算纳税；按年领取的，适用综合所得税率表计算纳税。

个人因出境定居而一次性领取的年金个人账户资金，或个人死亡后，其指定的受益人或法定继承人一次性领取的年金个人账户余额，适用综合所得税率表计算纳税。对个人除上述特殊原因外一次性领取年金个人账户资金或余额的，适用月度税率表计算纳税。

4.解除劳动关系、提前退休、内部退养的一次性补偿收入

（1）个人与用人单位解除劳动关系取得一次性补偿收入（包括用人单位发放的经济补偿金、生活补助费和其他补助费），在当地上年职工平均工资3倍数额以内的部分，免征个人所得税；超过3倍数额的部分，不并入当年综合所得，单独适用综合所得税率表计算纳税。

需要明确以下几点：①可以税前限额扣除的一次性补偿收入应当符合法律的规定。对超出法律规定补偿的部分，无论是否超出当地上年职工平均工资3倍数额，均不得免征个人所得税。②对全部符合法律规定的一次性补偿金额，以当地上年职工平均工资3倍为限，免征个人所得税。按照《中华人民共和国劳动合同法》的规定，当地上年职工平均工资为直辖市或设区的市政府公布的本地区上年度职工月平均工资，即市级上年社平工资。③超出法律规定补偿的部分以及合法补偿金额超过当地上年职工平均工资3倍的部分，不并入当年综合所得，单独适用综合所得税率表计算纳税。

（2）个人办理提前退休手续而取得的一次性补贴收入，应按照办理提前退休手续至法定退休年龄之间实际年度数平均分摊，确定适用税率和速算扣除数，单独适用综合所得税率表计算纳税。计算公式为：

$$\text{应纳税额}=\left[\left(\begin{matrix}\text{一次性}\\\text{补贴收入}\end{matrix}\div\begin{matrix}\text{办理提前退休}\\\text{手续至法定退休}\\\text{年龄的实际年度数}\end{matrix}-\begin{matrix}\text{费用扣除}\\\text{标准}\end{matrix}\right)\times\begin{matrix}\text{适用}\\\text{税率}\end{matrix}-\begin{matrix}\text{速算}\\\text{扣除数}\end{matrix}\right]\times\begin{matrix}\text{办理提前退休}\\\text{手续至法定退休}\\\text{年龄的实际年度数}\end{matrix}$$

（3）个人办理内部退养手续而取得的一次性补贴收入，按照《国家税务总局关于个人所得税有关政策问题的通知》（国税发〔1999〕58号）的规定计算纳税。

【例13-9】A公司高管李某已任职14年，20×3年11月依法与该公司解除劳动关系，获得A公司一次性补偿金28万元。李某离职前12个月的平均工资为20 000元，当地上年度职工年平均工资为50 000元。

要求：计算李某应纳的个人所得税。

解：李某与A公司解除劳动关系的经济补偿金标准为当地上年职工平均工资3倍。

50 000×3÷12=12 500（元）

20 000元>12 500元，应按12 500元计算补偿金标准，李某工作超过12年。

可税前扣除经济补偿金=12 500×12=150 000（元）

应纳税所得额=280 000-150 000=130 000（元）

应纳个人所得税=130 000×10%-2 520=10 480（元）

5.单位低价向职工售房

单位按低于购置或建造成本的价格出售住房给职工，职工因此而少支出的差价部分，不并入当年综合所得，以差价收入除以12个月得到的数额，按照月度税率表确定适用税率和速算扣除数，单独计算纳税。计算公式为：

应纳税额=职工实际支付购房价款低于该房屋购置或建造成本的价格的差额×适用税率-速算扣除数

6.雇用和派遣单位分别支付工资、薪金

在外商投资企业、外国企业和外国驻华机构工作的中方人员取得的工资、薪金收入，凡是由雇用单位和派遣单位分别支付的，支付单位应依照税法规定代扣代缴个人所得税。为简化征管，代扣代缴时只由雇用单位在支付工资、薪金时按税法规定减除费用，计算扣缴个人所得税；派遣单位支付的工资、薪金不再减除费用，以支付金额直接确定适用税率，计算扣缴个人所得税。纳税义务人应持两处支付单位提供的原始明细工资、薪金单（书）和完税凭证原件，选择并固定到一地税务机关申报每月工资、薪金收入，汇算清缴其工资、薪金收入的个人所得税，多退少补。

对于可以提供有效合同或有关凭证，能够证明其工资、薪金所得的一部分按有关规定上交给派遣（介绍）单位的，可以扣除其实际上交的部分，按其余额计征个人所得税。

7.特定行业职工取得的工资、薪金所得

为照顾采掘业、远洋运输业、远洋捕捞业因受季节、产量等因素的影响，职工的工资、薪金收入呈现较大幅度波动的实际情况，对其职工按月预缴税款，年度终了后30日内，合计全年工资、薪金所得减除费用6万元以及专项扣除、专项附加扣除和依法确定的其他扣除后的余额为应纳税所得额。对于船员伙食费不发给个人，而是用于集体用餐的，可允许该项补贴不计入船员个人的应纳税工资、薪金收入。计算公式为：

年终应补（退）税额=应纳税额-全年已代扣代缴税额

自2019年1月1日起至2023年12月31日止，一个纳税年度内在船航行时间累计满183天的远洋船员（指在海事管理部门依法登记注册的国际航行船舶船员和在渔业管理部门依法登记注册的远洋渔业船舶船员），其取得的工资、薪金收入减按50%计入应纳税所得额，依法缴纳个人所得税。

在船航行时间是指远洋船员在国际航行或作业船舶和远洋渔业船舶上的工作天数。一个纳税年度内的在船航行时间为一个纳税年度内在船航行时间的累计天数。

远洋船员可选择在当年预扣预缴税款或者次年个人所得税汇算清缴时享受上述优惠政策。

8.个人取得公务交通、通信补贴收入

个人因公务用车和通信制度改革而取得的公务用车、通信补贴收入，扣除一定标准的公务费用后，按照工资、薪金所得计征个人所得税。按月发放的，并入当月工资、薪金所得计征个人所得税；不按月发放的，分解到所属月份并与该月份工资、薪金所得合并征税。因公务用车制度改革而以现金、报销等形式向个人支付的收入，视为个人取得公务用车补贴收入。

公务费用扣除标准由当地政府制定，如当地政府未制定公务费用扣除标准，通信补贴按其补贴全额的20%作为个人收入扣缴个人所得税，交通补贴按其补贴全额的30%作为个人收入扣缴个人所得税。

9.两人以上共同取得同一项目收入

两人或两人以上共同取得同一项目收入的，应当对每个人取得的收入分别按照税法规定减除费用后计算纳税，即实行“先分收入、后扣费用、再计算纳税”的办法。

第三节　个人所得税的申报与缴纳

个人所得税的征收管理依照《个人所得税法》和《税收征收管理法》的规定执行。

一、征收方式

我国个人所得税采取由支付单位源泉扣缴和纳税人自行申报纳税两种征收方法。

（一）支付单位源泉扣缴方法

个人所得税以所得个人为纳税人，以支付所得的单位或者个人为扣缴义务人。扣缴义务人向个人支付应税款项（包括现金支付、汇拨支付、转账支付和以有价证券、实物以及其他形式支付的折算金额）时，应当依照税法规定代扣代缴税款。

纳税人有中国公民身份号码的，以中国公民身份号码为纳税人识别号；纳税人没有中国公民身份号码的，由税务机关赋予其纳税人识别号。扣缴义务人扣缴税款时，纳税人应当向扣缴义务人提供纳税人识别号。

居民个人取得工资、薪金所得时，可以向扣缴义务人提供专项附加扣除有关信息，由扣缴义务人在扣缴税款时减除专项附加扣除。纳税人同时从两处以上取得工资、薪金所得，并由扣缴义务人减除专项附加扣除的，对同一专项附加扣除项目，在一个纳税年度内只能选择从一处取得的所得中减除。

居民个人取得劳务报酬所得、稿酬所得、特许权使用费所得，应当在汇算清缴时向税务机关提供有关信息，减除专项附加扣除。

纳税人、扣缴义务人应当按照规定保存与专项附加扣除相关的资料。税务机关可以对纳税人提供的专项附加扣除信息进行抽查，具体办法由国务院税务主管部门另行规定。税务机关发现纳税人提供虚假信息的，应当责令改正并通知扣缴义务人；情节严重的，有关部门应当依法予以处理，纳入信用信息系统并实施联合惩戒。

扣缴义务人应当按照国家规定办理全员全额扣缴申报，在代扣税款的次月15日内，向主管税务机关报送其支付所得的所有个人的有关信息、支付所得数额、扣除事项和数额、扣缴税款的具体数额和总额以及其他相关涉税信息资料，并向纳税人提供其个人所得和已扣缴税款等信息。

对扣缴义务人按照所扣缴的税款付给2%的手续费。

（二）自行申报纳税方法

有下列情形之一的，纳税人应当依法办理纳税申报：

（1）取得综合所得需要办理汇算清缴；

（2）取得应税所得没有扣缴义务人；

（3）取得应税所得，扣缴义务人未扣缴税款；

（4）取得境外所得；

（5）因移居境外注销中国户籍；

（6）非居民个人在中国境内从两处以上取得工资、薪金所得；

（7）国务院规定的其他情形。

二、纳税期限

居民个人取得综合所得，按年计算个人所得税；有扣缴义务人的，由扣缴义务人按月或者按次预扣预缴税款；需要办理汇算清缴的，应当在取得所得的次年3月1日至6月30日办理汇算清缴。预扣预缴办法由国务院税务主管部门制定。

非居民个人取得工资、薪金所得，劳务报酬所得，稿酬所得和特许权使用费所得，有扣缴义务人的，由扣缴义务人按月或者按次代扣代缴税款，不办理汇算清缴。

纳税人取得经营所得，按年计算个人所得税，由纳税人在月度或者季度终了后15日内向税务机关报送纳税申报表，并预缴税款；在取得所得的次年3月31日前办理汇算清缴。

纳税人取得利息、股息、红利所得，财产租赁所得，财产转让所得和偶然所得，按月或者按次计算个人所得税；有扣缴义务人的，由扣缴义务人按月或者按次代扣代缴税款。

纳税人取得应税所得没有扣缴义务人的，应当在取得所得的次月15日内向税务机关报送纳税申报表，并缴纳税款。

纳税人取得应税所得，扣缴义务人未扣缴税款的，纳税人应当在取得所得的次年6月30日前，缴纳税款；税务机关通知限期缴纳的，纳税人应当按照期限缴纳税款。

居民个人从中国境外取得所得的，应当在取得所得的次年3月1日至6月30日申报纳税。

非居民个人在中国境内从两处以上取得工资、薪金所得的，应当在取得所得的次月15日内申报纳税。

纳税人因移居境外注销中国户籍的，应当在注销中国户籍前办理税款清算。

扣缴义务人每月或者每次预扣、代扣的税款，应当在次月15日内缴入国库，并向税务机关报送扣缴个人所得税申报表。

纳税人办理汇算清缴退税或者扣缴义务人为纳税人办理汇算清缴退税的，税务机关审核后，按照国库管理的有关规定办理退税。

三、退税

纳税人申请退税时提供的汇算清缴信息有错误的，税务机关应当告知其更正；纳税人更正的，税务机关应当及时办理退税。

扣缴义务人未将扣缴的税款解缴入库的，不影响纳税人按照规定申请退税，税务机关应当凭纳税人提供的有关资料办理退税。

纳税人申请退税，应当提供其在中国境内开设的银行账户，并在汇算清缴地就地办理税款退库。

思政小园地

党的二十大报告指出，共同富裕是中国特色社会主义的本质要求，也是一个长期的历史过程。我们坚持把实现人民对美好生活的向往作为现代化建设的出发点和落脚点，着力维护和促进社会公平正义，着力促进全体人民共同富裕，坚决防止两极分化。税务部门按照党中央、国务院决策部署，发挥税收职能作用减轻中低收入群体税负，合理调节过高收入，促进实现共同富裕。其中，个人所得税改革发挥了重要作用。随着综合与分类相结合的个人所得税制建立，个人所得税“调高惠低”的作用更为明显，不同收入项目、群体间的税负水平得以平衡，调节收入分配作用显著增强。

习　　题

一、即测即评

第十三章单选题　　第十三章多选题　　第十三章判断题

二、实务题

1. 某外商投资企业员工王某20×3年1月取得工资、薪金收入18 000元，无免税收入，缴纳“三险一金”等共计2 000元，可以办理的专项附加扣除为3 000元，无其他扣除；2月取得工资、薪金收入16 000元，无免税收入，缴纳“三险一金”等共计2 000元，可以办理的专项附加扣除为3 000元，无其他扣除；3月取得工资、薪金收入16 000元，无免税收入，发放季度奖金30 000元，缴纳“三险一金”等共计2 000元，可以办理的专项附加扣除为3 000元，无其他扣除。

要求：计算王某应纳的个人所得税。

2. 中国居民王某20×3年发生以下经济业务：

（1）承包经营某小区餐厅，协议规定租金12万元/年，全年实现收入110万元，购买原材料支出30万元，水电气共支出5万元，餐厅装修支出10万元，支付外聘员工工资20万元，赞助小区物业春节游园活动1万元。王某为孩子报兴趣班支出2万元。

（2）经小区业主同意，王某将餐厅1/4的房屋转租给李某，用作李某售卖彩票的窗口，每月收取李某租金4 000元。

（3）王某为小区居民提供设计服务，取得一次性收入30 000元。

（4）王某买彩票一次中奖2 000元。

要求：（1）王某承包餐厅取得的收入应按什么项目计算缴纳个人所得税？

（2）计算王某承包餐厅当年应纳的个人所得税。

（3）计算王某将餐厅部分转租每月应纳的个人所得税。

（4）计算王某提供设计服务应纳的个人所得税。

（5）计算王某购买彩票中奖应纳的个人所得税。

3. 中国公民刘某受聘于A国从事某项工作，20×3年1—12月在A国取得工资、薪金收入160 000元（人民币，下同）；同年又在B国取得利息收入1 000元。该纳税人已分别按A国和B国税法的规定缴纳个人所得税6 150元和250元。

要求：计算刘某应纳的个人所得税。

4.武汉市某高校教授李某，其本人为独生子女，20×3年交完社保和住房公积金后共取得工资收入250 000元、劳务报酬70 000元、稿酬30 000元。李某的父母都健在，年龄均已过60岁；其有一个小学五年级的小孩，子女教育专项附加扣除由其承担。

要求：计算李某当年应纳的个人所得税。

第十四章

税收征收管理和税务行政法制

【学习目标】

一、知识体系

1. 税务管理制度。

2. 税款征收制度。

3. 税务检查制度。

4. 税收法律责任。

5. 纳税信用管理。

6. 税务行政法制。

二、价值塑造

1. 以马克思主义哲学为指导，理论与实践相结合，提高税收征收管理理论素养。

2. 以习近平新时代中国特色社会主义思想为指导，准确把握新时代税收征收管理的职能定位，培育经世济民、诚信服务、德法兼修的税务职业素养。

三、能力培养

1. 熟悉税收征收管理制度。

2. 掌握税收法律责任。

3. 了解纳税信用管理。

4. 熟悉税务行政法制。

第一节 税收征收管理

税收征收管理法是有关税收征收管理法律规范的总称，包括税收征收管理法及税收征收管理的有关法律、法规和规章。

我国税收征收管理的法律依据为2015年4月24日经第十二届全国人民代表大会常务

委员会第十四次会议第三次修正的《中华人民共和国税收征收管理法》（以下简称《税收征收管理法》）及2016年2月6日经国务院《关于修改部分行政法规的决定》第三次修订的《中华人民共和国税收征收管理法实施细则》（以下简称《实施细则》）。《税收征收管理法》分总则、税务管理、税款征收、税务检查、法律责任和附则共6章94条。

《税收征收管理法》只适用于由税务机关征收的各种税收的征收管理，海关征收的关税及代征的增值税、消费税适用其他法律、法规的规定。此外，目前还有一部分政府收费由税务机关征收，如教育费附加。这些收费不适用《税收征收管理法》及《实施细则》，不能从其规定。

一、税务登记

税务登记是税务机关根据税法的规定对纳税人的生产、经营活动进行登记并据此对纳税人实施税务管理的一项法定制度。它是整个税收征收管理的首要环节和基础工作，也是纳税人必须依法履行的义务。

（一）税务登记的基本规定

企业，企业在外地设立的分支机构和从事生产、经营的场所，个体工商户和从事生产、经营的事业单位，均应办理税务登记。此外，除国家机关、个人和无固定生产、经营场所的流动性农村小商贩外的其他纳税人，也应办理税务登记。根据税收法律、行政法规的规定负有扣缴税款义务的扣缴义务人（国家机关除外），均应当按照规定办理扣缴税款登记。

税务登记证件包括税务登记证及其副本、临时税务登记证及其副本，扣缴税款登记证件包括扣缴税款登记证及其副本。

在当前深化简政放权、放管结合、优化服务改革进程中，税务部门实施了税务登记证和营业执照、组织机构代码证、社会保险登记证、统计登记证等“多证合一”改革工作。

县以上（含本级，下同）税务局（分局）是税务登记的主管税务机关，负责税务登记的设立登记、变更登记、注销登记和税务登记证验证、换证以及非正常户处理、报验登记等有关事项。

税务局（分局）按照国务院规定的税收征收管理范围，实施属地管理。有条件的城市可以按照“各区分散受理、全市集中处理”的原则办理税务登记。

纳税人办理下列事项时，必须提供税务登记证：①开立银行账户；②领购发票。

（1）企业，企业在外地设立的分支机构和从事生产、经营的场所，个体工商户和从事生产、经营的事业单位（以下统称从事生产、经营的纳税人）自领取营业执照之日起30日内，持有关证件，向生产、经营所在地税务机关申报办理税务登记。

（2）从事生产、经营的纳税人，税务登记内容发生变化的，自市场监督管理机关办理变更登记之日起30日内或者在向市场监督管理机关申请办理注销登记之前，持有关证件向税务机关申报办理变更或者注销税务登记。

（3）纳税人发生解散、破产、撤销以及其他情形，依法终止纳税义务的，应当在向市场监督管理机关或者其他机关办理注销登记前，持有关证件向原税务登记机关申报办理注销税务登记；按照规定不需要在市场监督管理机关或者其他机关办理注册登记的，应当自有关机关批准或者宣告终止之日起15日内，持有关证件向原税务登记机关申报办理注销税务登记。

（4）纳税人因住所、经营地点变动，涉及改变税务登记机关的，应当在向市场监督管理机关或者其他机关申请办理变更或者注销登记前或者住所、经营地点变动前，向原税务登记机关申报办理注销税务登记，并在30日内向迁达地税务机关申报办理税务登记。

（5）纳税人被市场监督管理机关吊销营业执照或者被其他机关予以撤销登记的，应当自营业执照被吊销或者被撤销登记之日起15日内，向原税务登记机关申报办理注销税务登记。纳税人在办理注销税务登记前，应当向税务机关结清应纳税款、滞纳金、罚款，缴销发票、税务登记证件和其他税务证件。

（二）账簿、凭证和发票管理

账簿、凭证是记录和反映纳税人经营活动的基本材料之一，也是税务机关对纳税人、扣缴义务人计征税款以及确认其是否正确履行纳税义务的重要依据。

（1）从事生产、经营的纳税人应当自领取营业执照或者发生纳税义务之日起15日内，按照国家有关规定设置账簿。

扣缴义务人应当自税收法律、行政法规规定的扣缴义务发生之日起10日内，按照所代扣、代收的税种，分别设置代扣代缴、代收代缴税款账簿。

（2）从事生产、经营的纳税人应当自领取税务登记证件之日起15日内，将其财务会计制度或者财务会计处理办法报送主管税务机关备案。

从事生产、经营的纳税人财会制度、处理办法与税法规定相抵触的，应按税法规定计缴税款。

（3）从事生产、经营的纳税人必须按照国务院财政、税务主管部门规定的保管期限保管账簿、记账凭证、完税凭证及其他有关资料。除法律、行政法规另有规定外，账簿、记账凭证、报表、完税凭证、发票、出口凭证以及其他有关涉税资料应当保存10年。纳税人不得伪造、变造或擅自销毁账簿、记账凭证、完税凭证及其他有关资料。

（三）发票管理

发票是指在购销商品、提供或者接受服务以及从事其他经营活动中，开具、收取的收付款凭证。

国务院税务主管部门统一负责全国的发票管理工作。税务机关是发票的主管机关，负责发票的印制、领购、开具、使用、取得、保管、缴销等多方面管理。

发票根据作用、内容及使用范围不同，可以分为增值税专用发票（含电子专票）、增值税普通发票（含电子普票）、机动车销售统一发票、二手车销售统一发票等。

（1）增值税专用发票。增值税专用发票（也称专用发票）是发货票中的一种，是供增值税一般纳税人（以下简称一般纳税人）生产经营增值税应税项目使用的一种特殊发票，既是一般的商事凭证又是计算抵扣税款的法定凭证。

纸质增值税专用发票由基本联次或者基本联次附加其他联次构成，分为三联版和六联版两种。基本联次为三联：第一联为记账联，是销售方记账凭证；第二联为抵扣联，是购买方扣税凭证；第三联为发票联，是购买方记账凭证。其他联次用途由纳税人自行确定。纳税人办理产权过户手续需要使用发票的，可以使用增值税专用发票第六联。

电子增值税专用发票（即电子专票）由各省税务局监制，采用电子签名代替发票专用章，属于增值税专用发票，其法律效力、基本用途、基本使用规定等与增值税纸质专用发票相同。

税务机关按照电子专票和纸质专票的合计数，为纳税人核定增值税专用发票领用数量。电子专票和纸质专票的增值税专用发票（增值税税控系统）最高开票限额应当相同。

纳税人开具增值税专用发票时，既可以开具电子专票，也可以开具纸质专票。受票方索取纸质专票的，开票方应当开具纸质专票。

（2）增值税普通发票。纸质增值税普通发票分为折叠票、卷票。

增值税普通发票（折叠票）由基本联次或者基本联次附加其他联次构成，分为两联版和五联版两种。基本联次为两联：第一联为记账联，是销售方记账凭证；第二联为发票联，是购买方记账凭证。其他联次用途由纳税人自行确定。纳税人办理产权过户手续需要使用发票的，可以使用增值税普通发票第三联。

增值税普通发票（卷票）分为两种规格，单位和个人可通过增值税发票开票软件开具印有本单位名称的增值税普通发票（卷票）。电子发票有两类票面样式：增值税电子普通发票、收费公路通行费增值税电子普通发票。

（3）机动车销售统一发票。从事机动车零售业务的单位和个人，在销售机动车（不包括销售旧机动车）收取款项时，开具机动车销售统一发票。

（4）二手车销售统一发票。自2018年4月1日起，二手车交易市场、二手车经销企业、经纪机构和拍卖企业应当通过增值税发票开票软件开具二手车销售统一发票。

增值税纳税人使用增值税发票开票软件开具增值税专用发票、增值税普通发票、机动车销售统一发票、二手车销售统一发票。

自2020年2月1日起，所有增值税小规模纳税人（其他个人除外）发生增值税应税行为，需要开具增值税专用发票的，可自愿使用增值税发票开票软件自行开具。选择自行开具增值税专用发票的小规模纳税人，税务机关不再为其代开增值税专用发票。

销售商品、提供服务以及从事其他经营活动的单位和个人，对外发生经营业务收取款项，收款方应当向付款方开具发票；特殊情况下，由付款方向收款方开具发票。填开发票的单位和个人必须在发生经营业务确认营业收入时开具发票，未发生经营业务一律不准开具发票。

开具发票时，应当按照规定的时限、顺序、栏目，全部联次一次性如实开具，并加盖发票专用章。不符合规定的发票不得作为财务报销凭证，任何单位和个人均有权拒收。

除国务院税务主管部门规定的特殊情形外，发票限于领购单位和个人在本省、自治区、直辖市内开具。任何单位和个人不得跨规定的使用区域携带、邮寄、运输空白发票。

对违反发票管理法规的行政处罚，由县以上税务机关决定；罚款额在2 000元以下的，可由税务所决定。

（四）纳税申报管理

纳税申报是纳税人按照税法规定的期限和内容向税务机关提交有关纳税事项书面报告的法律行为，既是纳税人履行纳税义务、税务机关界定纳税人法律责任的主要依据，也是税务机关税收管理信息的主要来源和税务管理的重要制度。

负有纳税义务、代扣代缴税款义务的单位和个人，无论本期有无应缴、应纳税款，都应按规定的期限如实向主管税务机关办理纳税申报。享受减免税的纳税人也应按期申报，并按照税务机关的规定，报送减免税金的统计报告。

按照税法的规定，经批准同意延期申报的纳税人，在税务机关批准其延期后，也应按照规定申报，具体内容包括延期税种、延期税额，还要递交有关批准延期申报的文号并提供有关财务会计资料。延期申报期限最长不得超过30日，但纳税人、扣缴义务人因不可抗力申请核准延期申报的，不可抗力情形的存续时间不得计算在30日的期限内。

此外，代扣代缴义务人必须在税法规定的期限内报送代扣代缴、代收代缴报告表及有关资料。

纳税人和扣缴义务人都必须按照法定的期限办理纳税申报。申报期限有两种：一种是法律、行政法规明确规定的；另一种是税务机关按照法律、行政法规的原则规定，结合纳税人生产经营的实际情况及所应缴纳的税种等相关问题予以确定的。两种期限具有同等的法律效力。报缴期限的最后一天，如遇公休日可以顺延一天。

如果因为不可抗力或财务会计处理上的特殊情况等，纳税人不能按期申报、扣缴义务人不能按期报送代扣代缴税款报告表的，经税务机关核准，可以延期申报，但最迟不得超过3个月，其税款应按上期或税务机关核定税额预缴。

纳税人、扣缴义务人可直接到税务机关办理纳税申报或者报送代扣代缴、代收代缴税款报告表，也可以按照规定采取邮寄、数据电文或者其他方式办理上述申报、报送事项。

二、税款征收

税款征收是税收征收管理工作的中心环节，是全部税收征管工作的目的和归宿，在整个税收征管工作中占据极其重要的地位。

（一）税款征收的原则

根据《税收征收管理法》的规定，除税务机关、税务人员以及经税务机关依照法律、行政法规委托的单位或个人外，任何单位和个人不得进行税款征收活动。代表国家行使征税权力的主体是税务机关。税务机关的一切税收及有关活动都必须由法律明确规定；没有法律明确规定的，人们不负有纳税义务，任何单位和个人都无权向人们收税。

税法规定，在纳税人支付各种款项和偿还债务时，税款处于优先地位。税款优先原则体现了国家政治权力优先于一部分经济权力，在一定程度上也体现了税收的强制性，增强了税法在执行中的可操作性，为保证国家税款的安全和完整提供了法律保障。税款优先原则包含三层含义：

（1）税款优先于无担保债权。税款优先于无担保债权是有条件的，也就是说，税款并不是优先于所有的无担保债权；

（2）纳税人发生欠税在前的，税款优先于抵押权、质权或被留置权；

（3）税款优先于罚款、没收非法所得。

（二）税款征收方式

税款征收方式是指税务机关依照各税种的不同特点、征纳双方的具体条件而确定的计算征收税款的方法和形式。税款征收方式主要有：

（1）查账征收，指税务机关根据纳税人提供的账表所反映的经营情况，依照适用税率计算缴纳税款的方式。这种方式一般适用于财务会计制度较为健全、能够认真履行纳税义务的纳税单位。

（2）查定征收，指税务机关根据纳税人的从业人员、生产设备、采用原材料等因素，对其生产的应税产品查实核定产量、销售额并据此征收税款的方式。这种方式一般适用于账册不健全但能够控制原材料或进销货的纳税单位。

（3）查验征收，指税务机关对纳税人应税商品，通过查验数量，按市场一般销售单价计算其销售收入并据以征税的方式。这种方式一般适用于经营品种比较单一，经营地点、时间和商品来源不固定的纳税单位。

（4）定期定额征收，指税务机关通过典型调查，逐户确定营业额和所得额并据以征税的方式。这种方式一般适用于无完整考核依据的小型纳税单位。

（5）委托代征，指税务机关委托代征人以税务机关的名义征收税款，并将税款缴入国库的方式。这种方式一般适用于小额、零星税源的征收。

（6）邮寄纳税，主要适用于那些有能力按期纳税，但采用其他方式纳税又不方便的纳税人。

（7）其他方式，如利用网络申报、用IC卡纳税等方式。

（三）税款征收制度

1.加收滞纳金

纳税人、扣缴义务人未按照法律、行政法规规定或者税务机关依照法律、行政法规的规定确定的期限缴纳或者解缴税款的，税务机关除责令限期缴纳外，从滞纳税款之日起，按日加收滞纳税款0.5‰的滞纳金。加收税款滞纳金的起止时间为法律、行政法规规定或者税务机关依照法律、行政法规的规定确定的税款缴纳期限届满次日起至纳税人、扣缴义务人实际缴纳或者解缴税款之日止。经税务机关批准延期缴纳税款的，在批准期限内不加收滞纳金。

2.核定应纳税额

纳税人有下列情形之一的，税务机关有权核定其应纳税额：

（1）依照法律、行政法规的规定可以不设置账簿的；

（2）依照法律、行政法规的规定应当设置账簿但未设置的；

（3）擅自销毁账簿或者拒不提供纳税资料的；

（4）虽设置账簿，但账目混乱或者成本资料、收入凭证、费用凭证残缺不全，难以查账的；

（5）发生纳税义务，未按照规定的期限办理纳税申报，经税务机关责令限期申报，逾期仍不申报的；

（6）纳税人申报的计税依据明显偏低，又无正当理由的。

税务机关核定应纳税额的具体程序和方法由国务院税务主管部门规定。

3.税收保全措施

税务机关有根据认为从事生产、经营的纳税人有逃避纳税义务行为的，可以在规定的纳税期之前，责令其限期缴纳应纳税款；在限期内发现纳税人有明显转移、隐匿其应纳税的商品、货物以及其他财产或者应纳税收入的迹象的，税务机关可以责成纳税人提供纳税担保。如果纳税人不能提供纳税担保，经县以上税务局（分局）局长批准，税务机关可以采取下列税收保全措施：

（1）书面通知纳税人开户银行或者其他金融机构冻结纳税人的金额相当于应纳税款的存款；

（2）扣押、查封纳税人的价值相当于应纳税款的商品、货物或者其他财产。

纳税人在规定的限期内缴纳税款的，税务机关必须立即解除税收保全措施；限期期满仍未缴纳税款的，经县以上税务局（分局）局长批准，税务机关可以书面通知纳税人开户银行或者其他金融机构从其冻结的存款中扣缴税款，或者依法拍卖或者变卖所扣押、查封的商品、货物或者其他财产，以拍卖或者变卖所得抵缴税款。

个人及其所扶养家属维持生活必需的住房和用品，不在税收保全措施的范围之内。

纳税人在限期内已缴纳税款，税务机关未立即解除税收保全措施，使纳税人的合法利益遭受损失的，税务机关应当承担赔偿责任。

4.税收强制执行措施

从事生产、经营的纳税人、扣缴义务人未按照规定的期限缴纳或者解缴税款，纳税担保人未按照规定的期限缴纳所担保的税款，由税务机关责令限期缴纳；逾期仍未缴纳的，经县以上税务局（分局）局长批准，税务机关可以采取下列强制执行措施：

（1）书面通知其开户银行或者其他金融机构从其存款中扣缴税款；

（2）扣押、查封、依法拍卖或者变卖其价值相当于应纳税款的商品、货物或者其他财产，以拍卖或者变卖所得抵缴税款。

税务机关采取强制执行措施时，对纳税人、扣缴义务人、纳税担保人未缴纳的滞纳金同时强制执行。

个人及其所扶养家属维持生活必需的住房和用品，不在强制执行措施的范围之内。

采取税收保全措施、强制执行措施的权力，不得由法定的税务机关以外的单位和个人行使。

税务机关采取税收保全措施和强制执行措施必须依照法定权限和法定程序，不得查封、扣押纳税人个人及其家属维持生活必需的住房和用品。

税务机关滥用职权违法采取税收保全措施、强制执行措施，或者采取税收保全措施、强制执行措施不当，使纳税人、扣缴义务人或者纳税担保人的合法权益遭受损失的，应当依法承担赔偿责任。

5.离境清税制度

欠缴税款的纳税人或者其法定代表人需要出境的，应当在出境前向税务机关结清应纳税款、滞纳金或者提供担保。未结清税款、滞纳金，又不提供担保的，税务机关可以通知出境管理机关阻止其出境。

6.税款的退还和追征

纳税人超过应纳税额缴纳的税款，税务机关发现后应当立即退还；纳税人自结算缴纳税款之日起3年内发现的，可以向税务机关要求退还多缴的税款并加算银行同期存款利息。

因税务机关责任致使纳税人、扣缴义务人未缴或者少缴税款的，税务机关在3年内可要求纳税人、扣缴义务人补缴，但不得加收滞纳金。

因纳税人、扣缴义务人计算失误未缴或者少缴税款的，税务机关在3年内可以追征税款、滞纳金；有特殊情况的，追征期可延至5年。对偷、抗、骗税的，不受期限限制。

三、税务检查

税务检查是税务机关以国家税收法律、行政法规为依据，对纳税人、扣缴义务人履行纳税义务和代扣代缴、代收代缴义务的情况进行的审查监督活动。

（一）税务检查的主要内容

（1）检查纳税人、扣缴义务人遵守税收实体法的情况。检查其有无偷税、欠税，应扣未扣、应收未收税款，挪用截留税款，骗取退税等违反税法的行为。

（2）检查纳税人、扣缴义务人遵守税收程序法的情况。检查其有无不按规定程序办事、违反税收征收管理法律制度的行为。

通过税务检查，能够了解税法执行情况，发现有无违反财经纪律和财务会计制度，以及隐瞒收入、偷税、骗取出口退税等问题；还有利于严肃税收法纪，纠正错漏，保证税收收入。

（二）税务检查的范围

（1）检查纳税人的账簿、记账凭证、报表和有关资料，代扣代缴、代收代缴税款账簿、记账凭证和有关资料。

（2）到纳税人的生产、经营场所和货物存放地检查纳税人应纳税的商品、货物或者其他财产，检查扣缴义务人与代扣代缴、代收代缴税款有关的经营情况。

（3）责成纳税人、扣缴义务人提供与纳税或者代扣代缴、代收代缴税款有关的文件、证明材料和有关资料。

（4）询问纳税人、扣缴义务人与纳税或者代扣代缴、代收代缴税款有关的问题和情况。

（5）到车站、码头、机场、邮政企业及其分支机构检查纳税人托运、邮寄的应纳税商品、货物或者其他财产的有关单据、凭证和有关资料。

（6）经县以上税务局（分局）局长批准，凭全国统一格式的检查存款账户许可证明，查询从事生产、经营的纳税人、扣缴义务人在银行或者其他金融机构的存款账户。税务机关在调查税收违法案件时，经设区的市、自治州以上税务局（分局）局长批准，可以查询案件涉嫌人员的储蓄存款。税务机关查询所获得的资料，不得用于税收以外的用途。

（三）税务检查的方法和程序

税务检查的方法分为具体方法和基本方法。税务检查的具体方法是指检查某个环节、某个具体问题时所采取的特定方法，主要有复核、对账、调查、审阅、盘点、比较分析等。税务检查的基本方法是指具有普遍意义的方法，主要有全查法与抽查法、顺查法和逆查法、联系查法与侧面查法、比较分析与控制计算法。以上几种方法各有优缺点，在实际运用中应有选择地结合起来。

税务检查必须遵循一定的程序。一般来说，税务检查包括查前准备、实施检查、分析定案、上报审批、送达执行、立卷归档等六个环节。税务检查的定案是税务检查的终结性工作。在定案时，必须以事实为依据，按照有关法律的规定提出处理意见，并起草处理意见审批报告，经审批后，即可送达当事人执行。当事人对处理决定不服时，必须先按规定执行处理决定，然后在规定的时间内向上级税务机关申请复议。对于复议决定仍然不服的，可以在接到复议决定之日起15日内，直接向人民法院起诉。当事人也可以在接到处理决定15日内，直接向人民法院提起诉讼。在复议和诉讼期间，强制执行措施和税收保全措施不停止执行。

税务机关派出的人员进行税务检查时，应当出示税务检查证和税务检查通知书，并有责任为被检查人保守秘密。未出示税务检查证和税务检查通知书的，被检查人有权拒绝检查。

纳税人、扣缴义务人必须接受税务机关依法进行的税务检查，如实反映情况，提供有关资料，不得拒绝、隐瞒。

税务机关对从事生产、经营的纳税人以前纳税期的纳税情况依法进行税务检查时，发现纳税人有逃避纳税义务行为，并有明显转移、隐匿其应纳税的商品、货物以及其他财产或者应纳税收入的迹象的，可以按照《税收征收管理法》规定的批准权限采取税收保全措施或者强制执行措施。

四、法律责任

税收法律责任是指税收法律关系的主体因违反税收法律规范所应承担的法律后果，分为行政责任和刑事责任两种。

税法中的行政责任是由行政违法引起的，用以调整和维护行政法律关系，具有一定的惩罚性。刑事责任是对违反税法行为情节严重，已构成犯罪的当事人或直接责任人所给予的刑事制裁，是税收法律责任中最严厉的一种制裁措施。

明确税收法律责任，不仅可以维护正常的税收征纳秩序，使国家的税收收入及时足额入库，还能增强税法的威慑力，为预防和打击税收违法犯罪行为提供有力的法律武器，使纳税人的合法权益得到保障。

《中华人民共和国刑法》第二百零一条至第二百一十二条对危害税收征管罪做了具体规定，包括：①逃税罪；②抗税罪；③逃避追缴欠税罪；④骗取出口退税罪；⑤虚开增值税专用发票，用于骗取出口退税、抵扣税款罪；⑥伪造、出售伪造的增值税专用发票罪；⑦非法出售增值税专用发票罪；⑧非法购买增值税专用发票、购买伪造的增值税专用发票罪；⑨非法制造、出售非法制造的用于骗取出口退税、抵扣税款发票罪等。在此不再赘述。

1.违反税务管理基本规定行为的处罚

（1）纳税人有下列行为之一的，由税务机关责令限期改正，可以处2 000元以下的罚款；情节严重的，处2 000元以上10 000元以下的罚款：

① 未按照规定的期限申报办理税务变更或者注销登记的；

② 未按照规定设置、保管账簿或者保管记账凭证和有关资料的；

③ 未按照规定将财务会计制度或者财务会计处理办法和会计核算软件送交税务机关备查的；

④ 未按照规定将其全部银行账号向税务机关报告的；

⑤ 未按照规定安装、使用税控装置，或者损毁或者擅自改动税控装置的；

⑥ 未按照规定办理税务登记证件验证或者换证手续的。

（2）纳税人不办理税务登记的，由税务机关责令限期改正；逾期不改正的，经税务机关提请，由市场监督管理机关吊销其营业执照。

（3）纳税人通过提供虚假的证明资料等手段，骗取税务登记证的，处2 000元以下的罚款；情节严重的，处2 000元以上10 000元以下的罚款。纳税人涉嫌其他违法行为的，按有关法律、行政法规的规定处理。

（4）纳税人未按照规定使用税务登记证件，或者转借、涂改、损毁、买卖、伪造税务登记证件的，处2 000元以上10 000元以下的罚款；情节严重的，处10 000元以上50 000元以下的罚款。

（5）扣缴义务人未按照规定办理扣缴税款登记的，税务机关应当自发现之日起3日内责令其限期改正，并可处以2 000元以下的罚款。

2.扣缴义务人违反账簿、凭证管理的处罚

扣缴义务人未按规定设置、保管代扣代缴、代收代缴税款账簿或保管代扣代缴、代收代缴税款记账凭证及有关资料的，由税务机关责令改正，可处以2 000元以下的罚款；情节严重的，处以2 000元以上5 000元以下的罚款。

3.纳税人、扣缴义务人未按规定进行纳税申报的法律责任

纳税人未按照规定的期限办理纳税申报和报送纳税资料的，或者扣缴义务人未按照规定的期限向税务机关报送代扣代缴、代收代缴税款报告表和有关资料的，由税务机关责令限期改正，可以处2 000元以下的罚款；情节严重的，可以处2 000元以上10 000元以下的罚款。

4.对逃避缴纳税款的认定及法律责任

纳税人伪造、变造、隐匿、擅自销毁账簿、记账凭证，或者在账簿上多列支出或者不列、少列收入，或者经税务机关通知申报而拒不申报或者进行虚假纳税申报，不缴或者少缴应纳税款的，是逃避缴纳税款。对纳税人逃避缴纳税款的，由税务机关追缴其不缴或者少缴的税款、滞纳金，并处不缴或者少缴的税款50%以上5倍以下的罚款；构成犯罪的，依法追究刑事责任。

扣缴义务人采取前述所列手段，不缴或者少缴已扣、已收税款，由税务机关追缴其不缴或者少缴的税款、滞纳金，并处不缴或者少缴的税款50%以上下5倍以下的罚款；构成犯罪的，依法追究刑事责任。

5.进行虚假申报或不进行申报行为的法律责任

纳税人、扣缴义务人编造虚假计税依据的，由税务机关责令限期改正，并处50 000元以下的罚款。纳税人不进行纳税申报、不缴或者少缴应纳税款的，由税务机关追缴其不缴或者少缴的税款、滞纳金，并处不缴或者少缴的税款50%以上5倍以下的罚款。

6.逃避追缴欠税的法律责任

纳税人欠缴应纳税款，采取转移或者隐匿财产等手段，妨碍税务机关追缴欠缴的税款的，由税务机关追缴欠缴的税款、滞纳金，并处欠缴税款50%以上5倍以下的罚款；构成犯罪的，依法追究刑事责任。

7.骗取出口退税的法律责任

以假报出口或者其他欺骗手段，骗取国家出口退税款的，由税务机关追缴其骗取的退税款，并处骗取税款1倍以上5倍以下的罚款；构成犯罪的，依法追究刑事责任。

对骗取国家出口退税款的，税务机关可以在规定期间停止为其办理出口退税。

8.抗税的法律责任

以暴力、威胁方法拒不缴纳税款的，是抗税，除由税务机关追缴其拒缴的税款、滞纳金外，依法追究刑事责任。情节轻微，未构成犯罪的，由税务机关追缴其拒缴的税款、滞纳金，并处拒缴税款1倍以上5倍以下的罚款。

9.在规定期限内不缴或者少缴税款的法律责任

纳税人、扣缴义务人在规定期限内不缴或者少缴应纳或者应解缴的税款，经税务机关责令限期缴纳，逾期仍未缴纳的，税务机关除采取强制执行措施追缴其不缴或者少缴的税款外，可以处不缴或者少缴的税款50%以上5倍以下的罚款。

10.扣缴义务人不履行扣缴义务的法律责任

扣缴义务人应扣未扣、应收未收税款的，由税务机关向纳税人追缴税款，对扣缴义务人处应扣未扣、应收未收税款50%以上3倍以下的罚款。

11.不配合税务机关依法检查的法律责任

纳税人、扣缴义务人逃避、拒绝或者以其他方式阻挠税务机关检查的，由税务机关责令改正，可以处10 000元以下的罚款；情节严重的，处10 000元以上50 000元以下的罚款。

12.非法印制发票的法律责任

非法印制发票的，由税务机关销毁非法印制的发票，没收违法所得和作案工具，并处10 000元以上50 000元以下的罚款；构成犯罪的，依法追究刑事责任。

13.有税收违法行为而拒不接受税务机关处理的法律责任

从事生产、经营的纳税人、扣缴义务人有税收违法行为，拒不接受税务机关处理的，税务机关可以收缴其发票或者停止向其发售发票。

14.银行及其他金融机构拒绝配合税务机关依法执行职务的法律责任

银行及其他金融机构未依照《税收征收管理法》的规定在从事生产、经营的纳税人、扣缴义务人的账户中登录税务登记证件号码，或者未按规定在税务登记证件中登录从事生产、经营的纳税人的账户账号的，由税务机关责令其限期改正，处2 000元以上20 000元以下的罚款；情节严重的，处20 000元以上50 000元以下的罚款。

15.税务代理人违反税法行为的法律责任

税务代理人违反税收法律、行政法规，造成纳税人未缴或者少缴税款的，除由纳税人缴纳或者补缴应纳税款、滞纳金外，对税务代理人处纳税人未缴或者少缴税款50%以上3倍以下的罚款。

五、纳税信用管理

为优化税收营商环境，促进纳税人诚信自律，提高税法遵从度，推进社会信用体系建设，国家税务总局根据《税收征收管理法》及其实施细则出台了纳税信用管理办法。

纳税信用管理是指税务机关对纳税人的纳税信用信息开展的采集、评价、确定、发布和应用等活动，并根据反映企业纳税信用状况的各项指标，对企业纳税信用进行综合评价，将评价的结果进行监管、推广和应用的过程。

纳税信用管理适用于已办理税务登记，从事生产、经营并适用查账征收的企业纳税人。

税务机关负责对纳税人的纳税信用信息进行采集。

纳税信用信息包括纳税人信用历史信息、税务内部信息、外部信息。

纳税人信用历史信息包括基本信息和评价年度之前的纳税信用记录，以及相关部门评定的优良信用记录和不良信用记录。

基本信息由税务机关从税务管理系统中采集，税务管理系统中暂缺的信息由税务机关通过纳税人申报采集；评价年度之前的纳税信用记录，以及相关部门评定的优良信用记录和不良信用记录，从税收管理记录、国家统一信用信息平台等渠道采集。

税务内部信息包括经常性指标信息和非经常性指标信息。经常性指标信息是指涉税申报信息、税（费）款缴纳信息、发票与税控器具信息、登记与账簿信息等纳税人在评价年度内经常产生的指标信息；非经常性指标信息是指税务检查信息等纳税人在评价年度内不经常产生的指标信息。它从税务管理系统中采集。

外部信息包括外部参考信息和外部评价信息。外部参考信息包括评价年度相关部门评定的优良信用记录和不良信用记录。外部评价信息是指从相关部门取得的影响纳税人纳税信用评价的指标信息。

外部信息主要通过税务管理系统、国家统一信用信息平台、相关部门官方网站、新闻媒体或者媒介等渠道采集。通过新闻媒体或者媒介采集的信息应核实后使用。

纳税信用评估采取年度评价指标得分和直接判级方式。评价指标包括税务内部信息和外部评价信息。

年度评价指标得分采取扣分方式。纳税人评价年度内经常性指标和非经常性指标信息齐全的，从100分起评；非经常性指标缺失的，从90分起评。

纳税信用级别设A、B、M、C、D五级。A级纳税信用为年度评价指标得分90分以上的；B级纳税信用为年度评价指标得分70分以上、不满90分的；M级纳税信用为新设立企业的评价年度内无生产经营业务收入且年度评价指标得分70分以上；C级纳税信用为年度评价指标得分40分以上、不满70分的；D级纳税信用为年度评价指标得分不满40分或者直接判级确定的。

直接判级适用于有严重失信行为的纳税人。

税务机关每年4月确定上一年度纳税信用评价结果，并为纳税人提供自我查询服务。

纳税人对纳税信用评价结果有异议的，可以书面向作出评价的税务机关申请复评。税务机关对纳税人的纳税信用级别实行动态调整。

纳税人信用评价状态变化时，税务机关可采取适当方式通知、提醒纳税人。

为鼓励和引导纳税人增强依法诚信纳税意识，主动纠正纳税失信行为，纳入纳税信用管理的企业纳税人，符合规定条件的，可在规定期限内向主管税务机关申请纳税信用修复。纳税信用修复完成后，纳税人按照修复后的纳税信用级别适用相应的税收政策和管理服务措施，之前已适用的税收政策和管理服务措施不作追溯调整。

税务机关按照守信激励、失信惩戒的原则，对不同信用级别的纳税人实施分类服务和管理。税务部门将纳税信用信息不断对接社会信用信息，让守信企业在税收服务、融资授信、项目管理、进出口等领域享受更多的优惠与便利。编制税务领域公共信用信息目录，促进纳税人依法诚信纳税。扩大纳税信用修复范围，引导市场主体及时纠正自身涉税违规行为，强化纳税人信用意识。加大对破产重整企业纳税信用修复支持力度，帮助符合条件的企业及时修复信用。进一步优化守信激励措施，为守信纳税人在跨省迁移、发票使用、税收证明等事项办理时给予更多便利。

第二节　税务行政法制

一、税务行政处罚

税务行政处罚是指公民、法人或其他组织有违反税收征收管理秩序的违法行为，尚未构成犯罪，依法应当承担行政责任的，由税务机关给予行政处罚。

国家税务总局可以通过规章的形式设定警告和罚款。税务行政规章对非经营活动中的违法行为设定罚款不得超过1 000元。对经营活动中的违法行为，有违法所得的，设定罚款不得超过违法所得的3倍，且最高不得超过30 000元；没有违法所得的，设定罚款不得超过10 000元。超过限额的，应当报国务院批准。

税务行政处罚主要有四种：罚款；没收违法所得、没收非法财物；停止出口退税权；法律、法规和规章规定的其他行政处罚。

税务行政处罚的主体主要是县以上税务机关，各级税务机关的内设机构、派出机构不具有处罚主体资格。根据《税收征收管理法》特别授权，罚款额在2 000元以下的，由税务所决定。

税务行政处罚由当事人税收违法行为发生地的县（市、旗）以上税务机关管辖。

税务行政处罚的程序分为简易程序和一般程序两种。

简易程序的适用条件有：

（1）案情简单、事实清楚、违法后果较轻微且有法定依据应当给予处罚的违法行为；

（2）给予的处罚较轻，仅适用于对公民处以50元以下和对法人或者其他组织处以1 000元以下罚款的违法案件。

除适用简易程序的税务违法案件外，对于其他违法案件，税务机关在作出处罚决定之前都要经过立案、调查取证、审查、决定、执行程序。适用一般程序的案件一般是情节比较复杂、处罚比较重的案件。

听证是指税务机关在对当事人某些违法行为作出处罚决定之前，按照一定形式听取调查人员和当事人意见的程序。

税务行政处罚听证的范围是对公民作出2 000元以上或者对法人或其他组织作出10 000元以上罚款的案件。

要求听证的当事人，应当在收到“税务行政处罚事项告知书”后3日内向税务机关书面提出听证要求；逾期不提出的，视为放弃听证权利。

涉及国家机密、商业秘密和个人隐私的，不得要求公开听证。

税务机关对当事人当场作出行政处罚决定，具有依法给予20元以下罚款或者不当场收缴罚款事后难以执行情形的，税务机关行政执法人员可以当场收缴罚款。

税务机关依法作出行政处罚的决定后，当事人应当在收到行政处罚决定书之日起15日内缴纳罚款；到期不缴纳的，税务机关可以对当事人每日按罚款数额的3%加处罚款。

违反税收法律、行政法规的规定，在5年内未被发现的，不再给予行政处罚。

二、税务行政复议

税务行政复议是指当事人（纳税人、扣缴义务人、纳税担保人及其他税务当事人）不服从税务机关及其工作人员作出的税务具体行政行为，依法向上一级税务机关（复议机关）提出申请，复议机关经审理对原税务机关具体行政行为依法作出维持、变更、撤销等决定的活动。

税务行政复议具有以下特点：一是税务行政复议以当事人不服税务机关及其工作人员作出的税务具体行政行为为前提；二是税务行政复议因当事人的申请而产生；三是税务行政复议案件的审理一般由原处理税务机关的上一级税务机关进行；四是税务行政复议与税务行政诉讼相衔接。

税务行政复议的受案范围包括：

（1）税务机关作出的征税行为，包括确认纳税主体、征税对象、征税范围，减税、免税及退税，适用税率、计税依据、纳税环节、纳税期限、纳税地点和税款征收方式等具体行政行为，以及征收税款、加收滞纳金与扣缴义务人、受税务机关委托征收的单位作出的代扣代缴、代收代缴行为。

（2）行政许可、行政审批行为。

（3）发票管理行为，包括发售、收缴、代开发票等。

（4）税收保全、强制执行措施。

（5）行政处罚行为：①罚款；②没收财物和违法所得；③停止出口退税权。

（6）不予依法履行下列职责行为：①颁发税务登记证；②开具、出具完税证明、外出经营活动税收管理证明；③行政赔偿；④行政奖励；⑤其他不依法履行职责的行为。

（7）资格认定行为。

（8）不依法确认纳税担保行为。

（9）政府信息公开工作中的具体行政行为。

（10）纳税信用等级评定行为。

（11）通知出境管理机关阻止出境行为。

（12）其他具体行政行为。

纳税人及其他当事人认为税务机关的具体行政行为所依据的下列规定不合法，在对具体行政行为申请行政复议时，可一并向复议机关提出对该规定的审查申请：①国家税务总局和国务院其他部门的规定；②其他各级税务机关的规定；③地方各级人民政府的规定；④地方人民政府工作部门的规定。

我国税务行政复议实行由上一级税务机关管辖的一级复议制度，具体来说：

（1）对各级税务局的具体行政行为不服的，向其上一级税务局申请行政复议。对计划单列市税务局的具体行政行为不服的，向国家税务总局申请行政复议。

（2）对税务所（分局）、各级税务局的稽查局的具体行政行为不服的，向其所属税务局申请行政复议。

（3）对国家税务总局的具体行政行为不服的，向国家税务总局申请行政复议。对行政复议决定不服的，申请人可以向人民法院提起行政诉讼，也可以向国务院申请裁决。国务院的裁决为最终裁决。

（4）对下列税务机关的具体行政行为不服的，按照下列规定申请行政复议：

① 对两个以上税务机关共同作出的具体行政行为不服的，向共同上一级税务机关申请行政复议；对税务机关与其他行政机关共同作出的具体行政行为不服的，向其共同上一级行政机关申请行政复议。

② 对被撤销的税务机关在撤销以前所作出的具体行政行为不服的，向继续行使其职权的税务机关的上一级税务机关申请行政复议。

③ 对税务机关作出逾期不缴纳罚款加处罚款的决定不服的，向作出行政处罚决定的税务机关申请行政复议。但是对已处罚款和加处罚款都不服的，一并向作出行政处罚决定的税务机关的上一级税务机关申请行政复议。

税务行政复议申请人是指认为税务机关的具体行政行为侵犯其合法权益，依法向税务行政复议机关提出复议申请的公民、法人或其他组织以及外国人、无国籍人。

被申请人是指作出引起争议的具体行政行为的税务机关。申请方式有书面和口头两种。

申请的期限为税务机关作出具体行政行为之日起60日内。

申请人对复议范围中征税行为不服的，应当先向复议机关申请行政复议；对行政复议决定不服的，可以向人民法院提起行政诉讼。

对征税行为不服按规定申请复议的，必须依照税务机关依据法律、法规确定的税额、期限，先行缴纳或解缴税款和滞纳金，或者提供相应的担保后在规定的期限内申请税务行政复议，复议是诉讼的必经前置程序。

对复议范围中税务机关作出的征税行为以外的其他具体行政行为不服的，可以申请行政复议，也可以直接向人民法院提起行政诉讼。

税务行政复议机关收到行政复议申请后，应在5日内进行审查，决定是否受理。对应当先向复议机关申请行政复议，对行政复议决定不服再向人民法院提起行政诉讼的具体行政行为，复议机关决定不予受理或受理后超过复议期限不作答复的，纳税人和其他税务当事人可以自收到不予受理决定书之日起或行政复议期满之日起15日内，依法向人民法院提起行政诉讼。

在税务行政复议期间，税务具体行政行为不停止执行。但是，有下列情形之一的，可以停止执行：①被申请人认为需要停止执行的；②复议机关认为需要停止执行的；③申请人申请停止执行，复议机关认为其要求合理，决定停止执行的；④法律、法规规定停止执行的。

行政复议原则上采用书面审查的办法，但是申请人提出要求或者行政复议机关认为有必要时，应当听取申请人、被申请人和第三人的意见，并可以向有关组织和人员调查了解情况。

行政复议机关应当自受理行政复议申请之日起7日内，将行政复议申请书副本或者行政复议申请笔录复印件发送被申请人。被申请人应当自收到申请书副本或者申请笔录复印件之日起10日内提出书面答复，并提交当初作出具体行政行为的证据、依据和其他有关材料。

复议机关应当自收到复议申请之日起60日内，根据审理的情况，分别作出维持、撤销、变更、责令被申请人重新作出具体行政行为的决定。

三、税务行政诉讼

税务行政诉讼是指公民、法人和其他组织认为税务机关及其工作人员的具体税务行政行为违法或不当，侵犯了其合法权益，依法向人民法院提起行政诉讼，由人民法院对具体税务行政行为的合法性和适当性进行审理并作出裁决的司法活动。

税务行政诉讼遵循以下原则：

（1）人民法院特定主管原则。人民法院只能受理因具体行政行为引起的税务行政争议案。

（2）合法性审查原则。除审查税务机关是否滥用权力、税务行政处罚是否显失公正外，只对具体税务行政行为是否合法予以审查，人民法院原则上不直接判决变更。

（3）不适用调解原则。税收行政管理权是国家权力的重要组成部分，税务机关无权依自己意愿进行处置，法院不能对税务行政诉讼法律关系的双方当事人进行调解。

（4）起诉不停止执行原则，即当事人不能以起诉为理由停止执行税务机关所作出的具体行政行为，如税收保全措施和税收强制执行措施。

（5）税务机关负举证责任原则。由于税务行政行为是税务机关单方依一定事实和法律作出的，只有税务机关最了解作出该行为的证据。如果税务机关不提供或不能提供证据，就可能败诉。

（6）由税务机关负责赔偿的原则。税务机关及其工作人员因执行职务不当，给当事人造成人身及财产损害，应负担赔偿责任。

税务行政诉讼的受案范围与税务行政复议的受案范围基本一致。

税务行政诉讼的管辖分为级别管辖、地域管辖和裁定管辖。

税务管理相对人在提起税务行政诉讼时，必须符合下列条件：①原告是认为具体税务行政行为侵犯其合法权益的公民、法人或者其他组织；②有明确的被告；③有具体的诉讼请求和事实、法律根据；④属于人民法院的受案范围和受诉人民法院管辖。

提起税务行政诉讼，还必须符合法定的期限和必经的程序。对税务机关的征税行为提起诉讼，必须先经过复议；对复议决定不服的，可以在接到复议决定书之日起15日内向人民法院起诉。对其他具体行政行为不服的，当事人可以在接到通知或者知道之日起15日内直接向人民法院起诉。

人民法院接到诉状，经过审查，应当在7天内立案或者作出裁定不予受理。原告对不予受理的裁定不服的，可以提起上诉。

人民法院审理行政案件实行合议、回避、公开审判和两审终审的审判制度。人民法院审查具体行政行为是否合法，依据法律、行政法规和地方性法规（民族自治地方的自治条例和单行条例），参照部门规章和地方性规章。

人民法院对受理的税务行政案件，经过调查、搜集证据、开庭审理之后，分别作出如下判决：维持判决、撤销判决、履行判决、变更判决。

四、税务行政赔偿

税务行政赔偿是指税务机关在行使职权的过程中因违法行为而损害了纳税人、扣缴义务人、纳税担保人及其他有关人员的合法利益依法应承担的赔偿责任。

1.构成税务行政赔偿的要件

（1）税务机关或其工作人员的职务违法行为，是构成税务行政赔偿责任的核心要件，也是税务行政赔偿责任存在的前提；

（2）存在对纳税人和其他税务当事人合法权益造成损害的事实，是构成税务行政赔偿责任的必备条件；

（3）税务机关及其工作人员的职务违法行为与现实发生的损害事实存在因果关系。

受害的公民、法人和其他组织有权要求赔偿。受害的公民死亡，其继承人和其他有扶养关系的亲属有权要求赔偿。受害的法人或者其他组织终止，承受其权利的法人或者其他组织有权要求赔偿。

一般情况下，哪个税务机关及其工作人员在行使职权时侵犯公民、法人和其他组织的合法权益、造成损害的，该税务机关为赔偿义务机关。

两个以上税务机关共同行使行政职权时侵犯公民、法人和其他组织的合法权益、造成损害的，共同行使行政职权的税务机关为共同赔偿义务机关。

应当履行赔偿义务的税务机关被撤销的，继续行使其职权的税务机关为赔偿义务机关；没有继续行使其职权的税务机关的，撤销该赔偿义务机关的税务机关为赔偿义务机关。

经复议机关复议的，最初造成侵权行为的税务机关为赔偿义务机关，但复议机关的复议决定加重损害的，复议机关对加重的部分履行赔偿义务。

请求赔偿的时效为2年，自税务机关及其工作人员行使职权时的行为被依法确认为违法之日起计算。如果税务行政赔偿请求人在赔偿请求时效的最后6个月内，因不可抗力或者其他障碍不能行使请求权的，时效中止。从中止时效的原因消除之日起，赔偿请求时效期间继续计算。

2.损害赔偿的范围

损害赔偿的范围仅限于对财产权和人身权中的生命健康权、人身自由权的损害，未将精神损害等列入赔偿范围。

税务机关不承担赔偿责任的情形有：

（1）税务机关工作人员行使与其职权无关的行为。税务机关工作人员非职务行为对他人造成的损害，责任由其个人承担。区分职务行为与个人行为的标准是看行为人是否在行使职权，而不论其主观意图如何。

（2）因纳税人和其他税务当事人自己的行为致使损害发生的。但如果出现混合过错，即损害的发生，受害人自己存在过错，税务机关及其工作人员也存在过错，应根据双方过错的大小各自承担责任，此时，税务机关应承担部分赔偿责任。

3.税务行政赔偿程序

税务行政赔偿程序主要有：一是非诉讼程序，即税务机关的内部程序；二是税务行政赔偿诉讼程序。

4.税务行政赔偿方式与标准

税务行政赔偿以支付赔偿金为主要方式，还包括返还财产和恢复原状。

税务行政赔偿标准为每日赔偿金按照国家上年度职工日平均工资5~20倍计算。

税务行政赔偿义务机关、复议机关、人民法院不得向该赔偿请求人收取任何费用，对赔偿请求人取得的赔偿金不予征税。

思政小园地

税收征管制度是国家治理体系的重要组成部分，税收征管效能是国家治理能力的重要体现。党的十八大以来，税收征管改革始终以服务国家治理为目标，围绕中心、服务大局，税收在国家治理中基础性、支柱性、保障性作用不断发挥。

十年税收征管改革，合作、合并、合成是三个关键词。

合作：2015年12月，中办、国办印发《深化国税、地税征管体制改革方案》，进一步加强国税、地税合作，推动服务深度融合、执法适度整合、信息高度聚合。

这次改革具有深刻的历史背景。至2015年，国税、地税分设已20余年。长期以来，国税、地税机构分设的征管体制充分调动了中央和地方组织税收收入的积极性，为建立和完善社会主义市场经济发挥了重要作用。但也存在一些问题，比如执法不够统一、办税不够便利等。该方案针对这些“痛点”，有的放矢地作出了改革部署。

在各有关方面的大力支持下，国税、地税全面加强合作，2017年年底前圆满完成该方案提出的6个方面96项改革任务。

合并：2018年2月，党的十九届三中全会通过《深化党和国家机构改革方案》，省级及以下国税、地税机构合并是重要的改革内容。随后，中办、国办印发《国税地税征管体制改革方案》，推动构建优化高效统一的征管体系。

这场利国利民利企利税的改革涉及“两个层面、三种体制、四级单位、几万机构、百万人员、十多亿纳税人和缴费人”，24年后重新成为一家的国税地税开始了事合、人合、力合、心合的“四合院”建设，推动税收征管体制完成深刻变革。

合成：2021年3月，中办、国办印发《关于进一步深化税收征管改革的意见》，推动税收征管的第三次变革，通过执法、服务、监管系统优化，推进业务流程、制度规范、信息技术、数据要素、岗责体系的融合升级。这既是党中央、国务院关于“十四五”时期税收征管改革的重要制度安排，又是“十四五”时期税收现代化的总体规划。

作为全面深化改革与深化党和国家机构改革的有机组成部分，税收征管改革遵循客观规律，紧贴税收实际，环环相扣，步步深入，在实践中不断优化理念、探索调整，在改革中始终服务于国家治理。①

习　题

一、即测即评

第十四章单选题　　第十四章多选题　　第十四章判断题

二、实务题

1. 某县税务局20×3年11月15日在实施日常税务检查中发现辖区内某私营企业自20×3年5月10日办理营业执照以来，一直没有办理税务登记，也没有申报纳税。检查核实该企业应纳增值税3 800元，该局于11月30日作出下列处理决定：责令纳税人在12月15日前申报办理税务登记，补缴其应纳税款，加收相应的税收滞纳金，并处以2 000元罚款。

要求：某县税务局作出的处理决定是否正确？为什么？

2. 某公司于20×3年1月15日开业，并办理了税务登记。两个月后的一天，收到主管税务机关发来的一份税务处理通知书，称该公司未按规定期限办理纳税申报（纳税期为每月1~15日）并处以相应罚款。该公司财务人员对此很不理解，该公司虽已开业两个月，但尚未做成一笔生意，为何要办理纳税申报？

要求：该公司的做法有无错误？如有错误，错在哪里？应如何处理？

3. 某县城个体工商户蓝某于20×3年10月20日被主管税务机关罚款1 600元，吴某是

---

① 国家税务总局税收宣传中心. 征管改革不停步 科技强税提质效——党的十八大以来税务部门持续推进税收征管改革综述［EB/OL］.（2022-08-30）［2022-12-01］. https: //baijiahao.baidu.com/s? id=1742572468259201469&wfr=spider&for=pc.

蓝某的好朋友，他认为税务局罚款过重，于同年11月14日以自己的名义向该县政府邮寄了行政复议书。由于邮局的原因，该县政府20×4年1月14日才收到行政复议申请书。该县政府于20×4年1月21日以超过复议申请期限为由作出不予受理决定，并电话通知了吴某。

要求：(1) 吴某能否作为申请人申请税务行政复议？为什么？

(2) 本案申请人的申请期限是否逾期？为什么？

(3) 该县政府对吴某作出不予受理决定的期限是否符合规定？如果不符合，应在几日内作出？

(4) 该县政府用电话通知吴某不予受理的做法是否符合规定？如果不符合，应当用什么方式？

(5) 如果蓝某向该县政府申请税务行政复议，其能否受理？蓝某应当向哪个机关申请？